NOUVELLE COLLECTION A TROIS FRANCS

ŒUVRES
DE
PAUL FÉVAL
SOIGNEUSEMENT REVUES ET CORRIGÉES

LA PREMIÈRE AVENTURE
DE
CORENTIN QUIMPER

CINQUIÈME ÉDITION

PARIS
SOCIÉTÉ GÉNÉRALE DE LIBRAIRIE CATHOLIQUE
VICTOR PALMÉ, DIRECTEUR GÉNÉRAL,
76, rue des Saints-Pères, 76

BRUXELLES	GENÈVE
J. ALBANEL, directeur de la succursale,	Henri TREMBLEY, Dr de la succursale,
12, rue des Paroissiens.	4, rue Corraterie.

1883

LA PREMIÈRE AVENTURE

DE

CORENTIN QUIMPER

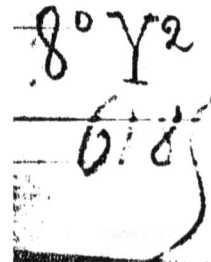

ŒUVRES DE PAUL FÉVAL

SOIGNEUSEMENT REVUES ET CORRIGÉES

Jolis Volumes in-12, à 3 fr.

- Les Étapes d'une conversion (1re série), *La Mort d'un Père*. 17e édition
- Pierre Blot, 2e récit de Jean (IIe série des *Étapes*). 12e édition.
- La Première Communion, 3e récit de Jean (IIIe série des *Étapes*). 7e édition.
- Le Coup de grâce, dernière étape. 6e édition.
- Jésuites ! 17e édition.
- Pas de Divorce ! 9e édition.
- Les Merveilles du Mont Saint-Michel. 6e édition.
- La Fée des grèves. 10e édition.
- L'Homme de fer (suite de *la Fée des grèves*). 8e édition.
- Contes de Bretagne. 7e édition.
- Chateaupauvre, voyage au dernier pays breton. 9e édition.
- Le Dernier Chevalier. 8e édition.
- Frère Tranquille, (anc. la Duchesse de Nemours), 7e édit.
- La Fille du Juif errant. 8e édition.
- Le Château de velours. 8e édition.
- La Louve. 8e édition.
- Valentine de Rohan (suite de *la Louve*), 8e édition
- Romans enfantins. 3e édition.
- Le Mendiant noir. 8e édition.
- Le Poisson d'or. 3e édition
- Veillées de famille. 5e édition.
- Le Loup blanc. 3e édition.
- Rollan Pied-de-Fer 3e édition.
- Le Régiment des géants. 3e édit.
- Chouans et Bleus. 3e édition.
- Les Fanfarons du roi. 3e édition.
- Le Chevalier Ténèbre. 3e édition.
- La Première Aventure de Corentin Quimper. 3e édition.
- Les Couteaux d'or. 3e édition.
- Les Errants de nuit. 3e édition.
- Fontaine aux perles. 3e édition.
- Corbeille d'histoires (ouvrage inédit). 3e édition
- Les Parvenus. 3e édition.
- La Belle-Étoile. 2e édition.
- La Reine des épées. 3e édition.
- Les Compagnons du Silence. 3e édition.
- Le Prince Coriolani (suite des *Compagnons du Silence*). 3e édit.
- Une Histoire de revenants. 3e édit.
- Roger Bontemps. 3e édition.
- La Chasse au roi. 2e édition.
- La Cavalière (suite de *la Chasse Bague de chanvre*).
- Le Capitaine Simon — La Fille de l'émigré. 1 vol.

Volumes in-8° illustrés

- La Fée des grèves. 8 fr.
- Les Contes de Bretagne. 6 fr.
- La Première Aventure de Corentin Quimper. 6 fr.
- Les Merveilles du Mont-Saint-Michel. 8 fr.
- Veillées de famille. 8 fr.

Volumes in-12, à 1 fr.

- Le Joli Château, drame fantastique en trois actes mêlés de chant, tiré des *Contes de Bretagne*, par MM. Van Dick et F. Heuvelmans.
- Le Denier du Sacré-Cœur, extrait de Pierre Blot. (Se vend au profit de l'Œuvre du Vœu national.)
- — Le même, édition populaire et de propagande. 25 cent.

Petites Brochures de propagande in-32, à 10 cent.

- Cri d'appel.
- La France s'éveille.
- Le Glaive des désarmés, notre union de prières.
- Montmartre et le Sacré-Cœur.
- Notre-Dame de Sion.
- L'Outrage au Sacré-Cœur.
- Le Pèlerinage de Tours, visite au sanctuaire de Saint-Martin.
- Pierre Olivaint, petite esquisse d'un grand portrait.
- Vieux Mensonges.

PARIS. — IMP. V. GOUPY ET JOURDAN, RUE DE RENNES, 71

ŒUVRES
DE
PAUL FÉVAL
SOIGNEUSEMENT REVUES ET CORRIGÉES

LA PREMIÈRE AVENTURE
DE
CORENTIN QUIMPER

PARIS
SOCIÉTÉ GÉNÉRALE DE LIBRAIRIE CATHOLIQUE

VICTOR PALMÉ, DIRECTEUR GÉNÉRAL,
76, rue des Saints-Pères, 76

BRUXELLES	GENÈVE
J. ALBANEL, directeur de la succursale,	Henri TREMBLEY, Dr de la succursale,
12, rue des Paroissiens.	4, rue Corraterie.

1883

LA PREMIÈRE AVENTURE
DE
CORENTIN QUIMPER

Envoi à madame C. de C...

C'est chez vous, madame, que j'entendis parler pour la première fois des trois petits aventuriers de Saint-Malo, vainqueurs de Paris la grande ville et du reste de la terre. Il y a de cela bien longtemps, mais je me souviens encore de l'emphase charmante que vous mettiez à nous dire le long titre de la légende originale :

Victoires et conquêtes de Quimper (Corentin), de Saint-Malo, dans le commerce, la marine, l'industrie, les arts, la noblesse, la politique et tout, avec les Aventures de Petit-Guern, gentilhomme, du cousin Jean Piteux et de la cousine Fanchette Legoff, histoire utile et agréable, donnant les moyens de faire fortune dans Paris, comme ailleurs.

Le précepteur de votre petit Charles, qui est maintenant un grand bel officier, (ah! le temps passe!) vous reprochait de ne point aimer le commerce, et se donnait la peine de vous apprendre, avec le grand sérieux des précepteurs, que « le commerce est le lien des nations. » Vous lui répondiez par la terrible histoire de vos cinquante domestiques des deux sexes successivement initiés à la science du vol par des fournisseurs très-honnêtes.

Moi, je restais neutre, je n'ai point de passion. J'admire peu le commerce, qu'il soit en gros ou en détail, mais je penche à croire que c'est un mal nécessaire. Quand même je le pourrais, j'hésiterais à supprimer mon boulanger. Je vous avais promis, madame, de faire un livre avec ces poésies du terroir marchand: gaietés, émotions, épouvantes; je tiens aujourd'hui ma parole. Mais comme la légende au complet est encore plus longue que son titre, je n'en servirai à mes lecteurs qu'un épisode. Ce premier voyage au long cours de mon héros, raconté par lui-même, permettez-moi de vous l'offrir. Ma plume ne saura point reproduire les délicatesses de votre parole, mais j'ai du moins ce mérite d'avoir suivi la chronique bretonne à travers les cinq départements de la Bretagne, où elle comporte d'innombrables variantes.

Vous remarquerez, madame, que j'ai fidèlement conservé à votre illustre compère Robert Surcouf, la petite place si originale que vous lui faisiez au début de l'aventure. J'ai connu, dans ma jeunesse, le glorieux marin de Saint-Servan, et je lui ai entendu prononcer son fameux mot « *sale femme* » qui, dans sa bouche de bourru bienfaisant, ne sonnait nullement comme une injure.

Pour ne point m'égarer, je respecterai ainsi tout ce que vous avez dicté à mon souvenir et je choisirai dans le reste.

I

OÙ QUIMPER (CORENTIN) ÉTABLIT L'IMPORTANCE DE SA
MAISON ET REND COMPTE DES PARTICULARITÉS QUI
ACCOMPAGNÈRENT SA NAISSANCE

Je suis donc né à bord d'une goëlette, en terre
ferme, ce qui est déjà étonnant, la place d'un navire
étant au sein des flots. Mon père travaillait en qualité de calfat dans les chantiers de M. Surcouf, le
plus fin marin qu'on ait jamais vu. Si vous ne savez pas l'histoire de M. Surcouf, ça ne fait pas l'é-
loge de vos connaissances. Demandez-la aux Anglais.

Ma mère avait été la nourrice du petit dernier
toujours chez M. Surcouf. C'était une Legoff du
bourg de Paramé. Elle faisait le commerce des châ-

taignes de Dol, à côté de quoi les fameux marrons de Lyon ne sont que des pepins.

Vous allez voir si elle avait les reins solides : un jour, il arriva un sac de ces châtaignes, si gros et si lourd, que personne ne pouvait le porter au magasin. Ils étaient là du joli monde assez : des terre-neuvâs, des douaniers, des fraudeurs et le voiturier de Dol, qui se vantait de manier à bout de bras l'essieu de sa charrette. Ils vinrent tâter le sac les uns après les autres, mais pas de danger! Sans maman Quimper, le sac y serait encore.

Elle prit le sac sans faire d'embarras et le jeta sur son dos comme une pochée d'étoupes. Pour être solide sur ma quille, j'ai de qui tenir. Maman Quimper était bien connue à Saint-Malo, à Saint-Servan et jusqu'à Jersey pour avoir lancé à l'eau par-dessus quai, un soir de marée, trois canonniers gradés qui essayaient de la regarder sous le nez, où elle avait de la barbe.

Papa Quimper allait juste au menton de maman. C'était un petit homme de là-bas, en Basse-Bretagne, fin comme l'ambre et plus rusé encore que ceux de Landerneau. Il faisait la soupe, berçait les enfants, et ravaudait les bas, pendant que maman gouvernait la barque.

C'était un joli ménage, chez nous.

Mais expliquons un peu l'affaire de la goëlette, à bord de quoi je naquis en terre ferme. S'il vous plaît, elle avait été navire de guerre, portant ses vingt-quatre canons en batterie. C'était le fameux brick anglais de Liverpool, capturé sur les brasses du Bengale par M. Surcouf du temps de la grand'-guerre.

L'histoire ne sera pas longue à raconter.

Ils étaient quatre Bretons dans un sabot de barcaille, qui allait au gré de misère, après le naufrage des *Trois-Sœurs*, de Saint-Malo : M. Surcouf, un matelot, le pilotin et le mousse. Ils n'avaient ni pain, ni eau, ni tabac, ni rien. Le matelot dit, en voyant le brick qui avait l'air de se promener grand largue :

— Voilà des Rosbifs qui vont nous maganiser prisonniers à fond de cale. Tant mieux ! on aura enfin une croûte à manger.

M. Surcouf répondit :

— Les prisonniers, c'est moi qui les fais, et nous ne mangerons que notre soupe. Il me pousse une idée de Marseille-la-Bagasse. Attention à la manœuvre ! Cet oiseau-là, nous allons l'amariner.

En conséquence de quoi il accosta l'Anglais poliment et monta dessus bord avec son matelot, son pilotin et son mousse. Les Rosbifs étaient plus de cent ; ils ne se méfiaient pas. A la fraîche ! qui veut boire ? M. Surcouf coupa dans le tas, les autres aussi : un contre vingt-cinq, et allez donc ! Les Rosbifs s'affalèrent dans l'entre-pont ; on leur cloua la grande écoutille sur l'œil, et l'anglais fut ramené à Brest avec cent neuf prisonniers par deux hommes et deux enfants.

Voilà comme nous sommes à Saint-Malo, beau port de mer !

Et la preuve que c'est vrai, c'est que j'ai reçu le jour sur le brick de Liverpool en France, et non pas en Angleterre, d'où il était né natif comme la pluie, le brouillard et les poitrinaires.

Pendant des années, le brick qu'on avait gréé en goëlette et baptisé la *Jeune-Émilie*, rapport à une tante de M. Surcouf qui était Émilie aussi, mais pas jeune, fit la pêche de la morue à Terre-Neuve. La *Jeune-Émilie* revint de son dernier voyage percée comme une planche à bouteilles et on la laissa à l'écurie, la pauvre haridelle de bois.

Elle était échouée là, contre le Sillon, en haut de la Petite-Grève, bâillant au soleil par toutes ses coutures et servant de magasin aux rats. Maman Quimper la regardait souvent du coin de l'œil. A force de la regarder, elle eut une bonne idée, vous allez voir. Elle aborda M. Surcouf un soir qu'il remontait de Saint-Malo à ses chantiers du Tallard, en Saint-Servan, et lui dit :

— N'empêche qu'il n'y en a pas encore épais parmi les fainéants des deux villes pour marcher si droit que vous, frais comme la rose et les mains dans les poches, capitaine. Je suis la nourrice de votre petit dernier, Madelon Legoff, femme Quimper, et j'aurais l'ambition de m'établir dans mon commerce, honnêtement, si vous voulez.

M. Surcouf la regarda.

— Madeleine, lui dit-il, je te reconnais bien, ma luronne. Établis-toi, nom d'une pipe à la broche ! Établis-toi tant que tu voudras ! Je te donne mon consentement et ma bénédiction, sale femme[1]. Laisse-moi mon chemin que je passe.

C'était par façon de politesse qu'il l'appelait : sale femme, car il n'était pas fier.

— Voilà donc qui va bien, répondit maman Quimper en faisant la révérence. Dans ce cas-là, puisque c'est un effet de votre complaisance, faudra déménager la *Jeune-Émilie* demain au matin pour que je m'y arrime mon ménage avec mes marchandises.

M. Surcouf avait bon cœur, c'est connu, quoique mal embouché et jurant comme un trancheur de morues. Il s'arrêta et s'assit sur le parapet du Sillon, les pieds pendants, pour dire :

— Sale femme (maman Quimper ne se fâcha pas plus cette fois que l'autre), la *Jeune-Émilie* est mon magasin. Si je te le cède, où veux-tu que je mette mon brai, ma ferraille et ma filasse ?

[1] Cette expression de *sale femme* est empruntée au patois des marins bretons et n'a rien d'offensant.

— Où vous voudrez, monsieur Surcouf, répondit ma mère. J'ai dix enfants et je suis en route pour attraper le onzième qui me tombe du ciel.

— Je te vois venir! Tu veux faire des gros sous avec mon vieux bois! mais je n'entends pas qu'on dépèce ce bateau-là, qui appartient à l'histoire!

— Et à la gloire! s'écria maman Quimper, mort de mes choux! Au lieu de le dépecer, bien du contraire, on veut le rafistoler, le requinquer, le renluminer, quoi, plus brave et plus reluisant que le jour où vous avez monté à bord de lui pour enclouer les Anglais dans leur soute et les ramener comme des jambons fumés. Ce sera une auberge, vayadioux de Marseille! Et les marins viendront y boire à la santé de je sais bien qui! Car elle aura une tabatière gréée en brick, ma parole! et toute pleine de goddams, avec ces mots en rouge écrits: *A la bonne prise de M. Surcouf!*

Il avait de beaux yeux, oui, quand il souriait, le capitaine. Il sourit.

— Tu as de l'esprit, dit-il, Madeleine. Combien vas-tu me payer ces vilaines planches-là, qui ne valent pas un écu?

Maman Quimper prit les coins de son tablier, disant:

— Je vous donnerai ce que vous voudrez, monsieur Surcouf de Riancourt; vous êtes riche presque autant que vous êtes grand. Nous autres, nous n'avons pas le sou à la maison; mais votre petit crie encore après sa maman Madeleine, qui est moi. Allons chez le notaire, nous deux, voulez-vous?

M. Surcouf se mit à rire tout à fait, et enfila un demi cent de jurons que tous les moulins à vent du Sillon en tournèrent. Ce n'est pas péché dans la marine. Après quoi il conclut:

— Sale femme, on te donne la vieille pantoufle pour un sac de beaux marrons qui te sera payé six écus de six livres pour aider aux réparations, et dont tu viendras manger ta part à la cuisine en buvant un pot de mon cidre. Va-t-en au diable voir s'il n'a pas emporté ma tante!

Maman Quimper n'y alla point, crainte d'être obligée de la rapporter.

Voilà donc que papa Quimper s'en revenait bien tranquillement du chantier à son heure, en comptant les pavés tout le long du chemin. Maman était si joyeuse qu'elle lui lança un coup de pied d'amitié, je sais bien où, avant de le forcer à danser carmagnole tout autour de la *jeune-Émilie*. En dansant, elle chantait sur un air de cabestan:

— Hohé là-houp! grenier au second! hohé là-houp! boutique au premier! hohé là-houp! buvette en bas, hohé! fricot partout! Hého... houp! et fortune faite!

— A qui tout ça? demandait papa Quimper abasourdi; le grenier, la boutique et la buvette ¿

Maman s'arrêta de danser pour crier :

— Tout ça, c'est à nous, comme qui dirait à moi. J'ai gagné le gros lot... Tu n'es pas encore parti, toi? Va piquer tes lignes en grand'-grève, sur fond de sable blanc, et si tu n'as pas demain un bar long comme moi à porter chez M. Surcouf, je me fais veuve!

Ce fut ainsi que nous eûmes la *Jeune-Émilie* de quatre cents tonneaux pour un sac de châtaignes.

Avec les six écus de six livres de M. Surcouf, ma mère en fit tout bonnement un palais. Papa Quimper donna d'abord, du haut en bas, une couche de *coaltar* épaisse et bien torchée, après avoir forcé du vieux filin dans toutes les jointures. Tonton Piteux vint ensuite avec trois pots de couleur. (Vous saurez qu'un tonton, chez nous, c'est un oncle.) On encadra de rouge les sabords, on marqua en vert-pomme la ligne de flottaison et le buste d'Anglaise qui décorait la poulaine fut peint en jaune, sauf les cheveux qui finirent le pot de rouge.

Sans la toiture en sapin goudronné qui lui donnait un faux air de l'arche de Noé, la *Jeune-Émilie* aurait pu passer pour une de ces effrontées pataches où les émigrants d'Allemagne pleurent des chansons de cimetière sur la route de l'Amérique.

Ils font bien de chanter en chemin, ceux-là! Pourquoi? parce que, au bout du chemin, on pleure.

La buvette fut établie dans la cale largement

éventrée et donnant de plain-pied sur le Sillon, qui est maintenant la grande route de Saint-Malo à Paramé. De tous côtés on accourait voir l'enseigne : *A la bonne prise*, et M. Surcouf ne passait jamais sans la mirer de son bon œil, car elle était bellement fignolée et venait de chez un vitrier.

Le magasin occupait l'entre-pont; nous avions notre logement sur le pont, qui était toute une maison, et maman y louait, en outre, des cabines aux retraités du port.

On montait dans cette forteresse au moyen d'une échelle qui était retirée militairement au premier son de la retraite: tant pis pour ceux qui restaient dehors; on n'avait pas le droit de s'attarder ailleurs qu'au cabaret de maman.

Elle avait le caractère doux, mais mâle et ne plaisantait pas quand il s'agissait de son commerce. Dans ses discussions avec ses locataires, elle leur donnait comme elle disait : « du tabac. » S'il y avait récidive, elle leur procurait « de l'avancement, » et, pour peu qu'ils ne fussent pas corrigés par ces deux épreuves, elle employait « la justice de paix. »

Le tabac, l'avancement et la justice de paix formaient trois catégories de coups de poing, ou plutôt c'était le même coup de poing au positif, au comparatif et au superlatif; vous voyez bien que je pourrais parler à volonté comme les grammaires.

Le tabac faisait des marques sur le corps, l'avancement appelait l'apothicaire ; après la justice de paix, il fallait un lit à l'hôpital.

Papa Quimper aurait mieux aimé se noyer que de faire du chagrin à sa femme, qui pourtant ne l'avait battu qu'une fois pour de bon. Elle avait juste quatre ans et quatre pouces de plus que lui ; aussi le surveillait-elle ouvertement comme ses autres petits, et c'était pour son bien.

Voici à quelle occasion il avait obtenu d'elle un cadeau qui doit être placé dans l'échelle des récompenses entre le *tabac* et *l'avancement*.

Papa Quimper avait de bonnes mœurs, mais il était sur sa bouche. Un soir, on vint dire à maman que trois matelots de l'*Auguste-Adolphe* étaient en train d'assommer son petit homme au cabaret du Puits-sans-Vin, derrière la Poissonnerie.

Bonté de Dieu ! la voilà partie avec un maillet de calfat ! Elle arriva au cabaret comme le mascaret entre en rivière de Rouen. Papa Quimper et les trois matelots, déjà réconciliés, trinquaient ensemble, mais papa avait une bosse au front et un trou sous l'œil.

Maman ferma la porte au verrou : jamais elle ne se dérangeait pour rien. Papa Quimper, tremblant de tous ses membres, voulut la calmer, elle le lança tout pantois jusqu'à l'autre bout de la chambre, à travers les escabelles renversées. Les trois matelots essayèrent de sauter par les fenêtres ; elle les ferma.

— Mes enfants, dit-elle, le tabac est cher, ne faut pas le perdre ; l'avancement, n'y en a plus, rapport aux protections. Aujourd'hui, je vas vous tailler de la justice de paix à la trempette !

Après avoir reproché aux matelots leur conduite à l'égard de son « pauvre chéri, » elle prit le plus vivant d'entre eux par le nez : insulte terrible dans les ports de mer, et serra si vigoureusement que le malheureux, geignant et nasillant, fut obligé de se mettre à quatre pattes.

Papa Quimper se cacha sous la table.

— Même manœuvre, les autres ! commanda ma mère, qui fit le mouvement avec son maillet.

Il y a de la chevalerie chez les matelots. Ceux de l'*Auguste-Adolphe* n'osèrent pas se réunir trois contre une dame.

C'était bien, mais alors, il fallait faire à la fantaisie de maman.

Pas de milieu : l'obéissance ou l'abordage !

Il paraît que l'obéissance ne vint pas assez vite, car maman se facha tout rouge et le cabaret s'emplit d'un million de chandelles, si bien que les matelots demandèrent grâce, moitié riant, moitié hurlant. Ils consentirent à embrasser le maillet : maman leur permit de lui payer la goutte, c'était fini. Restait seulement à savoir le motif de la bagarre.

Ce fut alors que papa Quimper recommanda son âme à tous les saints, sous sa table. En effet, la querelle était venue parce que les autres avaient voulu venir chez nous boire du cidre de maman et que papa avait répondu : « Il est meilleur au Puits-sans-Vin ! »

Vous figurez-vous bien cela? Papa! le mari de maman! trahir le cidre de notre buvette !

Certes, il avait tort, mais on le rapporta à la maison sur une civière, et il fut trois semaines sans bouger de son lit, où maman lui chauffait de la tisane, du matin jusqu'au soir.

J'ai bien souvent pensé, plus tard, aux princes qui épousent des reines. Bon état, mais pas commode.

Papa, du reste avait un moyen sûr d'amadouer sa reine, c'était d'établir la généalogie des Quimper. Maman mettait là-dedans son orgueil, et il y avait de quoi, car aussi vrai que Saint-Servan n'est pas digne de cirer les souliers de Saint-Malo, notre origine se perdait dans la nuit des temps.

Nous existions avant Rieux et Rohan, qui datent d'avant le déluge, et il y avait un Quimper du nom de Corentin qui vendait déjà du tafia aux bonnes gens de la croisade. Je dis du tafia, mais c'était peut-être du riquiqui et je m'en moque. Le fait certain, c'est que les Quimper venaient de la Basse-Bretagne. A l'époque de saint Corentin et de saint

Guénolé, les Quimper armaient déjà des cabotaines au port de Concarneau pour porter la sardine aux Nantais. Papa disait que saint Guénolé et saint Corentin étaient tous les deux des Quimper qui avaient commencé dans le commerce avant de monter évêques.

Dans la famille, on n'avait jamais moins de cinq garçons bien plantés et de bonne venue. Nous suivions la coutume du pays de Quintin-les-Tisserands, où le *minoux* (cadet) est chef de nom et d'armes.

L'aîné de chez nous devait s'appeler Brieuc, le second Malo, le troisième Jagu, tous saints de Bretagne ; ils restaient à la maison, mais le quatrième prenait déjà de l'importance : c'était un Guénolé ; on le mettait d'église. Le cinquième avait nom Corentin, marqué pour le commerce, et rien ne lui résistait, c'était réglé depuis le matin du monde : papa, n'étant qu'un simple Jagu, n'avait pas fait fortune.

Maman Quimper avait déjà ses quatre premiers gars : Brieuc, Malo, Jagu et Guénolé, plus six demoiselles qui allaient pieds nus dans les roches pêcher des bigorneaux pour les Anglaises de Saint-Servan.

Le 27 août 1825, à six heures du soir, bonne brise du su-surouâs, marée haute en morte eau, maman, pour la onzième fois, mit quelqu'un au monde. Elle envoya chercher tantine Legoff, gardienne du cimetière, qui n'était pas reçue par la faculté, mais qui savait soulager les chevaux malades. Pour soigner une dame, tante Legoff valait n'importe quel chirurgien de marine. Elle arriva juste à temps pour me donner la main comme je tombais, tête première, dans cette vallée de misères.

J'étais le cinquième gars. Papa dit en apportant une tasse de micamo à maman :

— Voilà un Corentin, madame Quimper, sa fortune est faite !

Le micamo est ce qu'on appelle en d'autres pays du gloria. Maman le but avant de me regarder. Elle me trouva si fort et si vif qu'elle voulut inviter les voisins à boire chacun une chopine de cidre à ma santé.

A Saint-Malo, quand il est question de chopine, on trouve des voisins qui demeurent jusque dans les Côtes-du-Nord. La chambre fut bientôt pleine d'amis inconnus qui dansaient en chantant comme des tigres. La *Jeune-Emilie* en avait vu bien d'autres en son bon temps, mais dame ! elle était maintenant plus vermoulue qu'un cercueil. Pendant qu'on dansait, le plancher s'effondra en grand, avant qu'on pût seulement crier : què qu'c'est qu'ça ?

Moi, je ne l'ai pas vu, mais papa Quimper en

riait encore après la révolution de 1830. Patatras! Il y eut assez de côtes cassées et de bon cidre perdu ; mais ne vous imaginez pas que j'eus du mal, non ; le lit de maman tomba d'aplomb à l'étage au-dessous, les quatre pieds calés par quatre sacs de châtaignes.

Quand elle vit cela, maman Quimper me leva au-dessus de sa tête en triomphe, et de Saint-Servan on l'entendit qui criait :

— Un coup à boire ! Le nez du papa s'est trouvé sous un talon de botte : mais voyez la chance du petit ! Dès aujourd'hui, je le mets dans le commerce !

On a remarqué que la naissance des personnes qui doivent s'élever au-dessus du commun est généralement entourée de circonstances extraordinaires, mais pas si étonnantes que celle-là.

J'en ai fait mention pour vous préparer à tous les hasards de ma carrière.

II

NAISSANCE DE JEAN PITEUX. — PETIT GUERN. — FANCHETTE LEGOFF. — NOTRE ÉDUCATION CHEZ LES DEMOISELLES LUMINAIS.

Le même jour et presque à la même heure, mon cousin Jean Piteux vit la lumière au bourg de Paramé. Calme plat autour de son berceau, rien du tout de cassé. Nous fûmes baptisés ensemble, mais mon parrain fut le propre cordonnier de M. Surcouf, et Jean n'eut qu'un préposé de la douane.

Je parie que vous n'avez jamais su pourquoi M. Surcouf avait de l'étoupe au bout de ses bottes ? C'est mon parrain qui m'a dit l'histoire. Je n'ai guère reçu de lui que ce cadeau-là et des tapes.

M. Surcouf n'aimait pas les farauds à breloques

et casquette sur l'oreille : c'était un tic qu'il avait de leur parler avec ses bottes. Quand il passait la revue de partance des équipages, il semait les petits cadeaux : des pièces blanches aux francs marins, les ruades à la faraudaille. Et comme il avait la goutte aux deux orteils, sans le coton il se serait fait du mal en ruant. Voilà ce qui n'est pas dans l'almanach du bureau des longitudes.

Le surlendemain de ma naissance, tante Legoff, du cimetière, apporta à maman deux nourrissons à choisir : la petite d'un avocat et la demoiselle du major d'artillerie. Maman les garda tous les deux, et comme tante Piteux n'avait pas plus de lait qu'une roche, Jean vint aussi boire à notre tasse : ainsi nous étions quatre à table autour de maman qui ne s'en portait que mieux.

Quelle femme c'était tout de même ! Elle abreuva cette partie carrée de petit monde pendant dix-huit mois. Les deux fillettes faisaient plaisir à voir et la dame de l'artillerie, qui payait ses mois en compliments, criait au miracle avec l'accent du Midi qu'elle avait, étant de Tarascon.

Moi, j'aurais pu servir de modèle à un peintre pour les anges bouffis : par exemple, Jean était maigre et laid : il est resté laid et maigre ; tous les Piteux sont comme cela. Je n'ai pas besoin de le flatter, puisque c'est mon ami intime.

Et tout en nous bourrant de santé, n'ayez pas

peur, maman Quimper en gardait pour elle. Nous ne l'empêchions pas de travailler, au contraire, elle gouvernait sa buvette encore mieux qu'autrefois, et sans lâcher celui de nous quatre qui tenait le tour, elle vous lançait à quinze pas quiconque n'était pas de son avis sur M. Surcouf, la politique, les droits réunis et les Anglais. D'un autre côté, les châtaignes allaient toujours et, par surcroît, maman avait installé un séchoir pour la morue.

Vous croyez que c'était tout? Cherchez une femme comme maman Quimper et vous verrez s'il en reste !

Il y avait quinze bouches à la maison, quinze fours ! sans compter les malheureux qui venaient quémander à la porte de derrière. Maman les menaçait souvent du balai, c'est vrai, mais ils la connaissaient la brave chrétienne. Jamais sa laborieuse main ne restait fermée ; et le pain bis, pourtant, était à quatre sous la livre. Bah! maman se coucha plus tard et se leva de meilleure heure ; elle prit son *menuisier*, comme elle appelait la hache, et fit un trou carré dans l'autre bordage pour ouvrir une seconde boutique.

Dans celle-ci, on vendait un peu de tout : des coiffes et des fichus, des *blagues* à tabac, des hameçons, du goudron, de la chandelle, et des sabots, et des confitures, et des emplâtres et jusqu'à des violons !

Et cela ne put suffire encore à la dévorante activité de maman : elle répandit des politesses sur la douane et fit un brin de contrebande.

J'ai dit déjà que jurer n'est pas péché dans la marine, frauder non plus à Saint-Malo. Et à Paris? A Paris, à Saint-Malo et ailleurs, que d'honnêtes gens s'émerveilleraient s'ils lisaient seulement une fois leur catéchisme !

Maman avait de l'honnêteté, j'en réponds, et surtout de l'honneur, mais c'était de l'honnêteté et l'honneur de ceux qui ne savent pas. Ce qui était de bon aloi tout à fait en elle, c'était sa vaillance obstinée à l'ouvrage et sa générosité dont elle avait honte un peu.

Tout doucement, et comme elle croyait, tout honnêtement, sans négliger ses pratiques, ses châtaignes ni ses enfants ni ses pauvres, maman Quimper grapillait, bon ou mal an, deux ou trois cents écus qui en coûtaient bien deux mille au gouvernement ; elle *affranchissait* du madère et des cigares pour les messieurs, du point d'Angleterre pour les dames et de la petite faïence de Jersey pour les ménages. Ah! elle rendait bien des services : seulement, dans ce temps-là, elle avait trop d'affaires pour aller à la grand'messe.

Connaissez-vous quelqu'un d'étranger au catéchisme qui ait horreur de tricher le fisc? En France nous sommes tous ou fraudeurs ou complices. Saint-

Malo se prit de respect pour Maman Quimper, et Papa Quimper ne lui parlait plus qu'à genoux.

Elle ne savait pourtant ni lire ni écrire, mais elle avait des principes. Avec un seul principe, un homme fait sa fortune et un Etat sa gloire. Pour elle toute seule, maman Quimper avait trois principes :

« Se confier au *petit bonheur*. » (C'était, je crois, un nom d'amitié qu'elle donnait au bon Dieu.)

« Pleurer derrière la porte et rire à la fenêtre.

« Cacher son cœur, de crainte des voleurs. »

A bon entendeur, salut. Tout le monde n'a pas mon intelligence, mais ceux qui ne sont pas bouchés tout à fait peuvent retirer vingt mille livres de rentes, au bas mot, de la lecture de ces mémoires.

Parbleu ! Jean Piteux ne passe pas pour un aigle, et, avec un seul des principes de maman, il a ramassé.... Combien? Allez votre chemin, toujours tout droit, vous le saurez peut-être.

Et duquel des principes de maman fit-il usage?

Cela, on peut vous le dire. Une fois, Piteux cacha si bien son cœur, qu'il ne sut plus où le trouver. Jugez quel débarras pour un Piteux!

Deux ans après notre sevrage, comme nous devenions Jean et moi une trop grande gêne à la maison, nous fûmes mis à l'école chez les demoiselles Luminais dont la classe, ouverte rue de la Poissonnerie, était renommée dans Saint-Malo. Ces demoiselles Luminais étaient deux malheureuses vieilles filles de haute taille, qui parlaient toujours de l'hôtel et du château qu'elles avaient, je ne sais où, avant la Révolution.

Jamais je n'ai rien vu de si maigre qu'elles. L'aînée avait une toux creuse, la cadette toussait en flageolet, sans cela on n'eût pas distingué l'une de l'autre, tant leurs laideurs mélancoliques se ressemblaient.

Il y avait Mlle Hippolyte et Mlle Camille. Mlle Camille faisait un peu l'enfant, et sa sœur l'idolâtrait. L'hiver, elles portaient des casaques de matelots ; l'été des camisoles de toile à voile ; en toute saison, elles étaient bien chaussées de souliers goudronnés qui avaient fait la pêche à Terre-Neuve. Comme elles avaient passé le temps de l'émigration, en Angleterre, elles vivaient à l'anglaise, sans pain, avec du thé au rhum et des pommes de terre bouillies.

Leur mobilier consistait en deux martinets à taper sur les doigts, et celui de Mlle Camille, qui était coquette, avait des clous dorés au manche.

Chez elles, personne n'apprenait rien ; mais comme elles s'aimaient les deux pauvres vieilles ! Quand le plat de pommes de terre était trop court, ce qui arrivait souvent, il y en avait toujours une qui disait : « C'est étonnant, je n'ai pas appétit aujourd'hui ;

ma sœur, soyez assez bonne pour manger ma part ou bien cela se perdra. »

Nous étions trop petits, Jean et moi, pour venir à pied de la *Jeune Émilie ;* maman nous apportait le matin dans sa hotte aux provisions qui était grande comme un cabriolet ; le soir, elle nous emportait de même, après avoir débarqué sa cargaison de châtaignes. Nous vivions douze heures d'horloge à la pension. Pour ce, les demoiselles Luminais recevaient, prix débattu, vingt sous par mois et par tête. Elles avaient comme cela une soixantaine d'élèves, ce qui suffisait abondamment à leur sécher la peau sur les os.

Au temps jadis, il y avait des existences princières à Saint-Malo, on dit cela. Le commerce de Saint-Malo, équipait des flottes contre l'Anglais, et certes, René Duguay-Trouin a laissé une gloire aussi éclatante que celle de Jean-Bart. Tous deux ont leur statue à Versailles.

On raconte que le capitaine Potier de la Houssaye, le père du fameux « matelot » de M. Surcouf, se trouvant à la cour du roi Louis XVI, M. de Pourtalès, qui commandait les Cent-Suisses, le voulut faire causer : mais M. Potier ne causait qu'avec les gens de connaissance.

Après nombre d'essais inutiles, M. de Pourtalès finit par lui demander si M. Dumollet vivait encore. Point de réponse.

— Tarteifle! capitaine, vous me direz du moins s'il est vrai que Saint-Malo soit gardé par des chiens?

— Le roi de France, répondit enfin M. Potier, est bien gardé par les Suisses!

Mais tout cela est bien tombé. M. Potier et M. Dumollet sont morts, les chiens aussi, aussi les flottes. Les millions de l'Inde ont pris l'habitude d'aller ailleurs, Saint-Malo vivote en tirant par la queue le diable d'économie. Il s'est fait marchand des quatre saisons et aubergiste, détaillant jusqu'aux fruits de ses jardins qui étaient nobles autrefois, et louant jusqu'aux matelas de ses lits aux baigneurs parisiens, trop pauvres pour payer le prix fou de la mer normande.

Chez les demoiselles Luminais, il y avait des fils et des filles de bonne maison qui payaient *recta* leurs vingt sous et oubliaient l'heure des étrennes.

Jean fut pris en amitié par le petit d'un armateur qui se faisait faire des gilets neufs avec la soie de ses vieux parapluies, mais moi je n'allais pas chez ces gens-là, qui se posaient en bienfaiteurs pour une tartine de pain dur maigrement beurré. J'avais pour ami Petit-Guern, un gentilhomme!

La noblesse, c'est comme la croix d'honneur: ceux qui ne l'ont pas se dessèchent la poitrine à cracher dessus, mais personne ne crachait sur Petit-Guern. Il n'aurait pas fait bon à le tutoyer, non!

Quel beau petit gars! Je crois qu'il était encore mieux bâti que moi! Et brave? Un soir que M. Surcouf fut insulté par les baragouins de Jersey dans la basse ville, Petit-Guern, qui n'avait pas encore douze ans, lui arracha sa canne des mains sans façon pour dauber sur les gredins. Il y en eut trois qu'on emporta tête en bas.

Et fier! Quand M. Surcouf voulut lui donner la pièce, il ne se fâcha point, mais il passa disant :

— Merci, bonhomme Surcouf, vous vous trompez, je suis Petit-Guern.

Et il revint manger la soupe chez maman Quimper.

Car s'il refusait la pièce, il acceptait la soupe. On le nourrissait chez nous autant dire par charité.

Mais j'aurais bien voulu entendre quelqu'un prononcer ce mot *charité* devant maman Quimper en parlant de son petit-Guern! Quelle danse! Il y aurait eu tabac, avancement et justice de paix réunis...

Voilà qui demande explication, n'est-ce pas? Ouvrez donc l'oreille : Petit-Guern était un « ancien élève » de maman, comme elle appelait ses nourrissons. Le père du Petit-Guern avait nom François Yves de Guern La Balue, marquis de Tombelaine. Il était mort à l'hôpital, la marquise aussi, et maman disait toujours : « Ah! si j'avais eu la *Jeune-Emilie* en ce temps-là! » La Bretagne passe pour posséder un certain nombre de gentilshommes qui ont cueilli leur noblesse dans le blé noir, comme on ramasse une pomme, mais Petit-Guern était un vrai marquis, peste! Maman Quimper lui gardait, dans son armoire au linge, une boîte toute pleine de vieux parchemins qui établissaient son droit à de très-beaux domaines, malheureusement noyés sous la mer depuis plusieurs centaines d'années.

Ces biens étaient situés au large du mont Saint-Michel, entre le rocher qui porte encore le nom de Tombelaine et les îles Chaussey. Il y avait des forêts superbes (dans les parchemins), et des tenances et des moulins, sans parler des châteaux. Maman évaluait le tout à trois cent mille livres de rentes, au bas mot.

Par un beau dimanche d'été, elle nous mena une fois tous à Cancale, où elle loua une barque pour visiter la propriété. La mer était un peu houleuse à cause du grand vent qu'il avait fait la veille, mais cela n'empêcha pas maman Quimper de distinguer très-bien au fond de l'eau les ailes des moulins à vent et les clochers des paroisses.

Elle vit le grand château de Guern qui avait autant de fenêtres que l'année a de jours, et comme elle nous dit de le voir, nous le vîmes tous, excepté Petit-Guern qui riait bonnement. Maman avait envie de le battre, mais comme elle le respectait deux fois mieux que M. Surcouf lui-même, ce fut mon frère Guénolé qui eut le paquet parce qu'il regrettait vêpres : Guénolé était pour être d'église.

Je ne sais pas si maman nous aimait autant que Petit-Guern ; je crois que non.

La tante Piteux mourut que nous avions sept ans, Jean et moi. Comme il restait seul à la maison, làbas, il vint demeurer tout à fait chez nous.

Nous avions déjà Petit-Guern et aussi cousine Fanchette, que le décès de la tante Legoff avait laissée orpheline. Papa disait parfois que c'était trop lourd, mais pas devant maman.

Celle-là avait grand cœur, quoiqu'elle parlât toujours d'économie. Quand M. Surcouf lui demanda ce qu'il pourrait bien faire pour Petit-Guern, après l'affaire des gens de Jersey, elle répondit :

— Donnez un joli fusil à l'enfant pour qu'il s'amuse à tirer des courlis sur vos étangs. Il n'a besoin de rien chez nous.

Chacun disait qu'elle aurait mieux fait de le mettre en apprentissage. Mais ce n'était pas son idée. Sûrement, avec ses grands cheveux blonds, légers comme de la soie, et ses yeux bleus qui souriaient si doux, Petit-Guern n'avait pas l'air de quelqu'un à fourrer ses mains blanches dans l'ouvrage. Fanchette était de cet avis-là.

Le jour où nous atteignîmes nos neuf ans moi et Jean, maman nous dit dès le matin :

— Avance à l'ordre, tous deux, marmailles ;

Nous la suivîmes dans l'entre-pont de la *Jeune-Emilie*. Nous avions compris qu'il s'agissait d'une épreuve solennelle.

En effet, maman nous fit asseoir sur ses genoux, l'un à droite, l'autre à gauche, nous signifia qu'elle allait nous examiner à fond au sujet de nos études.

Bien qu'elle ignorât les premiers éléments des belles-lettres, ce n'était pas une chose facile de lui donner le change. Du premier coup, elle toisa notre affaire : Jean savait épeler un petit peu, moi je ne savais rien du tout.

Tel était le bilan de nos progrès, depuis cinq ans. Maman n'en parut ni contrariée ni surprise.

— Quoi donc! dit-elle, ces Luminais sont de bonnes filles, on en a eu chez elle juste pour son argent.

A cette époque, tous nos frères et sœurs étaient placés les uns au port, les autres en magasin. Avec Petit-Guern, Fanchette et nous deux Jean, il ne restait à la maison que Guénolé qui, en attendant le séminaire, faisait le ménage. Les divers trafics de maman allaient tous assez bien, et la *Jeune-Emilie* vous avait un air de prospérité à faire envie.

Maman Quimper ajouta :

— Ce qu'on apprend dans les écoles ne vaut pas cher, c'est bon pour les fainéants. Moi, j'ai installé mes établissements sans savoir la différence qu'il y a entre un *a* et un *u*, pour sûr, et n'empêche que tu seras riche, petiot, puisque tu es Quimper et Corentin. Rien ne peut s'opposer à ça, le prix est fait comme pour les petits pâtés. Voici Jean, par exemple, ce n'est qu'un Piteux ; il a affaire d'étudier, le pauvre rat, pour gratter sa vie ; mais toi, ça ira tout seul : comment ? on ne sait pas ; pourquoi ? parbleu ! parce que. Et allez donc, au petit bonheur !

Elle nous fit danser vigoureusement sur ses genoux, puis elle reprit :

— Ça dure ainsi depuis le temps du roi Dagobert. Nous avons là-bas, en Amérique, je ne sais pas de quel côté, un Quimper (Corentin) qui est mon oncle et le tien aussi, avec canne à sucre, esclaves noirs, café, acajou, clous de girofle, pour des millions de milliasses.

Je lui ai fait écrire par le brigadier quand tu es venu au monde ; il sait qu'on a ici un petit Quimper (Corentin), cinquième garçon, et s'il ne t'envoie pas sa succession à l'article de la mort, c'est qu'il aura une autre idée. Le brigadier radote que la vie est une loterie ; alors, tu as tiré un fameux numéro, voilà tout. Pare à faire attention tous les deux !

— Es-tu chrétien ?

— Oui, par la grâce de Dieu, répondîmes-nous tous les deux à la fois.

Elle parut toute éblouie de notre savoir et chercha une autre question. N'en trouvant pas, elle reprit :

— A toi, Piteux. A quelle heure ce soir la marée ?

Jean qui était pris de court, hésita.

— A toi, Corentin !

— Huit heures et quart, maman.

Elle passa ses doigts dans le bout de sangle qui me servait de ceinture et m'enleva comme une plume en criant :

— A la bonne heure ! Ça vaut mieux que du latin ? Quand on s'y connaît au flot et au jusant, on a déjà de la capacité. Est-ce que M. Surcouf met jamais son nez dans les livres ? Attention à la manœuvre ! Combien fait un mille de châtaignes à quatre sous le cent ?

Cette fois, ce fut Jean qui répondit le premier :

— Quarante sous.

Maman l'embrassa ; elle était la justice même.

— C'est bien ça, mon rat, dit-elle. A toi, Corentin. Voyons ! Dix sous de premier achat, cinq sous de voiture, un sou de triage, que reste-t-il pour le marchand, sur le mille de châtaignes ?

— Vingt-quatre sous, répondit encore Jean.

— J'allais le dire ! m'écriai-je.

— Va bien ! reprit maman, chacun son talent. Tu riras à la fenêtre, toi, si Jean pleure derrière la porte, et le bon Dieu pour tous, mais c'est Petit-

Guern qui épousera la princesse, s'il veut, le mauvais sujet!

— Quelle princesse, maman? demandai-je, car je n'en connais aucune à Saint-Malo.

— La princesse qui est dans l'histoire à Laurent Bruant, répondit-elle.

Puis elle se mit à rire et conclut:

— Par ainsi, vous en savez tout de même assez l'un dans l'autre. C'est fini d'aller à l'école. Demain, vous serez placés chez veuve Hélie, dans le commerce... attrape tous deux à me pêcher des *boucs* pour le brigadier.

III

VEUVE HÉLIE, HÉLIE PÈRE, HÉLIE FILS, HÉLIE NEVEU,
HÉLIE PAIN-SEC ET D'UNE IDÉE QUE J'EUS LE SOIR DE
LA PREMIÈRE COMMUNION.

Les *boucs* sont les petites crevettes grises qu'on appelle de la salicoque devers Le Hâvre.

Vous avez certainement vu les prédicateurs faire le signe de la croix en prononçant le saint nom de Jésus ; c'était un peu ainsi, et j'ai du chagrin à le dire, quand le mot « commerce » passait pieusement entre les lèvres de maman Quimper.

Elle était grande et généreuse, c'est vrai ; mais elle n'en croyait rien. Le culte du grattage la tenait, et elle professait un respect profond pour les rongeurs. Seul au monde, Petit-Guern avait le droit de se moquer du négoce devant elle, et encore c'était parce que Petit-Guern devait se négocier lui-même à grand bénéfice : en épousant « la princesse. »

C'était maintenant un des plus beaux adolescents que j'aie vus jamais. Maman se fâchait quand il se familiarisait avec mes frères, disant qu'il était trop au dessus d'eux, mais elle souffrait qu'il me témoignât de l'amitié à cause de la fortune qui m'était promise, en ma qualité de cinquième fils et de Corentin.

Cependant la veille de notre entrée dans le commerce, elle lui dit :

— Vous saurez comme ça, monsieur de Guern-la-Balue, moitié de marquis sans le sou, que tu n'es pas une bonne connaissance pour mon Corentin. Rien qu'à te voir, comme te voilà, faraud et paresseux, veuve Hélie deviendrait enragée. Donc, par conséquence, si c'est un effet de votre bonté, tu feras un détour pour m'obliger, en passant dans sa rue, et jamais vous ne montrerez ta tournure de propre à rien aux alentours des environs de la boutique à mon fiot, où il va faire son apprentissage de fin marchand millionnaire.

— Si vous voulez, maman Quimper, répondit Petit-Guern, je ne serais plus un fainéant et je m'engagerais, puisque c'est mon envie.

— Alors, s'écria-t-elle déjà rouge de colère, tu veux me faire de chagrin tout à fait, cadet ? Croyez-vous que c'est à bord d'une méchante barque à morue que vous trouverez la demoiselle qui doit me payer tes mois de nourrice? On a bien fait la digue de Dol, et il y a des champs là où était la mer. Eh bien! quand vous aurez épousé la princesse, M. de Guern-la-Ballue, vous ferez votre digue aussi et vous aurez quatre lieues de pays, en long et en large, pour vous tout seul. Alors, vous me donnerez une bonne ferme, hé? ou bien deux peut-être, à votre générosité, et c'est par intérêt tout ce que j'ai fait pour toi, morveux de marquis, parole sacrée!

Quand elle parlait ainsi, Petit-Guern l'enlevait presque de terre à force de la serrer, et pourtant elle pesait lourd.

Il riait et il pleurait

Moi, j'avais un peu l'idée que maman avait pu spéculer sur ce mariage avec la princesse, en tout bien tout honneur. Quant à Jean Piteux, il en était convaincu tout à fait.

Seulement, il ne croyait pas à « la princesse » et il calculait que la digue coûterait trop cher à faire sur fond de sable, recouvert par cent cinquante pieds d'eau.

Le lendemain, on nous fit propres. Petit-Guern n'eut pas la permission de nous accompagner, mais il me glissa à l'oreille en m'embrassant:

— Tu sais, si on te bat, tu me le diras.

Mon frère Guénolé, doux comme un ange, et qui

avait déjà mine d'abbé, m'exhorta à la patience, et papa Quimper ne mangea que la moitié de sa soupe, parce qu'elle était brûlée.

Je quittais sans trop de regrets les demoiselles Luminais, ces pauvres bergères dont la houlette était un martinet. Mon principal chagrin venait de ma cousine Fanchette, qui était ma meilleure camarade, et que je ne devais plus voir tous les jours.

La drôle de petite fille que Fanchette ! Elle m'aurait fait sauter par dessus le parapet des remparts, rien qu'en me disant : « Tu n'oseras pas ! » Je l'aimais bien. Elle m'avait choisi d'avance pour son mari quand nous aurions l'âge ; mais cela ne devait pas aller tout seul, car maman lui disait :

— Fillette, la femme de Corentin Quimper aura des plumes sur son chapeau. Ne te mets pas des idées dans la tête rapport à lui.

Fanchette n'en riait que mieux, et si vous saviez quelles perles la gaieté montrait dans sa bouche !

La maison veuve Hélie, Hélie père et fils, Hélie neveu et Cie avait ses magasins tout à l'autre bout de la ville, dans une ruelle qui mène de la rue de Dinan aux Petits-murs. On y faisait le gros, pêle-mêle avec le détail, et cette confusion apparente amenait beaucoup de chalands, car chacun aime mieux acheter au gros tas. Jamais le pauvre ne soutient le pauvre. Il jette son sou dans les grandes sébiles comme l'eau stupide va toujours à la rivière.

J'ai vu des gens venir de Saint-Servan acheter un cornet de poivre d'un sou chez les Hélie, parce que le poivre s'y montrait à découvert dans une large boîte où il s'éventait du matin au soir en faisant éternuer les pratiques.

En arrivant à la porte, maman nous dit :

— Tiens-toi droits tous deux.

Elle se redressa elle-même et secoua son tablier avant de descendre les marches éternellement humides qui donnaient accès dans « la boutique. » Elle nous dit encore :

— Sentez voir de vos nez !

Il faisait bon sentir, car on n'y voyait goutte. Je fus presque suffoqué par la terrible odeur de suif, d'huile, de drogues, de salaisons et de réglisse qui embaumait ce séjour. Jean Piteux aspira une vaste lampée de ces puanteurs, comme s'il eût retrouvé là son air natal.

Personne ne fit attention à nous. Les murs eux-mêmes savaient ici reconnaître, à travers la doublure des poches, les sous qui devaient tomber dans le comptoir.

Comme nos poches étaient vides, nous eûmes tout le temps de regarder les maîtres de céans.

Veuve Hélie était la reine. Elle avait une féroce figure de lapin, toute grise avec des yeux sanglants et un nez écorché du plus considérable gabarit qui portait à son extrême pointe des lunettes de fer cruellement serrées.

Hélie père et fils étaient bas sur jambes, bouffis et bulbeux; ils se ressemblaient d'une façon affligeante; l'un et l'autre avaient la même loupe, tapissée du même poil jaune, entre les mêmes yeux ronds, stupéfaits. On les distinguait l'un de l'autre par leurs tabliers; celui d'Hélie père était gros vert, celui d'Hélie fils gros bleu.

En outre, Hélie père tournait ses pouces aux heures de récréation, tandis qu'Hélie fils faisait craquer ses jointures. On appelait le père patron François et le fils Fifi Jacquot.

Hélie neveu, plus beau, mieux bâti et doué de manières distinguées, offrait quelquefois aux dames du tabac à priser de Jersey dans une grenouille en coco; il avait des fausses manches et ne marchait qu'avec une plume derrière chaque oreille. Son titre courant était *monsieur* Amédée.

Ce qui dominait dans cette tribu c'était la bestialité rapace. Je n'avais jamais eu l'idée de pareille chose. Quand ils se retiraient derrière le grillage de leurs bureaux, cela faisait l'effet d'animaux nuisibles qu'on enferme par précaution. Cette pensée me vint surtout pour veuve Hélie dont le nez étranglé me faisait frissonner.

Maman nous laissa bien regarder, et puis elle demanda :

— Hein, cadets, qu'en dites vous?

La figure de Jean peignait l'admiration; moi j'avais bonne envie de pleurer.

Et pourtant, je n'étais pas sans éprouver un brin d'émotion; je subissais l'effet de ce remue-ménage sourd et continu qui travaillait toutes choses autour de moi pour en faire de l'argent. Je comprenais très-bien que dans ce fourneau malpropre, une fortune incessamment mijotait.

Certes, veuve Hélie ne devait jamais jouir de ces richesses; vous eussiez martyrisé sur place Hélie père et fils avant de les contraindre à manger un écu. Hélie neveu lui-même, le plus prodigue des Hélie, prenait sa demi-tasse en cachette, le dimanche, dans un café borgne, célèbre par le bon marché de ses empoisonnements.

Mais qu'importe cela?

On n'amasse pas pour dépenser; on entasse pour entasser.

Entre toutes les fièvres celle du grigou est la plus stérile, en apparence. Ne vous y trompez pas, cependant; le pince-maille est bien autrement intelligent que le prodigue. Il a sa volupté sous la main. N'y pas toucher est le bonheur qui dure...

Maman Quimper, dans cette maison, semblait

toute petite. Sa voix s'y perdait, elle s'y tenait les mains jointes comme à l'église.

En nous présentant à veuve Hélie, d'un air modeste et souriant, elle commanda vingt livres de chandelles des huit, ce qui nous fit assez bien venir.

C'était l'heure du déjeuner. Veuve Hélie, prenant possession de Jean et de moi, nous partagea une sardine salée sur deux morceaux de pain dur. La même pitance, du reste, fut servie non-seulement aux autres commis, mais encore à Hélie, père, fils et neveu. Maman nous dit tout bas avec une respectueuse emphase :

— Vous y voilà en plein ! vous n'aurez qu'à regarder pour apprendre, nagez !

Ce n'est peut-être plus comme cela, mais de mon temps, là-bas, la pince-maillerie était une gloire. Toute la ville disait : « Ces Hélie vivent de rien ! » comme on aurait cité un trait d'héroïsme ou de haute charité.

La vieille toussait en travaillant, mais elle travaillait comme quatre et portait des bas percés qui l'enrhumaient éternellement. Le père, le fils, le neveu, se reprochaient entre eux à la journée les croûtes qu'ils mangeaient, et pour ce qui est des sept ou huit commis meurt-de-faim, je ne voudrais pas mentir, mais je jure bien qu'en les faisant fondre ensemble à petit feu, on n'en eût pas retiré une once de suif.

Il y avait une chose terrible à voir: Le lundi, à la porte, les mendiants venaient; on donnait un liard à partager entre chaque paire de pauvres. Rien ne saurait dire le supplice de cette charité forcée: si on n'avait pas donné, les voisins auraient causé, mais, quelle rancune et que de regrets! Toute la journée, la famille était en deuil. Veuve Hélie faisait le compte des liards lâchés en pleurant des larmes noires.

Il y avait des vieux pauvres à qui elle avait donné depuis le temps plus de cinq cents liards, ce qui fait bien six francs.

L'idée lui venait d'aller les attendre le soir au coin des rues pour leur demander ses liards ou la vie!

Quand maman fut partie, on nous mit des tabliers bleus. Jean reçut un pilon pour écraser le poivre, moi on me confia un moulin à café qui riait lamentablement. Après douze heures de travail, on nous coucha dans deux petits cercueils qui avaient contenu des cierges. Jean me dit:

— Je me plais assez ici.

Moi, je pleurais toute l'eau de mon corps et je songeais aux vastes flancs de la *Jeune-Émilie*, que mon regret faisait brillants comme les murailles d'un palais. Qu'allais-je devenir dans cette caverne où le travail implacable ressemblait aux tourments de l'enfer?

Maman aussi était âpre au gain, mais quelle différence! Elle avait tout un peuple à nourrir en comptant Petit-Guern, papa Quimper, Jean et Fanchette. L'argent conquis par elle à la sueur de son front servait surtout aux autres. Quand elle parlait de sa dureté de cœur, c'était pure vanterie. Ah! je ne dis pas, peut-être aurait-elle bien voulu atteindre à la perfection commerciale des Hélie, mais elle ne pouvait.

On naît rongeur, cela ne s'apprend pas.

J'ai vu plus tard ce que je ne savais pas alors. Au théâtre, j'ai reconnu un Hélie agrandi dans Shylock. Harpagon en savait de bonnes, mais Hélie père lui en aurait remontré long. Dans les tableaux flamands, j'ai retrouvé les lunettes de veuve Hélie sur le nez crochu des buveurs d'or. Elle ne vivait pas celle-là, elle additionnait. Je l'ai vue souvent flairer, avec une sensualité obscène, le bout de ses doigts qui gardait l'odeur du vert-de-gris des gros sous.

Elle avait de la force d'âme; je ne sais pas quelles grandes actions ou quels crimes elle eût tentés pour dix écus, mais je crois que la perte de pareille somme l'aurait tuée sur le coup sans rémission.

Et pourtant, elle exerçait l'hospitalité à sa manière. Les dimanches, il y avait festin dans l'arrière-boutique. Deux ou trois parents d'étonnantes figures arrivaient, midi sonnant, et s'asseyaient à table d'un air inquiet. Au fond du cœur des hommes, l'espoir ne meurt jamais : les malheureux gardaient vaguement l'idée qu'on leur donnerait quelque chose à manger !

J'ai un souvenir désolant : Un dimanche, le doyen des cousins, Hélie Pain-Sec, comme on l'appelait, (car à Saint-Malo, les sobriquets manquent de délicatesse,) demanda un peu de moutarde pour assaisonner son nerf de bœuf bouilli. Ce n'était pas un très-respectable vieillard ; mais enfin, il avait des cheveux blancs autour de son pauvre crâne. Je pense bien que avant de parler, il n'avait pas réfléchi.

Au mot moutarde, veuve Hélie se redressa de son haut et regarda avec des yeux tout ronds. Son nez avait blêmi ; sa bouche rentrée ressemblait à un coup de tranchet dans du cuir. Elle faisait peur, et je me mis à trembler.

Elle atteignit sa tabatière, qui était toujours vide, et la replongea en poche sans l'ouvrir ; elle déplia son mouchoir à demi et ne s'en servit point.

Ses lunettes arrachées puis replacées d'une main convulsive, rendirent un cliquetis de batailles. Littéralement, son indignation l'étouffait.

Autour de la table, c'était un silence de sépulcre. On entendait les rats affamés ronger leurs propres dents quelque part dans les trous et ce battement mystérieux qui est l'appel des araignées à l'intérieur des cloisons.

Le bonhomme Hélie Pain-Sec, épouvanté par l'idée de son crime et fasciné par ce regard d'épervier qui lui mordait les yeux, avait laissé tomber sa fourchette et son couteau. On le voyait qui devenait livide.

Au bout de deux minutes, longues comme toute une semaine, veuve Hélie parvint à parler. Elle dit d'une voix sifflante:

— Alors, Pain-Sec, il te faut de la moutarde... chez nous!

Le dernier mot fit explosion comme un coup de pistolet.

Le bonhomme, frappé à bout portant, fut enlevé de sa chaise et lancé dehors.

Nous ne le vîmes plus jamais. On pense qu'il mourut dans quelque coin, foudroyé.

Veuve Hélie avait un faible pour Jean, parce qu'il était fourmi de naissance. Elle lui permettait de ramasser les extrémités avariées des racines de réglisse après le nettoyage. Jean ne s'avisait jamais de grignoter ces pauvres friandises; il les serrait fidèlement dans un vieux panier, et quand il avait un bon tas, il les vendait aux petits vagabonds du voisinage. Veuve Hélie lui prenait en dépôt les sous qu'il retirait de ce trafic ; c'était de l'argent solidement placé!

Hélie père n'était pas méchant en dehors des crimes du métier, il végétait comme les pommes de terre à la cave. Hélie fils nourrissait une pie malgré les reproches de la famille; il lui contait ses peines et faisait dix lieues par jour dans un espace de trente pieds carrés. Hélie neveu. « M. Amédée, » aimait le luxe : il lissait son chapeau avec une brosse mouillée pour le faire luire, et l'histoire rapportait qu'il avait détourné jadis une demi-livre de sucre candi en faveur d'une dame.

Veuve Hélie le fouillait quand il sortait.

Nous restâmes là, Jean et moi, quatre années entières, durant lesquelles nous n'eûmes de relâche qu'aux heures du catéchisme. Veuve Hélie n'allait pas à l'église à cause des chaises qu'il faut payer, mais elle redoutait Dieu, à cause des chances du commerce. Tant que dura le catéchisme, il nous fut dit ponctuellement, deux fois par jour ;

— Polissons, à la cathédrale !

A la cathédrale, je retrouvais mes deux petites sœurs de lait qui étaient maintenant des demoiselles; Marie Maud'hui, la fille de l'avocat, était blonde et bien jolie ; Jeanne Saunier, la fille du major d'artillerie, était charmante et vous regardait avec de grands yeux noirs hardis.

Elles me disaient bonjour quelquefois, et c'était gentil de leur part, car elles n'avaient point payé à maman leurs mois de nourrice, mais j'étais si mal habillé!

Fanchette, plus jeune que nous de deux ans, était

aussi du catéchisme et ne restait en arrière de personne pour l'instruction. Elle apprenait l'état de modiste ; il fallait voir comme elle gardait bien sa petite dignité vis-à vis de Mlle Marie et de Mlle Jeanne, un peu « pestes » toutes les deux.

Après le catéchisme, elle venait nous reconduire, Jean et moi, jusqu'à la porte de notre prison. Parfois, elle disait en nous toisant de son regard limpide comme l'eau de la mer dans un creux de roche :

— Vous voilà pourtant hauts sur jambes, Dieu merci ! toi surtout, Corentin !

Un soir, elle ajouta :

— Bien sûr, ça n'est pas un état que d'être moulin à café !

Quand je vivrais cent ans, je n'oublierais pas le coup que j'eus au cœur à ce terrible nom qui m'était appliqué sans malice : « moulin à café ! »

Et voilà que le lendemain, justement, elles vinrent toutes les deux, Marie et Jeanne, nos deux sœurs de lait, acheter du chocolat avec leurs chambrières, deux grandes filles qui portaient la coiffe insolente et si jolie des Cancalaises.

Elles entrèrent à la tapageuse, riant, causant, faisant les belles dames. J'essayai de me dissimuler dans mon coin, et il paraît que j'arrêtai un petit instant de tourner la manivelle, car veuve Hélie, qui ne perdait jamais un seul de nos mouvements, me cria :

— Gagne ta vie, capelan! et ne vole pas tes gages!

Jeanne, Marie et leurs Cancalaises se mirent à rire toutes les quatre.

Les capelans sont des petits poissons qui servent d'appâts, à Terre-Neuve, pour pêcher la morue. On en a deux douzaines pour un sou.

Marie et Jeanne me regardaient; j'avais les yeux baissés, mais je les voyais tout de même. En me regardant, elles cessèrent de rire et se détournèrent. J'entendis Marie qui murmurait:

— Le capelan, c'est le pauvre Corentin!

Les Cancalaises qui m'avaient reconnu aussi chuchotaient. Je devinais au mouvement impertinent de leurs lèvres le mot de Fanchette, le terrible mot:

— Il est « moulin à café! »

Marie et Jeanne s'en allèrent après avoir brusqué leur marché. Tout à l'heure, je tremblais qu'elles n'eussent l'idée de me dire bonjour; maintenant, j'avais la mort dans l'âme, parce qu'elles ne m'avaient point parlé. De la nuit, je ne pus fermer l'œil. Mon imagination travaillait. Je trouvais naturel et légitime que Jean fût pilon à poivre, mais moi, moulin à café, c'était bien sûrement une horreur!

Avant le jour, je quittai le cercueil où je couchais et j'allai trouver Jean dans le sien pour lui demander combien il avait amassé de sous en vendant ses rebuts de réglisse. Jean m'obéissait encore, quoiqu'il eût une bien meilleure assiette que moi dans la maison. Il courut s'enquérir du chiffre de son trésor.

Veuve Hélie couchait avec un chat jaune, gros comme un veau, qui était bon pour ses rhumatismes. A la demande de Jean, elle laissa tomber ses lunettes et lui fit les yeux qui avaient mitraillé le triste Pain-Sec dans l'affaire de la moutarde. Bien entendu, elle ne répondit point, mais je fus mandé à l'instant même.

C'était la veille de notre confession générale : elle se chargea de faire l'examen de nos consciences ! Comme les injures ne coûtent rien, elle les prodiguait à boisseaux.

— Vous êtes, nous dit-elle, deux couleuvres que j'ai réchauffées dans mon giron, deux vers de terre que j'aurais dû écraser. Chaque jour, et dix fois par jour, vous tombez en péché mortel par paresse, par envie, par colère, par orgueil, par gourmandise et le reste. Vous êtes des menteurs, vous êtes des brigands, vous serez des assassins, et j'en ai vu au pilori qui valaient mieux que vous, méchantes racailles de renégats d'Anglais !

Jean pleurait. Moi, j'avais envie de l'étrangler pendant qu'elle poursuivait :

— Quant à l'argent du nommé Piteux, il y a trois livres douze sous, mais vous n'irez pas les boire avec les voleurs au cabaret. Je lui garde cela pour acheter son homme quand il tirera à la conscription.

Au tapage abominable qu'elle faisait, Hélie père, fils et neveu, sortirent de leurs tanières pour arriver à la rescousse. Ils s'indignèrent à l'unanimité; mais ce qui les révoltait surtout, ce fut l'importance des économies réalisées par Jean.

Trois livres douze sous!

En fin de compte, on lui tira les oreilles et chaque Hélie me prodigua mes étrennes; j'eus un coup de pied de patron François, une paire de calottes de Fifi Jacquet; le bel Amédée me donna de sa règle sur les doigts, et veuve Hélie me mit au pain sec avec double tâche. Jean me dit:

— Nous voilà bien avancés!

Dès que nous fûmes seuls, je répliquai:

— Ça finira. J'ai mon idée.

Plus tard, j'ai étudié l'histoire et j'ai vu qu'aucune révolution n'avait jamais eu de germe si légitime.

Le matin de la première communion, nous nous réveillâmes si joyeux que veuve Hélie elle-même ne pût rien contre notre allégresse. Toute cette journée pourtant, elle fut pire qu'un tigre, parce qu'elle avait mis avec ostentation une pièce de dix sous à la quête. Le bedeau l'accusait pourtant de blanchir des centimes avec du vif-argent tout exprès pour l'église.

Au lieu de rentrer à la boutique, nous passâmes cette soirée chez maman Quimper, qui nous avait préparé un festin.

Maman portait le bras en écharpe, par suite d'un duel qu'elle avait eu, à cause de Petit-Guern, avec le cordonnier de M. Surcouf. Ce cordonnier, qui venait à la maison comme étant mon parrain, avait reproché à Petit-Guern de manger le pain de maman Quimper. Petit-Guern s'était engagé soldat le lendemain, et maman avait pris une gaffe pour avoir raison du cordonnier.

Ce fut une bataille rangée. Mon parrain avait aussi une gaffe et on en vint aux mains sur la Grand'Grève, à marée basse, derrière Rochebonne.

Il y avait une centaine de témoins, calfats, douaniers et matelots pour empêcher la police du port d'approcher. Mon malheureux parrain fut rapporté à bras dans son établissement, tandis que maman, victorieuse, regagnait la *Jeune-Émilie* de son pied. Voilà pourquoi Petit-Guern n'était point de la fête.

Hormis celui-là, nous étions tous réunis. et papa Quimper avait permission de boire à sa soif. Il regardait avec attendrissement la haute venue de ses gars et de ses filles, disant :

— Voilà Corentin, mon dernier, qui me dépasse de tout son nez.

Et il lampait son cidre comme un géant.

Jean, Fanchette et moi, nous avions le contentement profond de ce jour dont le pareil ne se retrouve point dans la vie. J'étais placé auprès de Fanchette, gaie et douce comme un cœur sous sa robe blanche de communiante. Nous mangions tous trois nos fraises dans le même plat de grosse faïence à fleurs. A l'heure qu'il est, après tant d'années, je vois encore les fleurs bleues à travers le sang rouge des fraises, et je vois surtout le sourire de Fanchette, ma petite sœur.

Mes frères et mes sœurs nous faisaient fête à qui mieux mieux. C'étaient tous forts garçons et belles filles qui ne regrettaient pas trop l'absence de Petit-Guern, dont on avait été un peu jaloux à la maison. Mais à deux ou trois reprises, les yeux de maman se mouillèrent, et plus d'une fois elle prononça le nom de son « joli chéri, » comme elle l'appelait. Pour la bonne pensée qu'il eut de boire à la santé de l'absent, papa Quimper gagna une embrassade.

Quand il n'y eut plus de fraises, je dis à Fanchette tout bas:

— Tu sais, j'ai mon idée.

Et comme elle me demandait quelle idée j'avais, je lui répondis:

— A mon retour de mon grand voyage, nous nous marierons, si tu veux, ma cousine.

C'était clair; cependant Fanchette voulut savoir

où je comptais aller ainsi pour en revenir. Au lieu de répondre, cette fois, je dis:

— Mlle Marie et Mlle Jeanne ont ri de moi avec leurs Cancalaises, et tu m'as appelé *moulin à café!*

Elle me regarda toute étonnée, ses yeux brillaient. J'ajoutai :

— Je veux partir pour que tu n'aies pas honte d'être madame Corentin, après le temps.

Pour le coup, Fanchette sourit : mais elle demanda encore :

— Partir pour où?

Dieu merci, on ne me prenait pas sans ver. J'avais réfléchi assez. Je répliquai posément :

— Pour où, ça m'est égal, le plus loin serait le mieux. J'irai voir mon oncle Quimper (Corentin) en Amérique.

Autour de la table, il y eut une grande acclamation qui disait :

— C'est ça papa Quimper, contez-nous une histoire !

Fanchette, cependant, m'embrassait sur les deux joues et chuchottait à mon oreille :

— Voilà qui va bien, et ton idée est bonne, j'en réponds : mais comment feras-tu pour passer la mer sans bateau?

IV

DE LAURENT BRUAND, LE FIN MATELOT, QUI GAGNA TOUT L'OR DU MONDE AVEC UN BOUTON DE CULOTTE.

Je ne sais pas si Fanchette comptait m'embarrasser avec cette question-là, mais elle fut loin de compte. Je lui pris les deux mains et je dis :

— Aussi vrai que je suis un homme, Fanchette Legoff, ma cousine, tu seras riche avec moi autant que la femme à Laurent Bruand !

Or, papa Quimper avait commencé l'histoire qu'on lui avait demandée à l'autre bout de la table, et c'était justement l'histoire de Laurent Bruand, le fin matelot qui revint au bourg de Saint-Jagu avec tout l'or de l'univers.

Si vous voulez savoir, en passant, une mignonne aventure de Bretagne et de marine, vous n'avez qu'à écouter, car papa Quimper contait mieux qu'un gabier, et c'est lui qui parle ici par ma voix. Il disait donc comme ça de même :

— « Cric ! crac ! un sou de cognac, cent francs d'Armagnac, dames dans un hamac, la grêle dans ton sac, les Anglais ne savent pas rire, vive M. Surcouf ! à bas le commissaire ! c'est bon.

« Comme quoi Laurent Bruand était natif originaire du bourg de Saint-Jagu-en-Mer et le mur de sa maison soutenait l'église qui branlait par crainte des gendarmes et gabelous. Quel malheur !

« Son père était matelot, sa mère matelote. On le nourrit à téter un tuyau de pipe, rapport qu'il avait toutes ses dents de devant. La douane a mauvais cœur par caractère, et ça ne fait rien.

« Le voilà donc embarqué mousse moussaillon de moussaille à bord du *Pierre-et-Paul*, sabot de lougre au cabotage, quarante tonneaux lourd comme un plomb de sonde, pleurant à la bouline et qu'il avait besoin de prendre le mors aux dents pour filer ses trois malheureux nœuds. Voleur d'armateur ! Pas peur !

« Le capitaine était manchot de ses dix doigts, cinq à chaque main ; le second avait la jaunisse verte ; le maître chantait la baragouinasse de Marseille par le nez, et les deux matelots n'y voyaient chacun que de la moitié d'un œil.

« Et avec ça, chargé de quoi ? j'entends le sabot ?

de sel, à couler bas. Deux vieilles femmes pour passagères, que leurs dents leur castagnaient dans leur bec quand ventait frais. Riez-vous? C'est pas l'embarras, c'était cocasse, un bâtiment de même. Va bien. Cric !

« La mer est longue, pour sûr et large aussi. Crac. Une fois, l'idée vint au capitaine de relever son point pour s'amuser. Il prit sa hauteur avec un cercle de barrique et finit par calculer que le *Pierre-et-Paul* était bien quelque part par là, à droite ou à gauche du chemin qui mène ici ou ailleurs, farceurs de sapeurs !

« Alors, voilà un grain carabiné qui accoste par tribord, sans dire : excusez la compagnie ! Tout le monde était paré à ne rien faire, excepté Laurent Bruand qui dormait à cheval sur la grand'vergue, les mains dans ses poches. Tiens dur !

« Le sabot de lougre eut donc la malice de couler à pic pour noyer les deux vieilles pies. Va-t'en voir au fond de l'eau ! Ce fut l'occasion pour tout le monde d'avaler sa langue, excepté encore Laurent Bruand, qui tomba de sa vergue sur une cage à poules, où il s'imagina de faire un vœu. Il promit d'accrocher un tableau de couleur en peinture dans la chapelle Ste Anne à Saint-Jagu, s'il en échappait vif de cette fois.

« Ça coûte cher, dites donc on n'en a pas épais de tableaux pour deux ou trois écus de six livres, et Laurent Bruant n'avait que sa pipe ; mais, en perdition, le monde n'y regarde pas de si près, et la grande sainte Anne fait crédit assez aux matelots. Il ne faut pas disputer des goûts rapport à la boisson, moi, je les préfère toutes. A la santé de Mme Quimper et la compagnie !

« Aussi, par la protection de sainte Anne, Laurent Bruand ne resta que cinq jours et cinq nuits sur sa cage à poules, ensuite de quoi il fut jeté à la côte parmi des roches et brisants que la lame y écumait comme pour faire la barbe au diable. Vous devinez bien que c'était une île déserte: ça se voit du premier coup, pas vrai?

« Le commissaire de l'empereur des sauvages vint faire sa ronde avec ses argousins et trouva mon Laurent Bruand qui avait l'œil à l'envers. On le soigna bien soigné à coup de pied, renfoncements et caresses de guichetier, et, comme il y avait du temps qu'il n'avait mangé, il demanda du tabac pour sa pipe. Je t'en souhaite! Le commissaire le chargea sur le dos de ses argousins pour le mener à la cour, où il fut montré pour de l'argent à cause de sa couleur blanche, qui n'était pas celle du nègre, usitée dans le pays.

» Si vous croyez que c'est tout, là-bas, donnez un gage, car voilà le plus drôle : y êtes-vous l'empereur était un cannibale d'anthropophage et ogre qui se nourrissait de chair humaine toutes fois et quantes il en avait de bonnes occasions. Il fit allumer un joli feu de braise pour cuire mon Laurent Bruand à l'estouffade, avec oignons, poireaux, carottes, poivre, sel, muscade et le filet de vinaigre.

« Attrape à répondre à ma question que je vas vous faire : il y en a-t-il un ici présent pour deviner comment Laurent Bruand se réchappa de là ?

« Une, deux, trois ? Non !

« Par alors, c'est toujours mon tour de parole.

« Eh bien ! croyez-moi si vous voulez, Laurent Bruand s'en réchappa par un bouton de culotte, uni à l'adresse et au courage de n'avoir jamais froid au blanc des yeux !

« Attention partout ! Laurent Bruand demanda donc la permission de parler à l'empereur avant d'être découpé dans la marmite, et il lui dit sans se fâcher ;

« — Les matelots de Saint-Jagu, d'où je viens, ne sont pas bons bouillis, savez-vous ça, sire ? à votre place, je m'aimerais mieux à la broche.

« L'empereur pensa :

« — Voilà tout de même un drôle de paroissien. C'est la première fois de ma vie qu'on me demande un emploi de rôti.

« Et il répondit :

« — Accordé, mon camarade, est-ce tout ?

« — Pas encore, mon monarque que Laurent fit, car je suis plus maigre qu'un coucou, et j'ai peur d'être un triste souper pour Votre Majesté, à qui je m'intéresse. Bien du contraire si vous vouliez m'admettre à rançon je vous ferais cadeau d'une chose que tout votre trésor impérial n'est pas capable d'en payer la moitié.

« L'empereur haussa les épaules car on avait fouillé Laurent Bruand, qui n'avait ni sou ni maille. Cependant, le sauvage est curieux par son tempérament, et il avait envie de savoir; il dit:

« — Voyons, farceur de cambuse, montre-nous voir ton cadeau!

« Tout aussitôt, Laurent arracha le gros bouton de corne qui tenait la ceinture de sa culotte. L'empereur le prit et l'examina. Il ne le trouvait pas vilain, mais il demanda:

— Que diable veux-tu que j'en fasse, puisque je vas les jambes nues?

« Par quoi Laurent Bruand, au lieu de répondre, passa une allumette dans le pertuis qui était au milieu du bouton, et s'étant approché d'une table, il le fit tourner comme une toupie.

» Vous attendiez-vous à ça?

« Ma fille! quand l'empereur et ses ministres virent que l'allumette et le bouton se tenaient en tournant, ils tombèrent tous la face contre terre autour de Laurent Bruand en disant leur prières.

« La reine voulut danser avec lui et l'embrasser sur les oreilles, ce qui est leur plaisir. A chaque fois que le tonton s'arrêtait, toute la cour pleurait en criant : «Encore, encore ! » dans la langue du pays.

« Mais Laurent Bruand, qui était un fin finaud, commença à se faire prier. Alors, on lui donna des éléphants, de la poudre d'or, des girafes, de la cannelle et cinq cents femmes à épouser en bloc à la mairie.

« La reine lui demanda même s'il voulait un ministre sur le plat pour son souper. Et à la suite de ça, il ne fit plus tourner son bouton de culotte que le dimanche.

« Quand l'empereur mourut, Laurent Bruand monta naturellement sur le trône. La traite des noirs était permise en ce temps-là par le code civil. Laurent Bruand vendit tous ses sujets en bloc aux négociants de par ici. M. Surcouf lui en a acheté des tas, et pas cher, Robert !

« Avec le prix qu'il eut de son peuple, Laurent Bruand arma je ne sais combien de navires et s'en revint à Saint-Jagu-en-Mer, où il tomba privoisé de la fille au serpent de la paroisse, qu'il épousa en cinq cent et unième noces. Celle-là en eut, vous pensez bien, des mille et des cent, en veux-tu, en voilà, puisque tous les navires étaient chargés d'escarboucles, poudre d'or et clous de girofle ; qu'on dit encore à vingt lieues à la ronde : « Riche comme la femme à Laurent Bruand ! »

« Mes colibris, n, i. ni, c'est fini.

« Les deux fleurs d'amour, les voilà : Mme Quimper, pour son sexe ; et pour la marine, M. Surcouf. J'ai-t-il gagné à boire ? »

Il y eut une longue acclamation autour de la table et maman, attendrie, appela son petit homme pour l'embrasser. C'était bien la vingtième fois que j'entendais l'histoire de Bruand. J'y croyais ; peut-être que j'y crois encore. En cachette, Jean Piteux ramassait des boutons pour le cas où sa destinée le conduirait chez l'empereur de l'île déserte.

Moi, je ne ramassais rien, ce n'était pas la peine : tout ce qui était à Jean était à moi dans mon idée, et j'avais disposé de Jean lui-même, sans perdre mon temps à prendre son avis.

De ma propre autorité je l'avais mis de moitié dans les rêves ambitieux caressés par mon imagination.

Ce n'est pas que je me fisse la moindre illusion à son égard : Jean n'avait en lui rien de supérieur ; il ne pouvait rivaliser avec moi ni pour les agréments physiques, ni pour l'éclat de l'intelligence ; mais il possédait ces qualités vulgaires qui sont utiles dans le train-train de la vie : il était laborieux, prudent, économe. On ne peut pas toujours voyager au triple galop, il faut souffler de temps en temps, et, quand on a mangé des ortolans toute une semaine, on retrouve la soupe aux choux avec plaisir. Dans l'association que j'avais signée tout seul pour Jean et pour moi, il représentait la soupe aux choux et le petit trot. Je l'acceptais pour domestique de confiance.

Ce soir-là, en revenant au magasin, l'idée me prit de l'éprouver. Je lui demandai ce qu'il pensait, lui, Jean Piteux, de l'histoire de Laurent Bruand. Comme il ne parlait jamais à la légère, il se recueillit un instant et me fit cette réponse remarquable :

— Je pense que, dans un pays pareil, on gagnerait gros à vendre de vraies toupies.

Voilà l'homme ! Il ajouta pourtant :

— Si on avait l'occasion d'y aller et qu'on pourrait emporter des grelots, des sifflets et de la mauvaise eau-de-vie, ce serait de monter tout de suite une petite boutique en plein vent.

Mais soyez tranquilles, pour voir les choses de plus haut, j'étais-là !

Au moment précis où nous passions le seuil du bercail, veuve Hélie, qui faisait faction, nous partagea une demi-douzaine de taloches en disant ;

— A la niche, caniches ; Vous sentez l'ivrogne, J'espère bien que vous n'aurez pas le front de crier à manger demain, de toute la journée, ni après-demain, goinfres de cancres !

Je glissai à l'oreille de Jean :

— C'est elle qui enragera quand elle nous verra revenir de l'île déserte, bourrés de poudre d'or, avec des escarboucles, en palanquin et des esclaves de tous les sexes qui auront des queues de perroquets bleus pour chasser nos puces !

Je suppose bien que Jean me crut fou, car il n'avait pas encore connaissance de mes projets. Nous eûmes chacun notre coup de pied avant d'entrer dans nos cercueils, où nous attendait le sommeil de l'innocence.

V

DE LA PERTE QU'ON FIT DE MILLE ÉCUS CHEZ LES HÉLIE
ET APPARITION DE LA BÉQUILLE. — ÉLOGE DE VEUVE
HÉLIE. — FANCHETTE PRÉSIDE UN GRAND CONSEIL
DE GUERRE.

Nous arrivons à des événements, et ceux qui aiment les émotions vont s'en donner !

Une forte baisse eut lieu sur presque toutes nos denrées au moment où l'on venait de remplir les magasins. Patron François était un rude commerçant, mais tout le monde peut se tromper; il avait cru à la hausse, et comptant faire un bon coup de fortune, il s'était chargé à terme.

La maison se trouva en perte de plus de mille écus, tout d'un coup. Avant cela, ce n'était pas le paradis, après, ce fut l'enfer. Il y eut d'effrayantes disputes et même des batailles. Hélie neveu, le bel Amédée, leva la main sur Patron François ; Hélie fils, autrement dit Fifi Jacquet, poussa la piété filiale jusqu'à ce point de rester neutre ; mais veuve Hélie le blessa d'une douve de barrique à la tête, en lui reprochant la lâcheté qu'il montrait en ne battant point son père.

Elle fut prise de transport une certaine nuit, et, se levant à bas bruit, elle essaya d'étrangler Patron François dans son grabat. Le voisinage eut vent de l'affaire. Il y eut des endormeurs pour dire que l'assassinat est un mauvais procédé dans les familles ; mais les gens qui s'y connaissent donnèrent tort à l'assassiné.

Pensez donc ! mille écus ?

La ville se sépara en deux camps : Les fainéants, qui disaient : «Ce n'est pas la faute du bonhomme !» Et les entendus qui répondaient : « Il faut toujours regarder où l'on met le pied. »

Jean et moi, nous nous battîmes à la cave.

C'est bien certain que l'avarice tourne le sang comme du poison. Veuve Hélie eut une attaque de rage rentrée qui faillit l'emporter. Elle avait un médecin au rabais qui, la voyant si bas, parla de régler sa note. On le jeta dehors et ce fut le salut de la vieille ; car aussitôt que les drogues la laissèrent tranquille, le diable lui rentra dans le corps.

Je ne suis pas de ceux qui vont chantant : « La

médecine ne sert à rien. » Au contraire, j'ai toujours vu que la lancette faisait autant de bien que le canon.

Quand veuve Hélie se releva, ses jambes n'y étaient plus. Il lui fallut porter béquille. Jusqu'alors elle ne nous avait pas battus à fond : une torgnole par-ci, une poussée par-là, une ruade le dimanche, un paquet de gifles aux grandes fêtes gardées, c'était tout ; mais quand elle eut béquille en main, les choses changèrent.

J'ai encore des élancements dans le dos chaque fois que je songe à cette coquine de béquille. C'était une béquille en bon bois, à potence et garnie de cuir par le bout ; une forte béquille, bien conditionnée, et qui avait dû coûter cher à établir ; mais on l'avait eue d'occasion.

Elle vous arrivait entre les épaules comme une massue, et pourtant je préférais encore cela aux coups qui cinglaient le jarret.

J'avais autour des deux mollets des colliers de noirs. La nuit et le jour, je ruminais pour trouver un moyen de la détruire, j'entends la béquille. Ce n'était pas aisé : une fois, je la mis au feu, mais elle était incombustible. L'odeur du cuir roussi trahit mon dessein, et on me la donna toute chaude dans les reins.

Jean avait beaucoup plus de patience que moi pour les réprimandes et même pour les injures ; il supportait tout sans se plaindre, excepté les coups. Les coups le révoltaient. Il y a des gens très-doux qui ne veulent pas être battus.

Sans la béquille, Jean serait peut-être encore chez les Hélie ; jamais je n'aurais pu le faire entrer dans mon complot, car il tremblait à l'idée de désobéir, mais outre qu'il avait le corps douillet, il possédait une sorte de dignité, pêchée je ne sais où. Ses yeux s'allumaient quand il regardait la béquille. Malgré la placidité de sa nature, la béquille pouvait faire de lui un Spartacus. Il m'a avoué plus tard qu'il avait volé une fois de la mort-aux-rats à l'intention de veuve Hélie.

Depuis sa résurrection, la damnée vieille ne pouvait plus fermer l'œil. La voix des mille écus perdus sonnait comme une cloche à son chevet. Ne dormant plus, elle ne voulait pas voir dormir les autres. Dès trois heures du matin, hiver comme été, on entendait sa béquille tamponner les carreaux du corridor, et tout le long du chemin elle maugréait, grondait et maudissait.

Nous la voyions sortir de l'ombre avec son nez énorme où ses lunettes miraient la lueur de son bout de chandelle. Elle nous apparaissait ainsi plus haute qu'un homme ; son bonnet pendait de travers sur les mèches emmêlées de ses cheveux gris et sa camisole souillée débraillait d'abominables loques.

Elle s'arrêtait au seuil de notre taudis ; ses yeux brillaient en rouge dans le parchemin plissé de sa face. Malheur à nous si le sommeil nous engourdissait encore ! Un horion double guillotinait nos rêves.

Et alors, elle souriait, montrant avec impudeur les brèches de sa mâchoire démolie...

Ecoutez ! elle avait l'estime de son quartier, tout empoisonné qu'il était par l'audace de ses mixtures ! Elle comptait un nombre immodéré de condamnations subies pour vente à faux poids, et les juges se fournissaient chez elle ! Dans le petit commerce, sa bonne réputation rappelait le renom du chevalier Bayard sans peur et sans reproche.

Qui donc fera une bonne fois le procès de la rapine protégée, je ne dirai pas par la loi, ce serait un mensonge, mais par la bêt: et la lâcheté du monde !

Maman elle-même croyait à veuve Hélie.

Et notre haine, à nous deux, Jean et moi, pauvres martys, n'était pas exempte d'une superstitieuse admiration.

Au moment même où j'écris, le souvenir évoqué de veuve Hélie me ramène tous mes épouvantements d'autrefois ; sa grande figure se dresse de nouveau, du fond des années, majestueuse, forte, funeste comme ces donjons en ruine dont les spectres de pierre nous font encore aujourd'hui frissonner...

Mon frère Guénolé ne balayait plus la *Jeune-Emilie*. Il étudiait décidément, pour être prêtre et on commençait à l'appeler « l'abbé Quimper. »

Il venait à la boutique quelquefois, le soir, nous apprendre à lire et à écrire, car Fanchette m'avait dit : « Je ne veux pas que tu sois un ignorant. » Les Hélie lui faisaient assez bon visage ; mais, dès qu'il était sorti, gare à nous ! On parlait de lui en l'appelant *prêtraille*, et la béquille allait.

Bien des mois se passèrent ainsi. J'étudiais avec plaisir, parce que c'était presque du fruit défendu. Arriva cependant l'époque des départs pour la pêche de Terre-Neuve et une vingtaine de navires prirent rade pour attendre le vent. Chaque fois que je pouvais m'échapper, je montais au grenier quatre à quatre pour lorgner cette petite flotte par-dessus le rempart.

Terre-Neuve, c'était aussi l'Amérique, et de là au pays de Laurent Bruand, peut-être qu'il n'y avait pas très-loin.

Jean et moi nous étions sur nos quinze ans. J'avais presque la tête au-dessus de lui, et sans compliment, on me trouvait bien tourné.

Mais c'était Fanchette qui devenait gentille ! En ce temps-là, les modistes de Bretagne ne portaient pas encore des chapeaux à plumes. Fanchette faisait ses courses par la ville avec un petit bonnet d'où s'échappait, un peu en tumulte, l'abondance bouclée de ses cheveux noirs. Selon son humeur, elle s'en allait posément, les yeux baissés et n'osant regarder que le bout retroussé de son nez. Le vent tournait-il, son pied ne touchait plus la pointe des pavés. Elle courait, l'œil à la matelot, souriant à je ne sais trop quoi, et disant bonjour aux capitaines ! La tante de feu M. Surcouf ne l'aurait pas fait reculer.

Car il était mort, le brave homme de mer, et bien d'autres avec. Il n'y avait que veuve Hélie pour vivre éternellement. Maman Quimper avait des cheveux gris sous sa coiffe.

A force de regarder les navires en partance par la fenêtre du grenier, j'eus la fièvre dans le sang. Je ne sentais plus les caresses de la béquille et Jean s'émerveillait de la quantité de coups que je pouvais encaisser sans tomber malade. Je me gardais bien de lui confier mon secret : les gens comme lui, quand l'heure est venue, on les emmène par le bout du nez.

Un soir, je dis à mon frère Guénolé, après la leçon :

— Tu préviendras Fanchette.

Il me demanda de quoi il fallait la prévenir, je répondis :

— Ne l'inquiète pas, elle sait de quoi il s'agit.

C'était tout simplement une convocation.

Les choses étaient, en effet, arrangées d'avance entre ma petite cousine et moi, et Guénolé obéissait à Fanchette comme tout le monde. Elle était fée.

Le lendemain, il y eut un grand conseil extraordinaire et solennel, non plus chez maman Quimper, qui me croyait toujours à l'école de l'opulence; la salle choisie pour nos délibérations fut un creux de sable, entouré par des roches, sur l'îlot du Grand-Bé, où s'élève maintenant la croix de granit qui marque la sépulture de Châteaubriand.

Nous étions quatre à notre réunion : moi, Fanchette, Guénolé et Jean.

A l'unanimité, la présidence fut décernée à Fanchette. Elle m'offrit la parole, mais je la priai d'expliquer ma pensée.

— Pardiche! s'écria-t-elle aussitôt en fixant ses yeux hardis sur Guénolé, ce n'est pas malin! Et ne commence pas à faire le méchant, toi monsieur l'abbé, car tu vas finir par chanter le même air que nous, Jean et Corentin sont pour partir en Amérique, voilà tout.

M. l'abbé avait une charmante figure de jeune fille, sérieuse et douce. Il ouvrit ses grands yeux bleus tout larges. Jean balbutia :

— Moi! partir en Amérique! Vas-y voir, par exemple!

Je posai ma main sur son épaule et je prononçai d'un ton péremptoire :

— C'est tout vu !

Il me regarda bouche béante. Je fourrai mes mains dans mes poches jusqu'au coude, et je sifflai la Marseillaise de Saint-Malo :

« Bon voyage, monsieur Dumollet... »

La fête de papa Quimper tombait justement le lendemain. C'était sous prétexte de la lui souhaiter que nous avions pu quitter un instant notre prison. Fanchette fit signe qu'elle allait parler, et aussitôt il y eut un grand silence. Jamais vous n'avez rien vu de si mignon que cette petite Fanchette. Voilà ce qu'elle dit :

— On n'a pas le temps de bavarder beaucoup. Guénolé a sa classe, et moi, mon carton est plein de chapeaux à porter par la ville, même que j'en ai jusque pour Saint-Servan. D'ailleurs, la marée n'attend personne et la voilà qui monte : Monsieur l'abbé le sens commun ne t'étouffe pas, mais tu as trop bon cœur pour empêcher mon cousin Corentin d'aller à sa richesse ; sois gentil, on t'aimera bien, bien, bien.

Guénolé demanda :

— Petite folle, qu'est-ce que ces deux pauvres enfants iraient faire en Amérique ?

Ce fut moi qui répliquai, disant :

— D'abord, nom de bleu ! je ne suis pas un enfant !

— Et pour quant à moi, ajouta Jean, vous n'avez

pas besoin de vous disputer. J'aime encore mieux rester chez veuve Hélie que d'aller courir la prétentaine.

Fanchette secoua ses cheveux que le vent du large lui ramenait sur la figure.

— Toi, Piteux, dit-elle, tu feras ce que je voudrai ; tu n'es qu'une bête, et d'abord, tu n'as pas la parole.

Jean rentra sous terre et Fanchette reprit, en s'adressant à Guénolé qui branlait la tête d'une façon peu rassurante pour l'issue de la négociation :

— Monsieur l'abbé, je te dis, que Corentin est un joli petit gars ! Et veux-tu parier que ça fera le plus bel homme de Saint-Malo d'ici quatre ou cinq ans ! Ne mens pas, puisque tu serais obligé de courir à confesse : est-ce que M. Surcouf avait de la barbe la première fois qu'il alla sur l'eau ?

Guénolé resta un peu embarrassé ; il répliqua pourtant :

— C'est la vérité, petiote, mais il n'était pas le fils de maman Quimper. Madame Quimper ne veut pas que Corentin parte mousse ; elle l'a dit à la buvette, et dans tout le port de Saint-Malo on ne trouverait pas un seul capitaine ou patron pour prendre Corentin à son bord, malgré maman Quimper.

C'était la vérité même : il y avait le tabac, l'avancement et la justice de paix, sans parler de l'estime générale. A Saint-Malo, personne depuis le plus gros jusqu'au plus petit, n'aurait voulu aller contre la fantaisie de maman Quimper.

Cependant Fanchette ne se tint pas pour battue.

— Ils ont raison, les capitaines, dit-elle, de faire ce que veut maman Quimper qui n'a pas sa pareille dans toute la Bretagne, ni ailleurs, mais n'empêche que Corentin n'a plus la taille d'un moulin à café !

— Voilà ! m'écriai-je, électrisé par cette péroraison : plutôt mourir que de rester moulin à café ! Et si Jean ne veut pas venir avec moi, j'irai tout seul, nom de bleu ! jusqu'à la Cochinchine de Chine !

Je crois que Jean Piteux aurait acquiescé à cet arrangement, mais Fanchette reprit :

— Ah ! mais non, du tout ! Ce n'est pas ça ! à quelqu'un comme toi, mon pauvre Corentin, il faut toujours un Piteux pour lui dire l'heure qu'il est au moment de la soupe, et lui montrer où il faut tourner au bout du chemin. Jean n'est pas si capon qu'il en a l'air, et quand je lui aurai dit : « Jean, mon cousin, si tu laissais Corentin aller tout seul, je ne te regarderais de ma vie, » vous verrez qu'il changera de manières !

Son œil éclatant était fixé sur le malheureux Jean dont les paupières baissées battaient comme s'il avait eu bonne envie de pleurer.

Pourtant, il ne répondait point et Guénolé répéta tristement :

— Qu'est-ce que les deux bambins iraient faire en Amérique ?

Fanchette, pour le coup, le regarda gros :

— Toi, monsieur l'abbé, dit-elle, tu n'as pas affaire de voir plus loin que le rond de ton nez, puisque tu vas être d'église. Nous autres, nous connaissons le monde ! En Amérique il y a d'abord l'oncle Corentin qui est d'or massif, et puis tout un tremblement de choses qu'on n'a qu'à se baisser pour les prendre à poignées. Et le commerce, donc ! Et que notre Corentin à nous est né coiffé, tu sais bien ! Dans cinq ans, il reviendra avec fortune faite, et tu le marieras avec quelqu'un qui sera un joli brin de demoiselle en ce temps-là...

Jean dit comme malgré lui :

— C'est sûr que j'ai peur de l'eau, mais si Fanchette le veut, c'est sûr aussi que j'irai tout de même.

Mon frère Guénolé, qui n'entendait jamais à rire, dit sévèrement :

— Petiote, tu es bien effrontée pour ton âge !

— C'est donc qu'il y a un âge pour être effrontée tout son content, riposta Fanchette... Parlons raison. Pour embarquer les deux marmousins, on n'a affaire ni de patron, ni de capitaine. Vous ne connaissez pas mon Corentin, et il est plus fin dans son petit doigt qu'une demi-douzaine de retors, quand il me laisse penser pour lui ; il a inventé une mécanique, et, moi, je l'ai arrangée à ma manière.

Le mot « mécanique » était peut-être bien ambitieux, mais il est certain que j'avais songé tout d'abord à la difficulté de m'embarquer malgré maman Quimper qui était une véritable puissance. A force de chercher j'avais trouvé une espèce de pauvre stratagème qui boitait par tous les bouts, mais que Fanchette avait déclaré superbe, parce qu'elle voyait d'un bon œil tout ce qui venait de moi.

Reprenant donc en sous-œuvre ma mécanique, comme elle l'appelait, elle l'avait redressée dans son ingénieux esprit, si bien que l'idée avait fini par devenir à peu près praticable. Seulement, comme vous pourrez le voir, elle présentait des inconvénients et des dangers.

Fanchette reprit de sa voix la plus décidée :

— Voilà donc un point réglé ; mettons de côté le départ et la traversée, je m'en charge. C'est l'argent qu'il s'agit de trouver. L'abbé, combien peux-tu faire ?

La question était nette, la réponse ne lui céda point.

— Rien du tout, dit mon frère, je n'ai pas dix sous dans ma bourse.

— Il ne s'agit pas de ta bourse, ni de dix sous, répartit Fanchette ; tu donnes tout aux pauvres, cœur d'or que tu es, et tu as bien raison ! C'est une bonne action que je te propose.

Ma parole ! Guénolé demanda :

— Combien faudrait-il ?

Et, sans même attendre la réponse, il ajouta :

— Ce n'est pas bien, ce que je fais là ; mais peut-être que Corentin deviendra quelque chose, un jour...

— Et alors, il rendra quatre fois autant ! s'écria Fanchette ; je m'y engage pour lui. Il faut deux cents francs.

L'abbé fit la grimace à ce chiffre.

— Que ça ne t'effraie pas, poursuivit Fanchette ; j'en ai déjà plus de la moitié.

Il y eut, dans le cercle, un silence de stupéfaction. L'abbé dit :

— Plus de la moitié de deux cents francs, mademoiselle...

Et il continua avec une sorte d'effroi :

— Toi fillette ! tant d'argent ! Et où as-tu pêché cela ?

Le rire sonore de Fanchette accompagna sa réponse :

— Ce n'est pas toujours dans la rade ! Comptez plutôt ! J'ai cinq louis d'or de vingt-quatre francs dans mon vieux gant, ce n'est donc plus que seize pièces de cent sous à trouver pour payer comptant la pacotille que j'ai choisie et retenue d'avance pour Corentin.

Je m'emparai des deux petites mains de Fanchette, car j'étais sincèrement ému. Jean Piteux se leva tout droit et s'écria :

— S'il y a une pacotille, j'en suis ! Je la rangerai, je la soignerai, je la suivrai au bout du monde, la pacotille !

Ses yeux reluisaient. Le sang lui avait monté au visage. Fanchette riait plus fort, à voir son ardeur.

— Regardez-le donc, nous dit-elle : rien qu'à ouïr parler pacotille, le voilà tout en vie ! Un chacun ne peut pas être Corentin Quimper, et il faut des Jean Piteux parmi le monde... Voici la marée au pied des roches. L'abbé, aura-t-on les seize écus de cent sous ?

Mon frère Guénolé hésita encore, puis promit. Fanchette battit des mains et donna le signal du départ. Il était temps. Nous eûmes de l'eau par-dessus les chevilles, en traversant la langue de sable qui sépare le Grand-Bé des Petits-Murs, et quand nous arrivâmes à la porte Saint-Thomas, le flot battait déjà les estacades.

Sur le môle, Fanchette nous embrassa tous et prit sa course pour porter ses chapeaux aux pratiques. Avant de partir elle nous dit, à Jean et à moi :

— Vous dînerez à la maison demain, puisque c'est la fête de papa Quimper. Ne laissez rien de vos affaires dans la baraque aux Hélie, car m'est avis que vous n'y coucherez pas l'autre nuit.

VI

DE LA FÊTE A PAPA QUIMPER ET DE NES ADIEUX AVEC
FANCHETTE. — LE BATEAU DU BRIGADIER

Nous regagnâmes tout pensifs l'antre de veuve Hélie. Jean se remit à piler son poivre, moi à moudre mon café. Désormais, nous ne pûmes nous parler qu'à l'heure où nous entrâmes dans nos bières respectives. Jean, qui n'était plus sous le charme, me dit :

— Il n'y a pas besoin d'aller si loin que l'Amérique ; avec les deux cents francs qu'on aura, on peut s'associer tous les trois, Fanchette, toi et moi. Je monterai une boutique à l'entrée du Sillon. Il y aura dedans du crin, des hameçons, des cancres-francs pour appâter les lignes, des havenaux pour la pêche aux crevettes, des petits crocs pour lever les homards, enfin, tout ce qu'achètent les innocents de Paris qui ne prennent jamais rien et qui espèrent toujours prendre, sans compter les biscuits de mer pour les Anglaises et les écritoires en coquillages pour les collégiens. Avant cinq ans, nous aurons deux mille francs au lieu de deux cents...

Je haussai les épaules avec dédain et je répondis :

— Dans cinq ans je dépenserai deux mille francs à chaque déjeuner et autant à dîner, et je mènerai ma femme à la promenade dans un carrosse tout chamarré de rubis !...

— Qui ça, ta femme ?

— Fanchette parbleu !

— Et si nous ne sommes pas noyés en route, ou brûlés, ou mangés par les ogres d'anthropophages ! gronda Jean qui se retourna dans sa boîte à cierges. Je ne suis pas encore parti ! Ah ! mais non !

Il s'endormit.

Moi, je ne fermai pas l'œil de la nuit. Je rêvais tout éveillé que je me suivais moi-même au milieu d'un méli-mêla d'aventures, toutes plus agréables les unes que les autres. Et flatteuses !

Depuis que j'avais l'âge de raison, je vivais de vanité sans trop le savoir. Ce qui me tenait surtout dans mon beau rêve, c'était la pensée du retour : tout Saint-Malo aux fenêtres, et veuve Hélie (je priais Dieu de l'empailler jusqu'à ma rentrée triomphale), appuyée sur sa béquille au pas de sa porte pour voir passer mon palanquin ! Je l'entendais parfaitement qui disait :

— C'est le fameux capitaine Quimper (Corentin) ! Voyez ses beaux chevaux, ses nègres et ses bayadères ! Voyez sa femme qui porte plus de panaches que le dais à la procession de la Fête-Dieu. Il a été moulin à café chez nous, ce polisson-là ! Ça nous honore.

Puis je me trouvais tout à coup dans un salon doré, et certes, un salon doré était pour moi chose aussi inconnue que l'Amérique, mais cela ne gênait en rien mon imagination. Je voyais une cohue de belles dames dans les flots de paillettes et de lumières. Elles se trémoussaient autour de moi et me regardaient avec des yeux... il fallait voir. J'étais assez bon prince avec elles, je m'en souviens, je n'en rebutais que les trois quarts et me laissais complimenter par les plus huppées.

Je reconnus dans la foule mes deux sœurs de lait, Marie et Jeanne, avec les Cancalaises qui portaient la queue de leurs robes. Je leur fis un pied de nez et je leur dis :

— Eh ! là-bas ! le moulin à café a moulu de l'or !

Ah ! les pauvres filles ! comme elles étaient penaudes !

Tout à coup, le rire et les larmes me vinrent ensemble : c'était maman Quimper avec sa veste de matelot par dessus sa camisole, en grande tenue, quoi ! qui arrivait, pareille à un ouragan en bousculant la société sur son passage. Elle remorquait son petit homme à la traîne, et gare aux falbalas qui lui barraient la route !

Je me sentais enlevé dans ses bras comme si j'eusse été encore un petit enfant, et je l'entendais crier plus haut qu'un porte-voix :

— Holà hé ! les messieurs et dames, celui-là est mon flot ! Je suis la maman du capitaine Corentin Quimper, qui dépense en un jour trois fois plus que M. Surcouf ne mangeait en un mois ! Et il a bon cœur, tenez, le chérubin, car il se laisse embrasser par sa mère !

Ce n'était pas dire assez, Dieu merci ! J'ai bien des défauts, mais rougir de maman ! nom de bleu ! Ça ne me connaît pas ! Je lui rendais ses caresses, je la mettais dans un palais, et mes bayadères étaient obligées de la servir, coiffée qu'elle restait de sa catiole de toile, son chapeau ciré par-dessus, et vêtue de sa jupe de tirelaine sous son nor-ouâs goudronneux. Ah ! mais !

Voilà une bonne femme qui avait de l'agrément dans sa vieillesse !

Et Fanchette, donc ! Figurez-vous... Mais ça vous ennuie, hé ? Moi, je radoterais ces bêtises-là jusqu'à dimanche !

Vers le matin, pourtant, ma fièvre se calma et mes idées tournèrent à la mélancolie. Avant les joies du retour, il y avait les tristesses du départ. Je pleurai à la pensée d'embrasser maman pour la dernière fois peut-être, et si je n'allais plus revoir Fanchette !

Veuve Hélie me trouva, contre l'habitude, habillé de pied en cap et prêt à me mettre au travail. La béquille tomba d'aplomb sur le pauvre Jean qui sauta hors de sa caisse en hurlant, car il croyait que c'était déjà l'attaque des sauvages.

Nous parlâmes peu Jean et moi, durant cette matinée, je travaillai comme un nègre pour ne pas fournir aux Hélie un prétexte de me refuser congé. A midi, en effet, nous quittâmes le tablier bleu sous promesse de le reprendre avant la nuit.

Pour ce qui me concernait, le déménagement n'était pas difficile. J'emportais sur moi mes habits de fête, abandonnant sans regret les haillons qui me servaient tous les jours, mais il n'en était pas de même pour Jean Piteux qui ne voulait rien laisser.

Non-seulement il avait mis son uniforme d'apprenti sous ses autres habits, mais encore ses poches étaient bourrées de toutes sortes de rebuts, plus ou moins volumineux, qui ne valaient pas dix sous, mais qui doublaient sa corpulence. Je tremblais qu'on ne le fouillât : cela eût suffi pour éventer notre complot.

Heureusement, veuve Hélie avait son idée. Elle s'était postée en dedans du seuil pour voir passer et distribuer à chacun de nous la taloche de l'étrier. Au lieu de retourner à sa besogne, elle franchit la porte derrière nous, impétueusement, et ameuta les voisins pour leur dire :

— Regardez-moi ces deux créatures ! nous accusera-t-on encore de faire jeûner nos apprentis ? Voici Corentin, qui est plus haut que le pavillon de la sous-préfecture, et vous souvenez-vous quel rat écorché c'était que ce Piteux ? Le voilà rond comme une futaille !

Je demandai à Jean, quand nous fûmes en sûreté :

— Comment feras-tu pour porter ta part de pacotille avec tous les bric-à-brac que tu as déjà dans tes doublures ?

Il ramassa un éclat de bois de campêche qui traînait sur le pavé et le brandit en me répondant :

— Je porterais la ville de Saint-Malo, si elle était à moi ? Le bien qu'on a ne pèse pas ; ce qui est lourd, c'est la misère !

Dans l'entrepont de la *Jeune Émilie*, la soupe chaude emplissait déjà les écuelles. Papa Quimper, qui s'était mis en train dès le matin, pour sa fête, chantait comme une douzaine de loriots. Maman nous embrassa à pleines joues ; je ne pouvais pas me retirer de ses bras.

— Tu sais, me dit-elle, que Petit-Guern est un scélérat. Il ne faut aimer que les siens ; et je le méprise à présent. Le sans-cœur qu'il est ne m'a pas écrit un seul mot depuis le temps, quand ça n'aurait été que pour me dire : « Maman, crachez un peu de monnaie ; » car il ne doit pas être à la noce au régiment, le pauvre amour ! Conséquemment, tu dois me donner de la satisfaction pour le chagrin que j'ai. Veuve Hélie m'a dit qu'elle était plus contente de toi ; je veux qu'elle soit bien aise avec ta conduite tout à fait, quand j'irai pour ma provision de résine. On t'aime pour Petit-Guern et pour toi maintenant ! Attention !

Cela me faisait le cœur bien gros.

Il était déjà tard quand on se leva de table. Chaque invité avait apporté son plat, et je pensais que le dîner ne finirait jamais. Il faillit se terminer mal par une circonstance qui vous paraîtra insignifiante ; mais mettez-vous bien dans la tête qu'il n'y a rien d'insignifiant dans l'histoire de ma vie : vous verrez plus tard.

Il y a donc que maman avait souvent grondé papa pour ses liaisons avec un gros lascar de calfat, paresseux, ivrogne et voleur, qui passait pour un repris de justice. Il y en avait même qui parlaient tout bas du bagne en causant de lui, du vrai bagne de Brest ou de Toulon.

Il s'appelait Langourdaine ; j'avais ouï souvent

son nom dans les disputes de ma famille, mais je ne l'avais jamais rencontré, prisonnier comme je l'étais et ne sortant point de la boutique Hélie. C'était de même pour Jean. Lui et moi nous avions un petit peu envie de voir ce gros coquin-là à qui on prêtait des tours de Cartouche et de Mandrin, et quand nous étions bien en colère contre les Hélie, il nous arrivait de dire : « Langourdaine ne viendra donc jamais mettre le feu à la baraque ! »

Une fois que je disais cela, Jean me répondit :

— Tu crois rire? Eh bien! J'ai entendu veuve Hélie et Hélie neveu, hier, qui bavardaient de Langourdaine, tout bas à la cave : ils le connaissent.

Il n'en fut que cela.

Aujourd'hui, ou moment où l'on sucrait le café, la voix éclatante de maman domina le brouhaha, criant à l'adresse de son mari :

— Attrappe à répondre, toi ! tu as encore déserté avec lui et tous les renégats !

Papa Quimper, saisi à la nuque, se débattait faiblement et balbutiait :

— Vrai comme Dieu est Dieu, je n'ai pas fréquenté ensemble avec Langourdaine, depuis qu'il a quitté le port pour passer ours au cirque de Saint-Servan.

Cela fit rire maman qui lâcha prise, disant :

— Ah ! il a passé ours de saltimbanque ! Ça lui va joliment ! Ceux ici présents sauront que toutes fois et quantes ils rencontreront M. Quimper en compagnie de Langourdaine, ou de Nicolas, ou des autres renégats que j'ai jetés à la porte de ma buvette, ce sera de m'en avertir verbalement ou par la petite poste, afin d'y mettre ordre, que c'est honteux pour un homme de son âge, mari de moi et père de tant de famille, de s'enracailler avec un faux ours Martin ; deuxièmement, que si quelqu'un de la société connaît ce Langourdaine, je le charge de lui dire en douceur, qu'il y a pour lui une volée toute prête dans mon tiroir à la justice de paix, une vraie, à trépigner dessus jusqu'à la mort et qui décornerait les cinq cents bœufs du diable : ça y est-il ?

— Ça y est, maman, ça y est, répliquèrent les convives à l'unanimité.

Et l'un d'eux, je ne sais plus lequel, ajouta :

— Ne vous faites pas de deuil pour Langourdaine, les gendarmes ont descendu aujourd'hui à la ménagerie du Cirque olympique pour le ramasser.

— Il a encore fait un mauvais coup ?

— Non, c'est de l'ancien, du temps qu'il travaillait du côté de la Belgique ou Hollande., et les gendarmes sont descendus aussi chez les Hélie, pas plus tard que tout à l'heure...

On juge si nous dressions l'oreille. Ce devait être depuis notre départ.

Maman s'écria suffoquée :

— Les gendarmes ! chez les Hélie ! Pourquoi faire ?

— Qu'on disait ci et ça, poursuivit l'autre, que le Langourdaine était peut-être caché, d'amitié, dans leur cave avec Nicolas.

— Les Hélie sont de bon monde ! proclama péremptoirement maman : c'est des petitesses de clabaudager contre des gens si riches !

L'autre acheva :

— Je ne vas pas contre. Le sûr, c'est qu'on n'a pas trouvé Langourdaine chez les Hélie, et le monde dit qu'il a appareillé pour plus loin, ayant passé à bord d'un caboteur en partance pour éviter le jury.

Ce Nicolas, dont le nom venait d'être prononcé, avait été employé avec nous à la boutique Hélie. Sa réputation était celle d'un coquin. En temps ordinaire, nous aurions fait grande attention à tout cela ; mais ce soir, nous avions bien autre chose en tête.

Nous profitâmes du bruit soulevé par ces incidents et nous pûmes quitter la table sans exciter l'attention.

Aussitôt libres, Fanchette, Jean et moi, nous descendîmes dans la cabine de Guénolé pour tenir conseil. La fameuse pacotille était là, sur la table de travail de mon frère.

Jean avait espéré de la verroterie, des petits couteaux et des colliers de porcelaine pour séduire les

Indiens (il en était encore au vieux jeu du capitaine Cook ;) mais Fanchette, plus intelligente, avait acheté tout bonnement de la mercerie.

— Voilà, nous dit-elle, ce qui ne tient pas de place et ce qui se vend bien partout. Depuis que je suis en magasin, j'ai vu passer des gens de tous les pays, et j'ai pu prendre mes informations. Au nord comme au midi, dans les cinq parties du monde, les dames courent après la mercerie de Paris.

Jean objecta que dans les pays sauvages où les dames n'ont, pour ainsi dire, pas de vêtements, elles n'ont pas besoin de fil ni d'aiguilles ; mais Fanchette lui rit au nez en disant :

— Depuis le temps de Laurent Bruand, mon Piteux, il a coulé bien de l'eau par devant la tour Solidor. Demande à l'abbé qui sait le latin. Les sauvages, au jour d'aujourd'hui, portent des faux-cols et des manchettes, j'entends les hommes, et les sauvagesses ont des crinolines.

Puis, toute pâle d'émotion, mais d'une voix brave, elle ajouta :

— Ne nous endormons pas, mes petits, voici la brume qui tombe et le jusant commencera à sept heures. Il faut charger le bagage et partir.

Ah ! je ne dis pas non, le cœur me manqua et je demandai en pleurant :

— Est-ce que je n'embrasserai pas encore maman Quimper une pauvre petite fois ?

L'abbé se pencha à mon oreille et murmura :

— Frérot, tu peux encore renoncer.

Fanchette le prit au collet. Elle avait bonne envie de pleurer aussi, mais elle se forçait à rire.

— Toi, Corentin, s'écria-t-elle, tiens-toi droit ! Il me faut un mari en bon bois. Vois Jean s'il pleurniche !

Jean inventoriait la pacotille. La pacotille le réconciliait avec les aventures. Il arrimait déjà sa part de bagage autour de ses reins.

J'eus honte, j'essuyai mes paupières d'un revers de main et je me redressai tout de mon haut.

— Nom de bleu ! dis-je en grossissant ma voix, au diable la sensibilité, si on croit que j'ai peur ! Je suis prêt. Dis-nous seulement quel navire tu as choisi et comment nous allons le rallier. Jean, attention ! Il n'y a pas trop de deux paires d'oreilles, car j'ai idée que la manœuvre n'ira pas toute seule.

Fanchette me donna une de ses mains et mit l'autre sur l'épaule de Guénolé.

— Il y a donc, dit-elle, que l'abbé est un cœur ; il s'est conduit à la papa. Malgré qu'il n'est pas trop d'avis du voyage, il a parlé à trois capitaines ; mais ils ont demandé tous les trois, comme de juste, si la chose se faisait avec le consentement de maman Quimper. Dans l'état de Guénolé, on ne peut pas mentir, pas vrai ? Il a donc répondu en vrai agneau que les deux petits gars voulaient partir en cachette, et, alors, les trois capitaines l'ont envoyé paître, sauf le respect, bien entendu, de son uniforme. Dame ! l'abbé était bien embarrassé, car de s'adresser à d'autres, c'était tout pareil : le tabac de maman est trop connu en rade, et qu'elle aurait ameuté tout le port en criant à la force. Tout d'un coup donc, il s'avisa de Toussaint Morin qui était avec lui à l'école dans le temps, et qui est devenu maître trancheur à bord de la *Marie-Pauline*, à Mme veuve Surcouf. Il paraît que l'hiver passé, pour ci ou pour ça, maman avait frotté de trop près les côtes de Toussaint Morin, qui est resté une semaine sur le dos après l'histoire. C'est un joli garçon qui ne veut point de misère à maman, pour sûr, mais qui n'est pas fâché de lui couler un chien de sa chienne. Ça se trouve bien. Il a donc dit qu'il serait de garde tout seul, ce soir avec le cuisinier, à bord de la *Marie-Pauline*, parce que l'équipage fait la noce en grand, au compte de Mme veuve Surcouf, rapport au départ qui a lieu demain matin au plein de l'eau... Par ainsi, Corentin et Jean, vous n'aurez qu'à accoster la *Marie-Pauline*, à grimper par les haubans et à suivre Toussaint Morin, qui vous conduira à fond de cale et vous cachera bien commodément dans le sel...

Jean fit un saut de côté, en répétant :
— Dans le sel !
Fanchette poursuivit :

— C'est l'endroit le plus sain du bâtiment, et ça conserve jusqu'aux bêtes mortes. D'ailleurs, vous ne resterez pas là bien longtemps. Dès que vous serez au large de l'île Césambre, vous pourrez sortir de votre cachette, et vous direz au capitaine qui est un bon enfant : « Nous sommes montés à votre bord ni vus ni connus, comme des souris, pour cause que vous n'auriez pas voulu nous embarquer de bon gré, crainte d'affronter maman Quimper, qui fait peur à tout le monde, mais maintenant que la chose est faite, c'est pour avoir l'honneur de vous bien prier de ne pas nous battre et de nous mettre à la manœuvre, comptant payer notre passage en travaillant, et même vous donner un coup d'épaule à la pêche, là-bas, sur le grand banc, si c'est un effet de votre politesse. »

Ce discours m'enthousiasma de part en part et je m'écriai :

— Quel mignon ménage on fera nous deux, avec tout l'esprit qu'on a, moi et toi, ma Fanchette !

Mais Jean était devenu sombre ; il secouait la tête et grommelait :

— Dans le sel ! Et il y aura peut-être des coups de garcette !

C'était mon tour d'être homme.

— Quand même ! m'écriai-je. J'aime encore mieux ça que les coups de béquille ! Mais pour aller jusqu'à la *Marie-Pauline*, comment ferons-nous, ma Fanchette?

— Il y a, répondit-elle, le bateau du brigadier, avec quoi il va pêcher des congres sous le bastion de la Hollande. Pour nager, vous aurez Coco, le noir qui se moque bien de la justice de paix de maman, pourvu qu'on lui donne une chopine d'eau-de-vie. Etes-vous parés?

Pendant qu'elle nous fournissait ces explications nécessaires, la nuit était venue tout à fait. Au dehors, il faisait noir comme dans un four. C'était heureux pour notre évasion, mais une fois en rade, cela devait nous donner de l'embarras.

On était en grande marée ; l'eau clapotait jusque sous les étais de la *Jeune-Émilie*. A dix pas, le nègre Coco nous attendait dans le bateau du brigadier.

Quand nous fûmes dehors, tous les deux bien tremblants, je regardai le sabord éclairé de la chambre où maman continuait de verser à boire à nos convives. La voix éclatante de papa Quimper sortait de l'ouverture et nous pûmes entendre qu'il racontait l'histoire de Laurent Bruand.

C'était un bon présage. Je dis à Fanchette :

— Tu embrasseras maman bien fort, bien fort!

Mon frère Guénolé me prit dans ses bras et murmura :

— Il est encore temps !

Fanchette nous sépara, et je m'écriai en sautant le premier dans la barque :

— Adieu va ! capon qui s'en dédit ! Fanchette aura des plumes à son chapeau, et veuve Hélie viendra baiser le marchepied de notre carrosse !

Jean monta derrière moi et dit seulement :

— Bien des politesses à tout le monde. Je m'engage à rendre la moitié de l'argent prêté, s'il me profite.

J'ordonnai à Coco de pousser.

Mais la main de Fanchette arrêtait la barque.

— Folle que je suis ! dit-elle ; j'allais oublier le principal ! Il y a plus de vingt navires en rade, sans compter la *Marie-Pauline* et gréés presque semblablement. Nous avons convenu quelque chose entre Toussaint Morin et moi pour le cas où la nuit trop noire vous empêcherait de lire le nom au-dessous du couronnement. Faites bien attention ! vous accosterez par la hanche de tribord et vous hélerez tout doucement : Holà, hé ! Ho ! ho ! Si on vous répond, ce ne sera pas Toussaint Morin, car il se méfie du cuisinier et il a promis de faire la sourde oreille. Donc, il faudra pousser au large et aller à un autre. Si au contraire on ne vous répond rien, grimpez hardiment, vous serez sur la *Marie-Pauline*.

Elle retira sa main. Coco appuya son aviron sur la vase, et le bateau dérapa.

— A te revoir, Fanchette !

— A te revoir, mon Corentin, pense à moi !

— Oh ! toujours, toujours ! N'oublie pas d'embrasser maman Quimper... bien dur !

Je vis encore, pendant une minute, le mouchoir blanc qu'elle agitait : puis, j'entendis la voix altérée de mon frère Guénolé qui disait :

— Je prierai le bon Dieu pour vous.

Ce fut tout. Nous étions en route vers le pays de l'inconnu.

VII

DE LA RÉCEPTION QUE NOUS FIT TOUSSAINT MORIN ET D'UNE SURPRISE QUE NOUS EUMES AU DÉBUT DE NOTRE VOYAGE

Le sabord éclairé de la *Jeune Émilie* se faisait déjà rouge à travers la nuit, qu'on entendait encore la voix mâle de papa Quimper racontant l'histoire du plus riche des matelots.

J'étais debout : mes yeux restaient fixés sur ce pauvre phare dont la lueur devenait, à chaque instants, moins distincte. Jean s'était assis sur un banc et tenait sa tête entre ses deux mains. Je crus que ses penchants étaient les mêmes que les miens et je lui dis tout bas :

— C'est vrai que nous laissons derrière nous de bons cœurs !

Il me répondit :

— Oui, c'est vrai ! c'est une futée petite commère, et je crois qu'elle a eu raison de prendre plutôt de la mercerie. Ça ne charge pas, c'est facile à cacher en cas de danger. On doit gagner facilement trois cents pour cent là-dessus, en choisissant bien son marché.

Je l'appelai cœur de galet ; j'eus tort. Ce n'était pas qu'il fût sans regrets, mon cousin Jean ; au contraire, il en avait trop ; il regrettait non-seulement nos parents qui avaient aimé et protégé son enfance, mais veuve Hélie dont il n'avait jamais eu que des coups. Il s'attachait par l'habitude ; comme les chats. Il tenait à patron François, à Fifi Jaquet, au bel Amédée à tous les Hélie, il aurait voulu emporter jusqu'à la paille qui lui servait de matelas dans son ancien cercueil.

Nous allions vite avec le courant du jusant. La dernière lueur venant de la *Jeune-Emilie* disparut bientôt à mes yeux, et ce fut comme un froid qui me prit le cœur.

Tant que nous fûmes dans le port, nous avions l'abri des remparts. L'eau était calme. Il faisait chaud et lourd, le ciel se chargeait de gros nuages.

Nous passions le long des navires immobiles sur leurs ancres.

Le premier mouvement de houle nous souleva

entre Saint-Malo et Saint-Servan, vers la porte de Dinan par où nous avions coutume de venir au port en sortant de la maison Hélie. Jean me dit :

— Voilà M. Bénier.

M. Bénier était un préposé de la douane qui visitait régulièrement les poches des membres de la tribu Hélie, signalés tous et toutes comme « faisant la mignonnette. »

C'est le nom qu'on donne à la petite contrebande honteuse.

Depuis que j'avais perdu de vue le sabord de la *Jeune-Emélie*, la fièvre des aventures reprenait en moi le dessus, et je me sentais si gaillard que j'agitai ma casquette en criant :

— Bonsoir, papa Bénier, bien des choses à la boutique !

Jean se laissa glisser au fond du bateau, comme si M. Bénier eût porté sous son bras un canon chargé à mitraille.

Il murmura plaintivement :

— Malheureux nous voilà découverts !

Le bonhomme Bénier mit sa main au-devant de ses yeux, en visière ; nous passions si près que nous l'entendîmes marmoter :

— On dirait la voix de ce polisson de Quimper ! Je parie que les Hélie vont débarquer du vin d'Espagne sous la Hollande. C'est drôle : des gens si honnêtes ! C'est comme ça qu'on devient riche...

La Hollande est un gros bastion, avec terre-plein, où la garnison de Saint-Malo fait l'exercice et qui commande la rade. On y voit encore les vieux canons qui parlèrent tant de fois aux Anglais.

J'ordonnai à Coco de nager ferme. Grâce au courant du reflux, nous fûmes en une minute hors de la vue de M. Bénier et nous perdîmes l'abri de la ville.

Le vent était faible, mais il venait du nord-ouest et c'était grande marée.

La houle se faisait dure. Le bateau du brigadier, mauvaise barque, ronde comme un sabot, se mit à danser pesamment, et Jean eut mal à l'estomac tout de suite.

Moi, Dieu merci ! j'ai le pied marin, ainsi que le cœur, et on peut bien dire que ça m'est venu tout seul, car la mer ne me connaissait pas encore. Au temps dont je parle, je n'avais été ni à Dinard, ni à l'île de Césambre, ni à la Conchée, vivant, autant dire, de la vie d'un prisonnier au magasin. Cependant, je me trouvais là aussi bien que sur l'herbe, et je pus donner quelques consolations à Jean, tout en guettant au gouvernail ; car la lame voulait, à chaque instant, nous prendre par le travers. La rade de Saint-Malo n'est pas douce, et nous embarquions de l'eau plus qu'il ne fallait.

Je ne me souviens pas d'avoir vu de nuit plus sombre. La mer *flammait*, comme on dit, quand l'écume jette des phosphorescences. Jean se plaignait misérablement. Ces lueurs sinistres qui n'aident pas à voir lui donnaient l'idée de l'enfer.

L'orage menaçait, nous sentions cela : ce fut un éclair qui me montra la première silhouette de navire en partance pour Terre-Neuve, à une centaine de brasses en avant de nous.

— Attention! dis-je à Coco, la *Marie-Pauline* ne doit pas être loin, nous allons la reconnaître au prochain éclair.

Jean se tordait au fond de la barque, geignant à petite voix :

— Mon saint patron, ne m'oubliez-pas! Sainte Barbe, sainte Claire, qui préservez du tonnerre, je voudrais être à piler du poivre, ayez pitié de moi!

Coco signala trois ombres de navires, une à droite, une à gauche, une devant ; il ne savait auquel nager. Je choisis celui qui était devant nous, comme disait maman, au petit bonheur! Coco se pendit à ses avirons, et je donnai le coup de barre qu'il fallait pour ranger quelque chose de massif, de haut et de sombre, qu'on distinguait à peine dans la nuit, toujours de plus en plus noire.

J'ai ouï dire qu'à présent la police est aussi bien faite dans les rades, qu'à Paris ; et que les embarcations y ont des lanternes comme les fiacres sur le boulevard. En ce temps-là, ce n'était pas de même ; sur les vingt navires qui étaient en partance, on ne voyait pas seulement une chandelle. J'accostai par la hanche de tribord, selon la consigne, et je hélai avec précaution :

— Holà, hé ! — ho ! oh !

Pas de réponse.

Maman Quimper l'avait dit : j'étais né coiffé. Du premier coup, je tombais sur le bon numéro. Pourtant, par surcroît de prudence, je répétai mon signal, en élevant la voix. Le résultat fut le même ; la masse noire s'entêta à rester muette.

Je donnai l'ordre d'aborder.

La houle nous gênait terriblement, et il y eut un instant où je crus que nous allions être broyés sous le flanc de la *Marie-Pauline*, mais je veillai bravement tout debout et je pus saisir une manœuvre qui pendait aux haubans de tribord. Cette corde, sans nulle doute, avait été attachée par le bon Toussaint Morin, ancien condisciple de mon frère l'abbé, et présentement maître trancheur à bord du navire qui allait nous mener à notre fortune. Toute ma gaieté était revenue.

— Allons, Jean, m'écriai-je, allons ! En voiture, c'est ici la cour des messageries !

Jean laissa échapper une plainte sourde et ne bougea pas. Je dis à Coco de lâcher ses avirons, puisque je servais d'amarre, et de soulever Jean pour lui permettre de saisir la manœuvre à son tour. Mais, alors, ce fut bien une autre affaire; Jean se mit à se lamenter, en disant :

— Je veux m'en retourner ; je vois bien que je n'ai pas de goût pour les voyages. Ramenez-moi chez la bonne Mme Hélie. Oh! Seigneur, mon Dieu! que j'aime patron François, Fifi Jacquet et piler le poivre! C'est mon état, j'y vivrai et j'y mourrai!

J'essayai de le haranguer, rien n'y fit ; je le menaçai de le hisser de force, mais, à sa manière, Jean Piteux était un garçon résolu ; il appela la garde. Ma main qui était déjà une des plus solides de ma connaissance, le bâillonna pendant que je lui glissais à l'oreille:

— Ce n'est pas trois cents pour cent qu'on gagnera sur la pacotille, c'est six cents, c'est douze cents et le double encore !

Le mot pacotille parut le ranimer un peu. Et comme je l'avais saisi par la peau du cou, il me demanda :

— Est-ce que, de vrai, tu serais capable de me faire du mal, mon cousin Corentin?

Je répondis :

— Mon cousin Jean, je serais capable de te tuer comme un lapin, pas davantage !

Je pense que mon accent portait avec soi la persuasion, car il ne résista plus et s'accrocha à la corde. Je le fis monter le premier, pour plus de sûreté. Sa tête dépassa bientôt le plat-bord, et nous le vîmes s'arrêter pour regarder sur le pont. Il resta là si longtemps immobile que je pris de l'inquiétude.

— Que vois-tu, Jean? demandai-je tout bas.

Il me répondit :

— Je ne sais pas.

La nuit était véritablement noire comme de l'encre. Jean se pencha vers nous et dit encore :

— Sur ce bâtiment-là, il n'y a personne, ce n'est pas naturel. Nous ferions mieux de nous en aller.

Je mentirais si je disais que j'avais le cœur tranquille ; mais l'orgueil me soutenait et je n'eus même pas l'idée de tenter le sort ailleurs, tant j'avais la ferme conviction que nous étions sur la *Marie-Pauline*.

Je grimpai à mon tour, et je poussai mon Piteux qui enjamba, bon gré mal gré, le bastingage. Coco nous demanda d'en bas :

— Y êtes-vous ?

Et, avant d'avoir la réponse, il reprit :

— Amusez-vous bien. Ce n'est pas un grain qui prend, c'est la peau du diable ! Demain, pour mettre à la voile, vous aurez du boucan ; moi, je n'ai que le temps de me sauver avant la grand'danse. Bonsoir !

Je le vis pousser au large et sauter sur ses avirons. Avant de pouvoir les border, il faillit être rejeté contre le navire. Je me tins à quatre pour ne pas lui crier de revenir, mais j'eus honte; et d'ailleurs aurait-il obéi?

La houle s'enflait à vue d'œil. Accroché que j'étais au ras du plat-bord, je me sentais balancé comme dans une escarpolette. A mon tour je regardai sur le pont, où Jean était affaissé comme un petit tas de chair morte. Je ne vis rien. Le temps de tourner la tête, le bateau du brigadier avait disparu. C'était le dernier lien entre la terre et moi. Un frisson me passa par les veines, mais je franchis le bastingage assez gaillardement et je rejoignis Jean qui était à genoux et qui pleurait tout bas:

— Nom de bleu! m'écriai-je en le relevant, ne fais pas l'enfant! Laurent Bruand, quand il partit, n'avait pas notre pacotille!

— Je donnerais la pacotille pour trente sous, me répondit-il du fond de son accablement; il n'y a jamais eu de Laurent Bruand. Je veux m'en aller.

Il se laissa retomber, parce qu'un grand coquin d'éclair flamba derrière l'île de Césambre, éclairant le pont comme un coup de soleil et nous montrant les dix-neuf navires à l'ancre autour de nous.

Le pont n'était pas solitaire, ainsi que nous l'avions cru. Il y avait, au pied du grand mât, un homme couché sur le dos, et à l'arrière, auprès de l'habitacle, un homme couché sur le ventre.

Ils avaient l'air de deux cadavres; et, pour le

coup, je me mis à trembler de tous mes membres.

Jean, lui, n'avait rien vu; ses mains étaient appuyées contre ses yeux, et il s'était repris à réciter ce qu'il savait de litanies avec des sanglots à fendre l'âme.

Il n'y eut point de tonnerre après l'éclair, qui fut suivi seulement d'une courte rafale. Puis un calme soudain se produisit, accompagné d'une grande chaleur et d'un profond silence, au milieu duquel on entendait les bâtiments gémir sur leurs ancres, et la voix lointaine du large qui grondait.

Je pensais bien que l'homme couché au-pied du grand mât devait être Toussaint Morin, et comme j'étais déjà en plein pays d'aventures, je bâtissais une histoire de forbans qui avaient surpris ce pauvre homme en faction, pendant le sommeil de l'équipage, pour l'assassiner sans pitié. Je traversai le pont à quatre pattes; j'arrivai au cadavre qui ronflait comme une toupie. Ma poitrine fut soulagée d'un poids énorme.

— Excusez-moi de vous déranger comme ça, monsieur Toussaint Morin, dis-je poliment, c'est moi qui viens de la part à mon frère Guénolé, celui qui est pour être abbé, et qui a été votre camarade d'école.

Toussaint Morin ne répondit pas; je le secouai d'abord bien doucement, puis plus fort. Il n'en ronfla que mieux; et comme je m'avisai de me pencher sur lui, son haleine me sauta aux narines. Je me crus à la bonde d'un baril de genièvre.

Jean Piteux, ne me voyant plus, sanglotait tout bas :

— Corentin ! Corentin Quimper, mon cousin Corentin, aurais-tu bien le cœur de m'abandonner dans la perdition !

La patience n'est pas mon fort ; je donnai un maître coup de poing sur l'épaule du dormeur et je lui criai dans l'oreille :

— Nom de bleu ! monsieur Toussaint Morin, voulez-vous vous éveiller, oui ou non?

Cette fois, Jean m'entendit et rampa vers moi sur le ventre. Au moment où il arrivait, une goutte de pluie, large comme la moitié de ma main, fouetta mon visage. Je crus que quelqu'un me battait. En même temps, la grêle retentit sur les planches du pont plus bruyamment que si on eût jeté des pelletées de pois secs du haut des hunes.

Mon dormeur lui-même fut troublé par cette mitraille qui lui criblait les paupières. Il ne s'éveilla pas, c'est vrai, mais il jura. Nous pensâmes du moins qu'il jurait, car nous ne prîmes point garde à ses paroles. Jean avait dit : « La pacotille va être mouillée ! » nous cherchions déjà l'abri du grand panneau.

Quoique nous eussions toujours été prisonniers chez les Hélie, nous savions comment se comporte l'intérieur d'un navire, puisque notre berceau était un brick-goëlette. Nous aurions été plus embarrassés dans une maison de plâtre et de pierres. Jean et moi nous descendîmes l'échelle du grand panneau et nous nous guidâmes d'instinct vers l'endroit où devait être le chargement de sel.

Le dedans du bâtiment était désert et silencieux, comme le pont, et à mesure que nous approchions de la cale, l'haleine de Toussaint Morin semblait me poursuivre de plus près. Jean était tout content d'avoir sauvé la pacotille au sec.

— Ça sent fort le squidam de Hollande, dit-il. Mme Surcouf entend les affaires. Au lieu d'envoyer son bateau à vide, elle a embarqué du squidam pour rapporter de la morue.

— C'est nous, la morue, pour l'instant, répondis-je, voilà notre sel, cachons-nous dedans jusqu'au réveil de M. Toussaint Morin. Diable d'homme dort-il dur, quand il a son plein de genièvre!

J'avais trouvé l'entrée d'une soute, et j'enfonçais déjà jusqu'aux genoux dans ce que je croyais être du sel. Jean me suivait fidèlement. Il ne tremblait plus autant depuis qu'il y avait un toit entre lui et la bourrasque. Il me dit :

— Pendant que je croyais mourir, là-haut, je t'ai fait mon héritier. S'il m'arrivait malheur, souviens-toi qu'outre la mercerie j'ai arrimé autour de moi tous les objets que j'avais ramassés chez la bonne

Mᵐᵉ Hélie. Au contraire, si je réchappe à ma colique aussi bien qu'aux autres périls de la mer, et que tu viendrais à décéder en chemin, je te promets d'épouser Fanchette, pour nous deux.

Je ne voulus pas le mécontenter au moment où il me léguait son avoir ; mais l'idée que Fanchette Legoff pourrait se rabattre sur Jean Piteux, après avoir eu l'ambition d'être Mᵐᵉ Corentin Quimper, me parut monstrueux, comme le fait de l'impératrice Marie-Louise, donnant un soudard autrichien pour successeur à Napoléon.

Nous étions déjà aux trois quarts ensevelis, quand Jean s'écria tout à coup :

— Ce n'est pas du sel !

Je portai vivement ma main pleine à ma bouche et je vis que nous baignions dans un océan de riz.

— Nous nous sommes trompés de soute ! m'écriai-je.

— Ou de navire, plutôt, riposta Jean. Tu sais bien que nous n'avons pas compris, quand ce M. Toussaint Morin a juré au commencement de la grêle. Ça ne me paraissait pas être des nom de nom de chez nous.

Je n'eus pas le temps de répondre. Nous entendîmes un grand tintamarre, comme si un troupeau d'éléphants eût marché dans le faux-pont. On criait, on chantait, on se disputait, mais en langue étran-

7

gère ; et de ce qui se disait, nous ne comprenions pas un traître mot.

Nous n'étions pas sur la *Marie-Pauline*, il n'y avait plus à en douter. Ce n'était point la faute de Fanchette ; son signal aurait été fort ingénieusement choisi sans le navire hollandais ; mais ce diable de hollandais avait tout perdu. Pendant que son équipage était au cabaret, à Saint-Servan ou à Saint-Malo, les hommes de garde avaient entonné leur genièvre sur place, selon la coutume de ce peuple fidèle rangé, probe, paisible mais éternellement altéré.

Le bruit intérieur ne dura pas. Au bout de trois minutes, les allées et venues cessèrent, les clameurs s'étouffèrent, tout fit silence, excepté l'orage. L'équipage batave était au lit. Jean et moi nous avions du riz jusqu'au bec, comme deux chapons bouillis. Dans cette litière, Jean ne souffrait plus beaucoup des mouvements du navire.

— Ces Frisons-là, me dit-il tout gaillard, vont peut-être aussi en Amérique. Je ne tiens pas à Terre-Neuve, qui est un pays froid. Il n'y a pas plus riche que les grandes Indes, et au cap de Bonne-Espérance on trouve des négociants qui ont de quoi solder notre pacotille avec de l'indigo et des dents d'hippopotame. A l'île Bourbon, c'est du sucre ; et c'est de la liqueur à la Martinique...

Je ne sais si Jean continua son cours de géographie marchande, mais nous étions admirablement calés et bercés ; bientôt je ne l'entendis plus et je poursuivis en rêve le roman de mes aventures qui avait une si brusque entrée en matière.

Quand je m'éveillai, j'avais les côtes endolories et ma tête me faisait mal. Tout autour de moi, j'entendais un bruit assourdissant, mais monotone et, à chaque instant, quelque chose me fouettait le visage en coupant ma respiration.

Je cherchai Jean, il avait disparu.

On y voyait un peu, approchant comme dans une cave qui serait éclairée par un soupirail trop étroit. Je reconnus bientôt que mes suffocations périodiques avaient pour cause le riz, agité par la marche du navire au milieu d'une tourmente. Tout à coup, une violente embardée dérangea le niveau du riz et découvrit la tête de Jean, littéralement submergé. On avait dû mettre à la voile pendant que nous dormions, et la bagare Hollandaise fatiguait, courant au plus près dans les passes, par une mer épouvantable, pour gagner le large.

— Jean, m'écriai-je à pleine voix, nous sommes partis !

Jean s'éveilla en sursaut.. Au moment où il ouvrit les yeux et la bouche, un coup de tangage lui envoya trois pieds de riz par-dessus la tête.

Mais je n'eus même pas l'idée de lui porter secours, je restai pétrifié : la tête de Méduse s'était dressée devant moi. Je venais d'apercevoir à l'entrée de la soute une énorme figure barbue et touffue, dont les gros yeux étaient fixés sur moi avec stupéfaction.

L'homme à qui appartenait cette figure épluchait tout innocemment des pommes de terre dans une jatte de bois, mais il me sembla terrible à voir et je ne fus pas éloigné de prendre son couteau de cuisine pour un cimeterre.

Il restait là, bouche béante, à me regarder.

Le pauvre Jean, cependant, suffoquait, travaillait à se dégager ; peu à peu, il montra sa tête au-dessus du riz. A sa vue, l'homme à la barbe touffue lâcha son coutelas et ses pommes de terre et agita ses deux bras en criant :

— Abraham ! Cornelius ! Peeters ! Meinherr Haas !

Il ajouta bien quelques mots à cette liste de noms propres, mais je n'y compris rien.

Jean pataugeait comme quelqu'un qui se noie. En ce moment, les efforts convulsifs qu'il faisait rapprochèrent sa figure de la mienne, il me dit à l'oreille :

— C'est ça ! Je viens de rêver que nous étions perdus ; ils vont nous assassiner ; voilà les aventures : c'est du propre.

VIII

DE L'INTEMPÉRANCE DE JEAN ET DE SES SUITES. — NOUS IMITONS LA BELLE CONDUITE DE M. SURCOUF. — ASSAUT ET PRISE DU NAVIRE HOLLANDAIS

Je ne partageais pas tout à fait les épouvantes de Jean ; les pommes de terre me rassuraient sur le couteau.

— Tu n'es qu'un poltron, dis-je, nous ne sommes pas encore assez loin de chez nous pour trouver des sauvages.

Il répliqua d'un air entendu :

— Des sauvages, je ne dis pas ; mais des pirates et forbans, on en rencontre partout !

Il parlait encore, que tous les brigands appelés par notre homme au coutelas descendirent ensemble ; mais non point tumultueusement. Ils arrivèrent d'un pas tranquille, se balançant au roulis avec méthode. Il y avait là sans doute Cornelius, Peeters, Abraham et Meinherr Haas. C'étaient tous gros bonshommes que leur large carrure faisait paraître bas sur jambes. Aucun d'eux n'avait l'air bien méchant ; le plus vilain était Abraham ; mais leurs figures huileuses et tannées ne plurent sans doute point à Jean Piteux, car il se mit à pousser des cris de détresse.

Meinherr Haas, Cornelius et Abraham restèrent une bonne minute à nous regarder, pendant que l'homme au couteau, qui se nommait Klootz, leur donnait de lentes et paisibles explications. Quand Klootz eut fini, les autres se penchèrent au-dessus du trou de soute, Jean leur cria du ton de la plus fervente prière :

— Messieurs, je ne vaux rien à manger, parole d'honneur ! je suis maigre et j'ai une maladie contagieuse de naissance !

Il alla même, dans le paroxisme de sa terreur, jusqu'à proférer ce hardi mensonge :

— Mme veuve Hélie, qui m'aime comme la prunelle de ses yeux, donnerait bien, pour me ravoir, trois ou quatre écus de six livres.

Il me sembla que le nom de veuve Hélie faisait dresser l'oreille à nos bourreaux, surtout à celui qu'on nommait Abraham. Ils se regardèrent et quelques mots furent échangés entre eux. Klootz, sans quitter son couteau, me saisit par le collet, pendant qu'Abraham plongeait sa grosse main dans la toison du pauvre Jean. Ce fut ainsi que nous fûmes extraits de la soute.

Plus tard, j'ai pu acquérir une certaine teinture de la langue hollandaise, comme généralement de tous les idiomes usités chez les divers peuples du globe. Il faut cela dans le commerce. Je ne voudrais pas faire partager à mes lecteurs l'erreur puérile de mon cousin Jean Piteux. Ces paroles qui nous semblaient si terribles, je les ai traduites par les souvenirs à mesure qu'elles me revenaient, et je dois confesser qu'elles ne trahissaient chez Peeters, Cornelius, etc, ni même chez Abraham, aucun caractère bien tranché d'anthropophagie. Ils se disaient tout uniment :

— Si on les laisse dans le riz, ils vont le gâter.

Et cette façon d'envisager les choses était d'autant plus raisonnable qu'il y avait déjà des traces de mal de mer tout autour de Jean Piteux. On me fit monter le premier l'échelle du grand panneau, non sans me donner quelques bourrades ; et celui qui tenait Jean, mit fin à sa résistance en le jetant sous son bras, comme un paquet.

Nous ne fîmes que traverser le pont, où chaque lame lançait un déluge écumant. La mer semblait être en délire, les voiles claquaient au vent, les cordages criaient, les mâts grinçaient, et à quelques encâblures de nous, un navire, presque couché sur le flanc, trempait ses vergues dans la mer. Je me souviens qu'un rayon de soleil passant par un trou de vrille pratiqué dans le plomb des nuées, éclairait tout cela d'une lueur folle et sinistre. J'allais devant moi, ivre de frayeur. Je trébuchai au bord d'une trappe, et mon conducteur me retint charitablement par l'oreille. En ce moment, le navire en perdition se redressa et nous montra son couronnement de poupe, où je crus lire, aux blafardes lueurs du soleil pluvieux, ce nom : la *Marie-Pauline*.

Je n'eus pas le temps de jeter un second regard.

On me fit descendre par une échelle à pic, tout au fond d'un petit gouffre où il faisait encore plus noir que dans la soute au riz. J'arrivai en bas sans trop de mal, et, l'instant d'après, Jean vint rouler à mes pieds. La trappe retomba. Nous étions dans une complète obscurité.

La voix de Jean s'éleva dans ces ténèbres ; il me dit :

— Ça saute aux yeux que c'est une peuplade entièrement barbare. On n'aura pas besoin de me tuer, car je suis prêt à rendre l'âme.

— As-tu reconnu aussi toi la *Marie-Pauline ?* demandai-je.

— Bon ! fit-il au lieu de répondre te voilà qui as le délire, ça va bien. Tâche plutôt d'écouter : si tu as la chance de me survivre, mon cousin, fais-moi chanter une messe noire à bon compte. Guénolé n'aurait bien sûr rien pris pour cela, mais il n'est pas encore ordonné prêtre, c'est dommage. Dis bien des choses de ma part à maman Quimper, à la famille et aux Hélie. Voilà ceux que je regrette !... Va ! ils s'en donnaient tout de même en cachette. C'est patron François qui avait bu les trois demi-bouteilles de vespetro qu'on a tant cherchées à l'inventaire. Fifi Jacquet et Hélie neveu faisaient leurs farces, et veuve Hélie allait au fond de la petite cour mordre dans les cervelas. Quant à Fanchette, tu peux compter que c'est moi qui l'aurais épousée. Toi, tu fais des embarras, mais tu n'es bon à rien. Je t'aimais assez tout de même. Adieu.

Sa voix était sèche, brève et toute changée. Je ne la reconnaissais plus. Nous avions vécu l'un près de l'autre depuis notre premier jour. A vrai dire, Jean était mon meilleur camarade et mon seul ami. L'affection que j'avais pour lui comportait une dose méprisante qui la rendait plus sincère. Il me faisait ressortir. Si vous regardez bien l'amitié mondaine, vous verrez que c'est une façon de s'aimer soi-même, à travers ou par-dessus autrui.

Jamais je n'avais entendu Jean Piteux parler comme il le faisait : je n'aurais pas cru qu'il en fût capable. Je fus irrité de voir qu'au fond de l'âme, il se comparait à moi, en gardant même la supériorité par devers lui. La drôle de chose que l'orgueil ! Jean ! mon égal ! quelle folie !

Cependant l'idée que je pouvais le perdre et rester seul au fond de cet horrible trou me navra. Je me penchai sur lui, je le tâtai, il me parut tout froid et mon sang se figea. Je voulus appeler, mais ma voix s'étouffait dans un fracas sans nom. Nous étions à l'arrière et le navire courait devant le vent ; les coups de mer tombaient à trois pieds de nous contre les planches même de la cale, et jamais je n'ai rien entendu de si lamentable que les plaintes du gouvernail, notre voisin.

Je m'éloignai de Jean, le croyant mort déjà, puisqu'il m'avait dit adieu. C'était un cadavre que j'avais avec moi. Sur ma tête, tous mes cheveux se dressaient. Comme j'allais à quatre pattes, n'osant me relever, mes mains rencontrèrent quelque chose de friable qui me parut être du poussier de charbon : un peu plus loin, ce furent des légumes, carottes, choux et navets ; un peu plus loin, encore un objet tiède et velu, dont le contact désagréable me fit sauter en arrière.

L'objet grogna...

Non ! que les imaginations ardentes coupent leurs ailes, ce n'était pas un lion, ni même un tigre. Saint-Antoine avait pour ami un cochon. Vous me croirez si vous voulez, ce grognement me mit du baume plein le sang. Je n'étais plus seul et je regrettais moins amèrement mon cousin Jean Piteux, décédé à la fleur de l'âge, qui me dit juste à ce moment :

— J'aurais préféré être inhumé proche de chez nous, mais à la guerre comme à la guerre !

— Tiens ! m'écriai-je, tu n'es pas encore parti !

Au contraire, sa voix était beaucoup meilleure, et j'avais confusément l'idée qu'il pouvait bien se moquer de moi. Il poursuivit :

— C'est malheureux, j'aurais été loin, moi, sans presser le pas. Toi, tu n'es pas un méchant garçon, mais tu crèves d'orgueil. Gare la culbute ! Je te pardonne mon décès. Tu diras de ma part à Fanchette...

Je l'interrompis vivement.

— Tu n'as rien à voir à Fanchette, gringalet ! m'écriai-je, elle est pour être ma femme !

— Savoir ! fit-il avec un petit rire provoquant qui me donna envie de le battre. Maman Quimper ne l'entend pas comme cela, et Fanchette, qui a l'air de dire oui aujourd'hui, ne dira-t-elle pas non demain, quand elle verra à se conduire ? Ce n'est qu'une mioche.

Vous voyez qu'il était bavard dans son agonie. Il ajouta :

— Moi, je m'en moque pas mal, puisque je suis moribond, mais aussi vrai que je te le dis, Fanchette aurait été Mme Piteux.

J'étais tout-à-fait en colère. Je me rapprochai de lui et levai la main, disant :

— Tu vas finir, pas vrai !

Jean changea de ton encore une fois et répliqua d'un accent sinistre :

— Ça va finir que nous allons nous entre-dévorer nous deux. Est-ce que tu n'as pas deviné leur idée ? Nous sommes condamnés à mourir de faim ici.

Je m'aperçus seulement alors que Jean n'était plus lui même et qu'une exaltation tout-à-fait contraire à sa paisible nature le tenait.

— Calme-toi mon cousin, lui dis-je avec bonté ; tu te trompes, nous sommes ici dans un endroit où l'on ne meurt pas de faim. Il y a tout autour de toi des légumes et un cochon vivant.

Je l'entendis aussitôt se relever.

— Alors, dit-il impétueusement, nous sommes sauvés ! Je sais comment le faire cuire ! cherche deux morceaux de bois sec ; on les frotte l'un contre l'autre avec rapidité, et l'on se procure du feu, quand on n'a ni amadou ni briquet. Tu éplucheras les légumes pendant que je vais tuer le cochon et le plumer. Quelle dînaille.

Il se rapprocha de moi en tâtonnant. Sa main qui toucha la mienne était brûlante.

— Jean, mon pauvre Jean ! murmurai-je, est-ce que tu vas devenir fou ?

Au lieu de répondre, il me demanda :

— Combien de jours, au juste, avons-nous été dans le riz ? Et dire que je n'ai pas même songé à en mâcher quelques poignées ! J'étais trop malade. Mais malade ou non, l'homme ne saurait vivre plusieurs semaines sans manger, c'est impossible !

Je voulus lui faire entendre que nous étions à bord seulement depuis la veille au soir, il me saisit le poignet et le serra avec une force que je ne lui connaissais pas.

— N'essaye pas de m'abuser, prononça-t-il tout bas, j'ai du courage. Donne-moi plutôt le cochon que je l'étouffe et que je le mange !

Il lâcha ma main et s'affaissa dans le charbon, où il resta étendu ; l'instant d'après il ronflait bruyamment.

En toute ma vie, je ne me souviens pas d'avoir passé des heures plus tristes que celles qui suivirent. Toutes les fièvres se gagnent, c'est certain. Au moment où Jean s'endormait, l'idée de famine me faisait rire, et d'autre part je n'avais aucun doute sur la durée du temps écoulé depuis notre départ de la *Jeune-Emilie*. Au bout d'une demi-heure, l'obscurité impénétrable et les clameurs de la mer agirent sur moi d'une façon extraordinaire.

J'eus peur.

Et aussitôt née, cette peur grandit jusqu'à l'épouvante. Ma poitrine se serra, mon estomac me fit mal. Jean était un garçon froid qui rarement se trompait. Comment mesurer les jours dans une pareille nuit? Il y avait peut-être en effet longtemps, que je n'avais mangé !

Mon imagination travaillait déjà, supputant les heures qui ne s'étaient point écoulées. Je n'étais, après tout, qu'un enfant; au bout d'une autre demi-heure, je sentis la faiblesse qui me prenait à mon tour; je donnais raison à Jean, je me demandais avec angoisse combien de centaines de lieues nous avions pu faire, emportés par cet ouragan diabolique sur les routes sans fin de l'océan.

Il y eut un petit craquement juste au-dessus de ma tête. J'aperçus un carré lumineux, sur lequel une silhouette humaine se dessina; puis un autre craquement se fit, produit par la trappe qui retombait en me cachant le jour. Je pus alors reconnaître Klootz, large et rond comme une tour. Il avait son coutelas à la ceinture et une lanterne pendait à l'un des boutons de sa houppelande par une lanière de cuir.

Je n'avais pas remarqué encore qu'il louchait, ce monstrueux bonhomme. Je cherchai, je trouvai sur ses traits, qui semblaient dégrossis à la hache dans une bûche à brûler, une expression de brutale inhumanité, pendant qu'il descendait lourdement les degrés de l'échelle, portant à deux mains une jatte de grande dimension qui l'enveloppait dans les tourbillons de sa fumée, et dont il avait l'air de respecter beaucoup le contenu.

Dans la disposition d'esprit où j'étais, je n'aurais pas mieux demandé que de prêter à cette visite une signification funeste, mais la bonne odeur de soupe qui me montait aux narines luttait victorieusement contre tout soupçon d'assassinat. Klootz, en arrivant au fond du trou, déposa sa jatte sur le plancher, au-dessus duquel le poussier de charbon formait comme un sol. Il détacha ensuite sa lanterne et se mit à examiner Jean, qui ne bougeait pas.

La petite taille et la maigreur de mon cousin Piteux arrachèrent à Klootz un geste d'équitable dédain. Un sourire d'estime et de contentement vint au contraire à ses lèvres barbues quand il me regarda à mon tour. Je le trouvais moins laid pour la bonne opinion qu'il avait de moi.

Le panneau d'en haut s'entrouvrit de nouveau et l'on appela Klootz par son nom. Il répondit en hollandais quelque chose qui sans doute, voulait dire, « On y va! » mais au lieu d'obéir, il me tâta les bras, les épaules et le dos avec une évidente satisfaction. J'eus un mouvement d'orgueil et je dis :

— Un Quimper et un Piteux, ça n'a jamais fait la paire, mon brave!

Il secoua la tête en homme qui ne comprend pas et leva sa lanterne. Le réduit éclairé m'apparut beaucoup plus large que je ne l'avais supposé d'abord. Le refuge du cochon était à droite de l'échelle; à gauche, il y avait une porte qui fermait au taquet. Klootz me montra cette porte et se mit à baragouiner avec une certaine animation en donnant à ses gros yeux une expression de menace. Barbe-Bleue devait avoir cet air-là un peu, quand il confia à sa femme la clef de la chambre où il était défendu d'entrer sous peine de mort.

On appela d'en haut pour la seconde fois. Klootz posa sa lanterne auprès de la jatte et fouilla vivement ses poches, d'où il retira deux cuillers de bois, deux gobelets de cuir et une bouteille en grès courte, mais ventrue.

Ces divers objets ne paraissaient même pas dans ses poches qui étaient d'une dimension inusitée, et dans chacune desquelles on aurait pu loger un petit enfant. Il prononça encore une douzaine de paroles en montrant du doigt la porte prohibée, puis il me donna deux bonnes claques sur les joues en signe d'amitié et remonta l'échelle pesamment.

Quand le panneau se fut refermé sur lui, je voulus éveiller Jean, mais je rencontrai ses yeux grands ouverts et tout ronds qui brillaient comme des chandelles. Il me dit:

— As-tu compris? Tu seras mangé le premier, parce que tu es le plus gras.

Je ne saurais expliquer pourquoi cette apostrophe

inattendue me donna le malaise. Je ne croyais pas un mot de ce que Jean me disait et pourtant, j'eus un frisson.

— Tu ne dormais donc pas, toi? demandai-je.

Jean me répondit d'un ton important :

— Dans les moments dangereux, je ne dors jamais que d'un œil. J'ai bien senti qu'il me tâtait les côtes, et ça n'avait pas mine de chatouiller son appétit ; mais toi, tu es bien en chair et gras comme une loche. Tu feras un joli ragoût, mon cousin Corentin, pour un quelqu'un qui aime ça

La colère me reprit.

— Est-ce que tu vas recommencer tes bêtises, m'écriai-je.

— Bon, bon, répliqua-t-il, jouis de ton reste! Bêtises tant que tu vaudras! On nous a mis dans le garde-manger, pas vrai ! nous sommes des provisions comme le cochon, les navets et les carottes.

Précisément parce que ces paroles n'étaient pas sans produire sur moi une certaine impression, ma colère s'envenima et je dis :

— Écoute, Jean Piteux. Si tu as de méchantes idées, garde-les pour toi, ou bien tu vas recevoir de l'avancement!

Ce mot favori de maman Quimper, loin d'attendrir Jean, le rendit plus mauvais, car il grommela :

— Elle te gâtait, la bonne femme, c'est sûr; mais tu ne la reverras plus jamais !

Les larmes m'inondèrent la joue, il reprit.

— Je croyais que tu avais plus de courage et que tu ne serais pas fâché de connaître ton sort d'avance, pour te préparer à mourir chrétiennement, mais du moment que tu parles de battre, je sais bien que je ne suis pas si fort que toi, et d'ailleurs, j'ai mangé le pain de tes parents, je ne voudrais pas rendre le mal à mon cousin germain. Aussi sois tranquille, je verrais maintenant le gros boucher aiguiser son coutelas à dépecer que je ne te crierais pas : « Corentin gare à tes bifteks! » Chacun pour soi. J'ai bien assez de ma peine.

Ayant ainsi péroré de sa voix la plus pointue, il se coula jusqu'à la jatte et y plongea une cuiller qu'il porta à ses lèvres, non sans quelque méfiance; mais à peine eut-il goûté la première bouchée qu'il se mit à manger avidement. Je dis bouchée parce que le contenu de la jatte n'était pas un simple potage comme je l'avais cru d'abord, mais bien un pot-pourri à la flamande, où il y avait du poisson, des pommes de terre, du lard, du bœuf salé et du caviar.

L'amitié sincère que j'avais pour Jean comportait, j'ai dû le mentionner déjà, une dose considérable de mépris. Je me regardais comme son supérieur et son maître ; cependant, à mon insu, il exerçait sur moi une très-réelle influence. Tout à l'heure, je me mourais de faim ; il avait suffi des dernières paroles de Jean pour me couper l'appétit. Maintenant, en le voyant dévorer, l'envie de faire comme lui me venait et je demandai :

— C'est donc bien fameux ce fricot-là.

Jean me répondit sans perdre un coup de dent :

— Ça tombe sous le sens que si tu veux engraisser ton dindon, tu lui choisis de la bonne pâtée.

Il appuya cette sentence d'un regard significatif. Le coquin voulait prolonger mon malaise pour avoir le temps de tout engloutir ; seulement, son ambition était au-dessus de ses forces. Klootz, mon futur bourreau, avait apporté assez de ragoût pour contenter quatre hommes, et quand mon cousin Jean renonça, bourré jusqu'à la luette, la jatte restait aux trois quarts pleine. Il respira énergiquement, et, comme il avait perdu tout espoir de loger dans son ventre une cuillerée de plus, il me dit :

— Pour bon, c'est bon. Il y a là-dedans de quoi faire à dîner chez les Hélio pendant trois semaines.

Il ajouta d'un ton aimable :

— A chaque jour son chagrin. Bah ! mets-toi un morceau sous la dent, Corentin. Quand même il devrait t'arriver malheur, ce n'est pas une raison pour jeûner. A ta place, moi, je ne laisserais pas refroidir la bouillie.

Tout en parlant, il avait débouché la bouteille au large ventre et versait dans son gobelet quelque chose qui me parut être de l'eau pure.

— J'aimerais mieux, dit-il, du petit cidre de Dol : mais à ta santé tout de même !

Il s'amendait à vue d'œil. Quand il eut bu, il fit claquer sa langue et ses yeux s'allumèrent.

— C'est du grog au squidam ! s'écria-t-il, mazette ! Entends-tu, mon cousin Corentin, et du dur ! M. Surcouf ne serait jamais mort s'il en avait eu de pareil dans sa dernière maladie !

Il emplit mon gobelet et me le tendit. Sa tête était haute et il regardait droit. Le grog était *dur* en effet, et je ne crois pas qu'il fût possible de m'ordonner en ce moment de meilleure médecine. Dès que j'eus vidé mon gobelet, je sentis mon cœur qui se remettait à sa place, et m'asseyant par terre, avec la gamelle entre les jambes, je commençai à jouer de la mâchoire.

Jean Pitoux n'était rien auprès de moi, quand il s'agissait de mordre et d'avaler. J'ai dit qu'il avait laissé les trois quarts de la jatte ; en dix minutes de temps, j'en vis le fond, et je dois déclarer, que, de ma vie je n'avais tâté meilleure ratatouille.

Pendant que je mangeais, Jean buvait. C'était un

enfant sobre par nature, et qui n'avait encore jamais eu occasion de faire excès. J'étais si bien occupé moi-même que je ne faisais nulle attention à lui.

— A boire, lui dis-je, quand j'eus emmagasiné ma dernière cuillerée. Ils pourraient bien venir une demi-douzaine avec leurs coutelas. Nom de bleu ! ils auraient de la peine à me mettre à la broche !

Jean poussa aussitôt un véritable cri de guerre. Il s'était planté sur ses jambes écartées et se balançait au roulis comme un fin matelot.

— Une demi-douzaine, répéta-t-il, tu peux bien dire une douzaine, et deux aussi ! Saperbleure de bois ! Est-ce que je les laisserais t'écorcher vif, mon pauvre petit Corentin ? J'en prendrais deux par la peau du cou et je m'en servirais pour assommer le reste !

Je le regardais. Il carrait sa courte taille, et ses yeux étaient gros comme des noix. Je ne pouvais en croire mes oreilles de l'avoir entendu jurer. Il m'adressa un geste, tout plein de fierté, et reprit :

— Tu n'es pas cause d'être un tantinet godiche ! Moi, ordinairement, je fais l'âne pour pas qu'on se méfie de moi. Ah ! ah ! j'en sais long, ma fille ! Buvons c'est bon de boire. En buvant, je vas trouver le moyen de faire comme M. Surcouf quand il amarina l'anglais sur les brasses du Bengale. Nous monterons sur le pont, nous prendrons des sabres d'abordage, des pistolets, des tromblons, des canons, quoi ! Nous tuerons tout le monde pour commencer et puis roule ta bosse, si c'est du lard, comme dit papa. Moi au gouvernail, toi à la manœuvre, en route pour l'Amérique, bonne brise et beau temps, avec l'avantage de vendre le riz et la pacotille, écus comptants, crédit est mort ! et de boire du squidam tout le long du chemin mais sans eau, saperbleure de bois ! ah ! sans eau, le jour, la nuit, et houp deri dera ! Pas vrai, ma vieille ?

Il reprit haleine bien malgré lui. Toutes ces idées me souriaient assez, d'autant qu'elles me semblaient pratiques et d'une réalisation très-facile. Ce qui me fâchait, c'était de ne pas les avoir eues le premier.

Evidemment, ce genièvre avait grandi Jean Piteux démesurément. Il me mettait le pied sur la tête.

— D'abord, primo, dis-je, halte-là ! Que chacun garde son rang ! C'est moi le capitaine et toi le mousse, ne sortons pas de là !

Jean reprit son air mauvais pour me demander :

— Pourquoi est-ce toi le capitaine ?

Avant de répondre, je bus le fond de la bouteille, puis je dis :

— Parce que je suis fort et toi pas.

Mais on m'avait changé mon Piteux, décidément il me fit un pied de nez et s'écria :

— C'est bon chez les mules ; entre hommes, le plus malin est le maître !

— Et tu te crois le plus malin, toi, Piteux? demandai-je à mon tour, les poings déjà fermés pour la bataille.

Jean renversa dans sa bouche la bouteille où il n'y avait plus rien. L'ivresse lui donnait une si drôle de figure que ma colère ne tint pas. Comme j'avais apparemment le genièvre plus gai que lui, je perdis l'équilibre à force de rire. Il me mit aussitôt le pied sur la gorge pour tout le bon, et me déclara qu'il allait me tuer si je ne demandais grâce.

C'était sérieux, je n'eus que le temps de saisir à deux mains son mollet. Dès que je l'eus terrassé à mon tour, il me dit :

— Jeux de mains, jeux de vilains, tu es trop brusque ; prends garde de me blesser, je ne veux plus me divertir avec toi.

Sûrement, je n'avais pas de méchanceté, car je laissai le Piteux se relever, et ma seule vengeance fut de lui dire :

— Puisque tu es le plus malin, trouve donc le moyen de remplir la bouteille !

Il était noir comme un ramoneur parce que je l'avais un peu roulé dans le charbon.

— Corentin, répliqua-t-il avec dignité, tu as abusé de ta force contre un parent, mais c'est vrai que jamais je n'ai eu si grand'soif. Ton idée de remplir la bouteille est bonne. Quand nous allons avoir d'autre squidam à boire, nous nous rendrons maître du navire tout de suite et nous commencerons notre voyage. Tu seras capitaine et mousse à la fois si tu veux ; mais j'exige ma part de genièvre !

Ai-je oublié de spécifier que notre bienfaiteur Klootz avait laissé derrière lui sa lanterne ? C'était peut-être un oubli. Un tout petit bout de chandelle achevait de se consumer dans la boîte de corne posée sur le poussier. Je la pris et j'allai vers la porte qui faisait face au refuge du cochon. Je poussai du pied le battant qui ne résista guère et nous montra, en s'ouvrant, une perspective de grandes futailles. Jean qui était derrière moi, lança sa casquette en l'air et entonna l'hymne des vieilles haines nationales de saint-Malo qui s'exaspèrent chaque année au banc de Terre-Neuve :

J'ai vu, ma commèr', j'ai vu,
Lustucru,
Un' morue et une anglaise,
Comm' je te vois, j'les ai vu',
Tout à mon aise,

Turlututu.
J'ai vu, ma commèr', j'ai vu,
Lustucru,
Que ce n'était pas l'Anglaise
Qui mangeait de la moru'
Tout à son aise,
Turlututu.

J'ai vu, qu'c'était la Moru'
Lustucru,
Qui se payait de l'Anglaise
Au fond de l'eau toute cru'
Et pas bien aise,
Turlututu.

J'ai vu, ma commèr' j'l'ai vu,
Et j'l'ai cru,
Car pour manger de l'Anglaise
N'peut y avoir que les moru'
Tout à leur aise,
Turlututu !

Les yeux lui sortaient de la tête et j'eus toutes les peines du monde à le faire taire.

— Saperbleure de bois ! cria-t-il, en voilà des barriques et des tonneaux ! Donne la bouteille, on va voir le plus malin de nous deux !

Il me poussa sans façon et se rua vers les tonnes.

8

On aurait plus tôt fait de dresser l'inventaire d'une hotte de chiffonnier que d'énumérer les débris divers qui bourraient les doublures de Jean Piteux. Il ne dédaignait rien : Clous tordus, bouts de corde, vieux bouchons, croûtes de gruyère et lambeaux d'étoffe. Il avait jusqu'à la dernière dent tombée de veuve Hélie !

Ayant retourné ses poches, il trouva, parmi toutes ces richesses, la moitié d'une alène de cordonnier, emmanchée dans le quart d'un barreau de chaise.

Il attaqua aussitôt la première futaille en disant :

— Le plus malin n'est pas celui qui enfonce une porte ouverte ; moi, je mets la barrique en perce ; eh ! là-bas !

Et, avant même que la bouteille fût remplie, il la porta gloutonnement à ses lèvres.

Jamais je ne me serais douté qu'il y eût de l'ivrogne dans Jean Piteux. Notre orgie, désormais, ne pouvait être bien longue ; le genièvre pur nous enflamma d'un tel courage, que l'assaut fut incontinent résolu. Jean avait son alène qu'il brandissait terriblement ; moi, je tenais la bouteille par le goulot, et gare aux têtes ! Point de quartier !

J'obtins cependant que Klootz serait épargné, à cause de la soupe. Jean décida qu'on lui casserait seulement un bras et une jambe pour l'apprivoiser.

Avec sa main de reste, il devait nous faire la cuisine.

Le plus difficile, ce fut de monter à l'échelle, qui était raide et glissante. Jean me laissa grimper le premier. Une fois en haut, je levai la trappe qui ne pesait pas une plume. Les lecteurs les plus étrangers à l'art de la guerre savent quel est l'avantage de l'assaillant dans le cas d'une surprise. En sautant sur le pont, je trouvai à la portée de ma main plusieurs sabres d'abordage, des pistolets et même des mousquets.

Je pris tout, sans plus m'occuper de Jean que s'il n'eût pas existé et je me ruai sur le capitaine, que j'abattis d'un seul coup au pied du mât d'artimon.

Ce fut une étonnante mêlée. Au moins, M. Surcouf avait avec lui ses loups de mer dans l'affaire du brick anglais ; moi j'étais seul car Jean s'était cachés dès le commencement de la bataille. Cela m'était bien égal, je suffisais à tout. D'une main, je brandissais les sabres d'abordage ; de l'autre, je faisais feu de tous les fusils et de tous les pistolets à la fois.

Les Hollandais ne sont pas des poltrons, c'est connu ; mais résistez donc à un diable incarné de mon numéro ! Le pont fut bientôt encombré de leurs cadavres, et je marchais dans le carnage jusqu'à l'estomac. Combien il y eut de morts ! Ah ! ma foi, je n'en sais rien. Pensez-vous que j'avais le temps d'en faire le compte.

Je vis Cornélius tomber sur Abraham et Peeters sur Meinherr Haas, qui était à jour comme un crible.

Voici la fin ; ils s'étaient rassemblés, ceux qui vivaient encore, en un petit tas devant l'habitacle. J'en avais assez d'immoler mon prochain. Je braquai contre eux un canon chargé à mitraille et je leur criai dans le porte-voix :

— Rendez-vous, ou vous êtes morts !

Ils se jetèrent aussitôt à plat-ventre et je leur fis grâce en ayant la précaution de les charger de chaînes.

Jean sortit alors de son trou à rat et me dit :

— J'espère que je les ai menés tambour battant !

J'ai traversé depuis lors bien des révolutions, et toujours, après l'histoire; j'ai vu des centaines de Jean Piteux sortir des caves en criant :

— C'est moi qui ai tout fait !

Et ils ont raison, puisqu'on les croit.

Mais moi, je n'entendais pas de cette oreille-là. Le navire était à moi, je l'avais conquis. Je nommai Jean mon adjudant pour tout faire et je gardai l'autorité suprême.

Une bonne idée me vint, car je n'avais pas grande confiance en mon premier ministre. Je rassemblai les prisonniers hollandais et je les haranguai si éloquemment qu'ils prêtèrent serment de fidélité à moi et à la France. Après quoi, ils me servirent à surveiller Jean pendant tout le reste du voyage.

Nous avions déjà fait beaucoup de chemin sur la route d'Amérique quand je m'éveillai, car vous devinez bien ce qui en est. Dieu merci! La veille au soir, Jean et moi nous étions tombés ivres-morts avant d'avoir pu franchir seulement le premier degré de l'échelle.

Ce fut une vive douleur à l'oreille qui me fit sortir de ma léthargie. Je tombai alors de mon rêve belliqueux et victorieux dans un autre plus vraisemblable : J'étais de retour à Saint-Malo, et veuve Hélie me tenait par l'oreille gauche, qu'elle tirait et qu'elle allongeait au point de la pouvoir rouler sur une bobine...

J'ouvris les yeux en criant misère et je vis Klootz, à qui il ne manquait ni une jambe ni un bras. Jean était pris comme moi par l'autre oreille et poussait des hurlements. Klootz nous traîna jusque dans la soute au genièvre et nous montra le tonneau percé qui avait continué de couler tout doucement, depuis le temps, par le trou d'alène. Nous clapotions dans le squidam.

Jean se mit à genoux, moi je gardai ma dignité, comme toujours, mais je croyais sincèrement que ma dernière heure était venue.

La main de Klootz, qui avait juste le poids d'un gigot de mouton, nous distribua une douzaine de griffes par portions égales. Ces griffes sont restées dans mon souvenir comme les plus purs modèles du genre que j'ai eu occasion d'admirer. Chacune d'elles me fit voir un feu d'artifice.

Après l'exécution, Klootz nous ramena dans le charbon, où nous eûmes un morceau de pain sec avec de l'eau. Pendant que nous mangions tristement, Klootz assujettissait la porte de la soute aux barriques à l'aide d'un robuste cadenas.

IX

OÙ JEAN SE CONFESSE. — UNE TEMPÊTE A LA CAVE.
— LES RATS. — JE SAUVE LE NAVIRE

Quand nous fûmes seuls, Jean me dit :
— Voilà ce que c'est que de mettre la charrue avant les bœufs ; si tu m'avais laissé conduire l'affaire, nous serions maintenant les maîtres du vaisseau. C'est toi qui as voulu mettre du genièvre pur dans la bouteille. Commences-tu à comprendre que tu manques de capacité ?

J'étais fort abattu et j'avais ce grand mal de tête qui suit la première orgie. Je répondis ;

— Maman Quimper avait de bonnes tisanes pour toutes les maladies, et nous sommes bien à plaindre d'être si loin de chez nous, voilà ce que je comprends. Tu es la cause de tout, puisque c'est toi qui as percé le tonneau avec ton alène. Maintenant, nous sommes en pénitence, nous n'aurons plus de ragoût et nous vivrons dans l'obscurité, c'est bien fait. Laisse-moi dormir.

— C'est ça, riposta Jean, je ne veux plus jamais que tu me parles : tu as tous les défauts ! De faire fortune avec toi, ça me dégoute ; j'aime mieux rester sans le sou. Au moins on ne partagera pas.

Je l'entendis qui s'arrangeait dans le poussier et j'en fis autant ; j'éprouvais un accablement complet mais impossible de fermer l'œil. Loin de diminuer la tempête qui nous poursuivait depuis le départ, augmentait évidemment, car le tapage devenait insupportable.

Nous entendions maintenant les paquets de mer tomber sur le gouvernail avec une fureur inouïe, et le balancement du navire nous roulait de ci, de là.

De temps en temps, parmi les fracas sourds qui nous enveloppaient, de grands cris nous venaient du pont, et nous ne pouvions nous y méprendre, les bonnes grosses voix de nos Hollandais changeaient d'accent. Il y avait de la détresse dans ces clameurs qui descendaient à chaque instant plus confuses.

Je dis nous, mais je ne devrais parler que de moi, car je croyais mon cousin endormi et j'enviais son sort. Quand je l'appelais, il ne me répondait pas.

Tout-à-coup, le cochon, notre camarade de chambre, se mit à grogner lamentablement. Un coup de tangage m'envoya les légumes à la volée par-dessus le corps, et les gonds du malheureux gouvernail ne crièrent plus.

En même temps, une clameur arriva du pont et je m'en allai donner de la tête contre la cloison, à demi-enseveli que j'étais sous le poussier de charbon et les pommes de terre. Le plancher de notre trou s'était mis à pic.

— Seigneur, mon Dieu ! m'écriai-je, qu'est-ce que c'est que cela ?

— C'est la fin, dit Jean dont la voix me parut calme et méchante, confessons-nous : toi à moi, moi à toi. Ça se fait, quand il n'y a pas moyen d'avoir un prêtre à l'article de la mort.

Et il se mit à réciter son *Confiteor* en latin avec un sang-froid qui me faisait honte. Mais il n'alla pas jusqu'au bout.

— Ça presse, dit-il tout à coup, il y a de l'eau en bas, car voici les rats qui montent.

Dans les ports de mer toutes les légendes de navires sombrant sous les voiles mentionnent ce détail sinistre ; et j'avais bien souvent frémi au moment où papa Quimper arrivait à dire en secouant la tête et en baissant la voix : « On vit les rats qui montaient de la cale par bandes, mauvaise affaire... »

Jean ne se trompait pas J'en sentis un, puis deux, puis vingt, qui couraient effarés partout mon corps et jusque sur ma figure. Le cochon se mit à pousser des hurlements comme si on l'eût écorché vivant: puis le navire, roulant sur sa quille en grand, me rejeta meurtri contre l'autre cloison.

Tout craqua... Je ne peux pas dire l'horreur des bruits qui emplirent ce trou noir. Il y avait des éclats et des déchirements. C'est sûr; les navires râlent avant de mourir, et c'est une bien dure agonie.

La voix de Jean qui me parut n'avoir point changé de place, prononça :

— Attrape à écouter ma confession, puisque ça se doit : Je n'ai rien volé qu'une boîte de sardines et la bouteille de squidam d'hier soir, et des pruneaux et de la ficelle, et du saindoux, et de la pâte de jujube, et un pied de veau, et du gros miel, et du chocolat, et des épingles, et un canif...

A ce moment, une manière d'exploison se fit au-dessus de nos têtes, imprimant à la gabare un choc profond et bien distinct de ceux qui provenaient des coups de mer.

— Nous avons touché sur un écueil, dis-je, nous sommes perdus !

— Nous sommes perdus, riposta Jean, c'est vrai, mais nous n'avons pas touché ; la tape est venu par en haut, c'est le grand mât qui se sera cassé comme une paille. Es-tu paré à m'écouter ?

Et, poursuivant son examen de conscience, il reprit :

— J'ai mis du poivre dans le bas de la pauvre bonne Mme Hélie une fois qu'elle m'avait trop battu, et elle disait ; J'ai quelque chose qui me dévore la plante des pieds. C'était pour rire. Ah ! je regrette la béquille !... et elle a hurlé misère tout un jour. Faut bien s'amuser... C'est moi qui avais percé le panier de la vitrière quand elle sema son café depuis chez nous jusqu'à la cathédrale ; ça c'était mal on ne doit rien perdre !... C'est moi qui avais arraché les boutons de la chemise neuve d'Hélie neveu le jour où il s'était mis faraud pour danser à la noce de la douanière... Les rats sont tous passés, l'eau va venir...

Elle venait.

Depuis un instant, collé que j'étais à la cloison de la soute au genièvre où le dernier choc m'avait lancé, je sentais le froid d'une multitude de petits jets, entrant par toutes les fentes comme les fuites qu'on voit au bas des écluses. Cela n'allait pas très-vite, la gabare était bonne.

J'étais bien jaloux du calme de Jean Piteux, qui parlait vraiment avec une tranquillité extraordinaire. Moi, je ne trouve point de mots pour exprimer la terreur qui me poignait ; mais au milieu de l'épouvante qui me montrait la mort horrible, inévitable, dans ce trou noir comme l'enfer, où nul secours ne pouvait pénétrer, le sentiment de rivalité, victorieux de tout, persistait en moi, obstinément.

Pourquoi Jean n'était-il pas balloté comme moi de place en place, car j'entendais toujours au même endroit sa voix sèche et dure? Pourquoi gardait-il du courage quand moi j'étouffais de peur? Je m'étais toujours cru beaucoup plus brave que lui ; l'humiliation versait du fiel sur ma torture.

— Jean, lui dis-je tout naïvement, tu pleurerais toutes les larmes de ton corps si tu n'avais pas idée qu'on peut se sauver ; dis-moi ton idée, je t'en prie !

Au lieu de répondre, il pensa tout haut :

— Les voilà qui essayent de soulager le mât, là-haut ; j'entends les coups de hache.

Puis il ajouta ;

— Est-ce qu'il ne t'arrive pas de l'eau, là où tu es ?

Je répliquai ;

— Je suis déjà tout trempé. Où es-tu et comment peux-tu tenir ferme ?

Il faut vous dire que la gabare, privée de son gouvernail, comme nous l'apprîmes plus tard, donnait son travers à la lame et n'avait plus qu'un mouvement, le roulis qui la versait toujours du même côté à cause de la chute de son grand mât, lequel pesait sur tribord. Il en résultait que le plancher de notre trou s'inclinait selon une ligne qui variait entre la pente d'un talus très-raide et la verticale.

Vous voyez que je sais parler savant, quand je veux.

J'étais tout en bas de cette pente et Jean tout en haut. Il eut son ricanement et me dit :

— Je me tiens ferme, parce que j'ai de l'idée; tu es bousculé, parce que tu n'en as pas. Ça sera toujours comme ça. Quant à se sauver, toi ou moi, nous sommes aussi bien flambés tous les deux que si nous cuisions au four. Je finis ma confession; je ne me souviens pas d'autres péchés... Ah! si! C'est moi qui avais décloué la marche de l'escalier qui pensa casser le cou de patron François. Il m'avait donné un coup de pied dans le devant des jambes.., C'était juste. Je n'ai rien caché, et je ne demande pas mieux que de me repentir, quoiqu'il n'y ait pas de quoi fouetter un chat dans tout ça... A ton tour, vide ton sac et ne cache rien : tu dois en avoir de jolies à étaler!

— Oh! moi, m'écriai-je avec une contrition passionnée, je suis un trop grand pécheur! Il me semble que j'ai fait tout le mal qu'on peut faire, et encore plus... J'ai de l'eau jusqu'aux genoux, tu sais, et ça va toujours gagnant. Ma conscience est si chargée... si chargée...

— Tais-toi, interrompit Jean, le bon Dieu te prendrait au mot. Ne dis que ton compte, bien juste!

Le navire se redressa si brusquement que je fus lancé, traversant comme une bombe, avec mon eau qui me suivait, toute la largeur du trou. Je vins heurter du coup le pied de l'échelle où je trouvai Jean solidement accroché.

— J'étais assez bien là, me dit-il, mais Isidore (c'était le cochon que nous appelions ainsi, par amitié,) était devenu mauvais caractère et me mordait les jambes. Tu as dû l'entendre hurler tout à l'heure? Ça vient de ce que j'ai cherché un de ses yeux à tâtons pour y planter mon alène; ça l'a vexé. Il s'en est allé... Là-haut, ils ont fini de couper le mât, mais voilà l'eau qui monte, montons aussi.

Je m'étais pris à mon tour au dernier barreau de 'échelle et j'avais grand'peine à m'y tenir, tant le roulis redevenait violent depuis que le bout du mât pendant à la mer ne calait plus le navire. Chaque mouvement de va-et-vient nous envoyait désormais des baquets d'eau, comme si nous eussions été dans une cuve à demi-pleine.

— Grimpons, dis-je, puisque nous avons un escalier. Nous serons toujours mieux sur le pont qu'ici, et nous aurons du monde autour de nous.

Jean ne bougeait pas.

— Va donc! m'écriai-je.

— Passe le premier si tu es pressé, me répondit-il enfin; je suis complaisant, moi, et je vais te faire de la place.

Il s'effaça en effet, de son mieux, sur cette pauvre échelle terriblement secouée et je parvins à gravir au-dessus de lui. Dès que je fus passé, il me dit:

— Veille à tes yeux, Corentin. En montant, tu vas rencontrer les rats qui n'auront pas pu sortir, puisque l'écoutille est bien fermée; il ne nous est pas venu une goutte d'eau par le haut. C'est à cause des rats que je t'ai envoyé en avant. Ah! mais non, tu n'es pas le plus malin!

— Je me moque bien des rats! m'écriai-je. Ne voilà-t-il pas une affaire, les rats!

Je n'avais pas achevé que mes deux mains, à la fois, furent piquées par des centaines de petites dents plus aiguës que des clous. J'avais franchi gaillardement plusieurs marches; arrivé à moitié chemin de l'écoutille, en voulant me prendre aux montant de l'échelle, je saisis quelque chose de velouté et de moite; il y eut un cri sifflant comme ceux des hirondelles qui fut aussitôt répercuté en des milliers de cris pareils. A travers les fracas assourdissants qui nous entouraient, cela grinçait furieusement, taillant, perçant, sciant; tous les autres bruits.

Rien au monde que j'aie entendu ne saurait donner l'idée de cette déchirante musique.

En même temps, depuis le sommet de la tête jusqu'aux pieds, je fus couvert de rats enragés, et Jean, qui montait derrière moi, se mit à hurler :

— Ils me mangent! ils me mangent! au secours!

Voilà une nation bien organisée, les rats! Entre le moment où mon attaque involontaire avait mécontenté les deux premiers rongeurs et celui où leur vengeance nous fit un suaire vivant et mordant, j'affirme qu'il ne s'écoula pas dix secondes. C'était lourd plus qu'un manteau de plomb, et cela brûlait comme une chemise faite avec de la toile à carder Figurez-vous un millier de coups de lancettes, et des lancettes râpeuses comme des limes! Je voulus crier; il y eut un rat qui m'entra sa tête dans la bouche.

Celui-là, du moins, fut puni; je le coupai en deux avec mes dents. Je ne conseille à personne ce genre d'alimentation.

Dix autres secondes je n'exagère en rien, nous allions être rongés jusqu'aux os! Un hasard nous sauva.

Au moment même où, affolé par la terreur et la souffrance, j'allais me précipiter du haut en bas de l'échelle pour noyer mes ennemis, l'écoutille s'ouvrit en grand, au-dessus de nous, nous montrant le jour et donnant passage aux éclats du dehors.

Ce que je vis alors est indescriptible, d'autant que ce fut rapide comme la pensée : tout le long des montants de l'échelle, les rats grouillaient accrochés les uns aux autres ; à chacun des barreaux, d'autres rats pendaient en grappes, ce qui ne nous empêchait pas d'en avoir des centaines sur le corps.

Le temps de respirer, tout cela disparut comme par enchantement : tout cela fusa, glissa, jaillit par l'issue ouverte et s'évanouit avec une prestigieuse rapidité.

Klootz, qui parut en haut, leva le pied pour écraser au moins les traînards, mais son talon ne frappa que le bois sans même toucher la queue du dernier rat.

Il n'y en avait plus un seul dans notre trou.

Klootz se mit à rire, quoique le moment ne fût pas à la gaieté. Quand il nous appela de la parole et de la main, nous n'entendîmes pas sa voix qui fut prise par la rafale et emportée dans l'infernal tourbillon de mugissements, de sifflements, d'éclats, de plaintes et de craquements qui rageaient dans l'air.

Au moment où ma tête dépassait l'écoutille, je fus souffleté par le vent jusqu'à perdre la respiration. Une lame haute comme les tours du château de Saint-Malo m'apparut par dessus le plat-bord. Elle avait la forme d'une voûte et je voulus rentrer dans le trou, tant il me semblait impossible qu'elle pût passer sans tout engloutir. Klootz me saisit par la nuque et me jeta sur le pont, où je m'aplatis. Il en fit autant pour Jean, muet d'horreur, et referma précipitamment le panneau.

Il était temps ; la grosse lame déferla avec un bruit d'artillerie, mais c'est à peine si elle mit un pied sur le pont, et ce déluge s'écoula rapidement par les dallots.

Klootz avait plié les genoux ; il baigna, dans l'eau qui passait, son front ruisselant de sueur.

La lame, cependant, avait poussé contre moi quelque chose qui me heurta lourdement. C'était un corps humain montrant une masse de chair écrasée à la place de sa tête. Je me couvris le visage de mes mains. Klootz me cria dans l'oreille des mots que je ne comprenais pas ; je rouvris les yeux et je vis que son bras gauche, tout sanglant, était attaché à son dos avec des cordes. De son bras droit, il m'attrapa par la ceinture et m'entraîna, en marchant sur ses genoux, vers le grand panneau qui était fermé comme les autres.

Je me laissais aller et je regardais avec stupéfaction autour de moi. Rien ne tenait plus. Le mât d'avant laissait flotter au vent une loque large comme un mouchoir, c'était tout ce qui restait de sa grand'voile, et ce petit carré d'étoffe déchirée claquait au vent comme un demi-cent de fouets de poste ; les cordages s'en allaient en brindilles échevelées...

Le grand mât n'était plus qu'un tronçon de trois pieds de haut ; un homme, horriblement mutilé et lié sous les aisselles, s'adossait contre ce débris et semblait mort ou évanoui. Deux autres hommes travaillaient à l'arrière ; ceux-là n'avaient point de blessures ; ils essayaient de remplacer le gouvernail, ou du moins je le crus. Leurs figures vaillantes et calmes me firent du bien à voir. C'était tout ce qu'on apercevait de l'équipage.

Une autre lame venait, une autre montagne, sur la hanche de tribord démesurément relevée. Les nuages déchirés laissaient passer un rayon de soleil qui pénétrait de transparences lugubres l'énormité de cette masse d'eau. Je ne pouvais en détacher mes yeux, domptés par une fascination morne.

Il y eut un instant où cette lame monstrueuse fit ombre au-dessus de nous comme une falaise qui se serait voûtée sur nos têtes. Klootz se coucha, je me collai au plancher, tout contre Jean qui récitait des prières, et j'aurais bien voulu en faire autant, mais je ne pouvais pas.

Il me parut que mon cœur quittait ma poitrine quand la montagne, après avoir passé sous le navire, nous laissa retomber tout au fond de son écumante vallée.

J'avais été lancé contre le bordage de bâbord et j'eus le temps de voir, sous le vent, à deux encablures de nous, un chasse-marée en perdition qui allait entre deux eaux avec une grappe d'hommes sur sa grand'vergue.

Plus loin, il y avait une grande coque, rase

comme un ponton et qui, sans doute, tirait le canon de détresse, car la fumée sortait par bouffées de ses sabords.

Mais on n'entendait rien...

C'était tout, il n'y avait point de terre en vue. L'horizon semblait très-rapproché, malgré la clarté momentanée du ciel qui jetait un jour faux et d'un éclat sinistre. Au vent de nous, une armée de nuages noirs accourait. La mer était couleur de granit sous ses larges taches blanches...

Je vis tout cela puisque je m'en souviens pour le dire, mais il faut bien avouer que ma pensée était dans une étrange confusion. Ce qui m'entourait m'apparaissait comme le mensonge impossible d'un cauchemar.

Maman Quimper et Fanchette passèrent plus d'une fois à travers ce rêve... Ah! il m'arriva aussi de songer à la maison Hélie, j'aurais voulu m'accrocher à la béquille détestée comme à une planche de salut!

Et, dans le tintamarre, j'entendais la voix de basse-taille de ce joyeux petit homme papa Quimper, qui disait : « A la santé de ma femme! Les Anglais sont des merlus! Vive M. Surcouf! » Je me voyais tout petit enfant dans la hotte qui me voiturait à l'école des demoiselles Luminais. Certes, si maman eût été à bord, elle aurait bien trouvé un moyen de nous sauver.

Guénolé, le bon garçon que Dieu devait aimer, priait-il pour nous à cette heure ? Mais Fanchette ! ah ! mon pauvre petit cœur, comme elle allait pleurer, elle qui savait si bien sourire !...

En bien ! oui, je pensai aussi à mes deux sœurs de lait, Jeanne et Marie, celles-là qui se détournaient de moi et laissaient rire leurs Cancalaises en face de ma misère. Peut-être que leurs yeux se mouilleraient en apprenant ma mort et qu'elles se diraient : « pauvre Corentin ! »

La troisième lame venait ; était-ce la dernière ? Je fermai les yeux et un déluge me submergea. Sans Klootz, dont la bonne main me saisit aux cheveux, je passais, cette fois, par dessus bord avec l'homme à la tête écrasée, que je vis flotter, puis disparaître à quelques pieds de moi.

J'ai mis beaucoup de temps à écrire tout ce qui précède, mais il n'y avait certes pas deux minutes que nous étions sur le pont.

Klootz me traîna précipitamment jusqu'au grand panneau qui était percé de deux trous ronds par où sortaient les tuyaux de deux pompes vomissant sur le pont une eau noire. Il ouvrit la trappe et me poussa dans l'escalier, au moment où la quatrième lame venait ; je l'entendis passer en bouillonnant sur ma tête.

L'instant d'après, Jean, introduit de la même façon, dégringolait auprès de moi en gémissant. La voix de Klootz, qui restait sur le pont, cria en même temps :

— Cornil ! Peeters !

Puis quelques mots en hollandais.

Nous ne savions trop ce qui se passait autour de nous, mais nos yeux s'habituèrent bien vite à l'obscurité, qui était combattue ici par la vitre du panneau, et nous distinguâmes quatre hommes travaillant aux pompes désespérément. Deux d'entre eux, Peeters et Cornil, nous cédèrent la place et nous enseignèrent la manœuvre par geste ; puisque nous ne nous entendions pas les uns les autres.

Je compris alors pourquoi on était venu nous chercher là-bas : les bras manquaient pour franchir la voie d'eau qui nous avait envoyé l'armée des rats dans notre trou.

Aussitôt que la lame eut passé en grondant. Peeters et son compagnon disparurent. Je n'ai pas besoin de dire que nous nous y prîmes très-mal d'abord avec notre pompe, qui était d'ailleurs un outil assez incommode, en mauvais état et d'une simplicité antique, mais à force de regarder nos compagnons, nous finîmes par trouver le mouvement, et tout alla bien.

Chacun de nous comprenait que s'il restait une chance de salut, elle était là, entre nos mains, et nous faisions de notre mieux. Jean était assez robuste, malgré sa courte taille, et je n'ai guère connu de petit gars mieux bâti que moi. Les travaux forcés auxquels nous étions condamnés chez veuve Hélie nous avaient rendus résistants, ce qui est la meilleure condition du monde pour pomper. Jean me dit, au bout d'un quart d'heure :

— Je sens que j'enlève de l'eau en masse, il n'en restera bientôt plus une goutte à fond de cale.

— Tu vas mieux que je n'aurais cru, répondis-je ; mais c'est égal, j'en monte trois fois plus que toi, comme de juste.

Les deux Hollandais qui manœuvraient l'autre pompe offraient l'image de l'épuisement le plus complet. Il faut se rendre compte de ce fait que, depuis le départ, la tempête avait toujours été en augmentant et qu'aucun homme de l'équipage n'avait pu prendre un instant de repos.

C'étaient deux larges et solides gaillards, lourdement construits et qui, malgré leur fatigue, manœuvraient avec une régularité mécanique. Chacun d'eux avait une bouteille de genièvre pendue au cou, et, de temps en temps, ils buvaient une gorgée, une seule.

— Nous travaillons bien sans cela, nous autres ! m'écriai-je.

Jean me répondit :

— Tu oublies l'état où tu t'es mis, hier au soir ; moi aussi, je me suis dérangé, mais pas tant que toi. Voyons, ferme ! vidons la carcasse en deux temps ! Eh houp !

— Eh houp ! c'est maintenant que nous n'aurions pas grand'peine à faire comme M. Surcouf et à prendre la gabare !

— Le temps est trop mauvais, répondit Jean ; et si ces gens-là entendaient le français par hasard, tu nous mettrais dans de jolis draps ! Tâche de te taire !

Mais nos deux pauvres diables de compagnons n'entendaient pas le français. Ils dormaient debout et chancelaient, acharnés à leur devoir. Notre ardeur parut les ranimer pourtant quelque peu et quand j'entonnai la chanson de M. Dumollet pour régler nos mouvements, à moi, ils ouvrirent leurs larges bouches en un mélancolique sourire. Il y en eut un même qui nous offrit sa bouteille ; nous refusâmes fièrement, et je dis en soignant mon style, car je parlais au nom de ma patrie :

— Le Breton n'a pas besoin de s'ivrer comme un anglais ou un Tetche pour réchauffer son courage naturel !

S'il m'eût entendu, papa Quimper m'aurait renié, et maman aussi, peut-être, à cause de la buvette.

X

FIN DE LA TEMPÊTE ET ÉLECTION D'UN NOUVEAU
CAPITAINE

On se souvient encore, tout le long de la côte bretonne, en Normandie et en Angleterre, de la grande tempête.

Il y eut vingt-trois navires anglais et sept français à sombrer rien que dans la Manche, et la morue fut chère l'an qui vint, parce que presque tous les bateaux terre-neuvâs de Saint-Malo périrent en vue des côtes de France ou d'Angleterre.

Quand les deux Hollandais, mes compagnons de pompe, virent que nous pompions si bien, ils se mirent à causer ensemble. Jean me dit :

— Je ne les comprends pas, et c'est étonnant qu'il y ait des peuplades entières assez crasses d'ignorence pour ne pas savoir un mot de français, mais je sais bien ce qu'ils disent tout de même.

— Que disent-ils ? demandai-je.

— Ils disent : Voilà un mignon garçon, le plus petit des deux, qui vaut trois fois son frère !

— Son frère ! m'écriai-je en lâchant la manivelle tant j'étais indigné, les crois-tu si bêtes que de prendre un Piteux pour un Quimper ?

— Oh ! que non, point du tout ! fit Jean : ils voient trop bien à qui ils ont affaire ! Allons, reprends ta manique, paresseux ! Est-ce que tu n'en peux déjà plus ?

Il s'était arrêté en même temps que moi. Les Hollandais se mirent à crier et je suppose bien qu'ils nous disaient :

— Fainéants, à votre ouvrage !

Nos pieds étaient dans l'eau jusqu'aux genoux. Nous avions eu beau faire, le niveau ne baissait point, mais il ne montait pas non plus. La pompe que nous manœuvrions, Jean et moi, devait dater du déluge. Elle avait deux bras bossus qui s'attachaient à un corps énorme, et chacun de mes coups de piston produisait des gargouillements terribles à l'intérieur. On eût dit un géant malade de la colique.

Il me semblait bien que les coups de piston de Jean amenaient beaucoup moins de bruit.

— Pour une chopine que tu montes, dis-je, moi

j'enlève un fût de trois barriques... Veux-tu *attaquer*?

A Saint-Malo, attaquer veut dire mesurer. Si on discute sur la longueur de deux bouts de corde, on les attaque. C'est le *match* des Anglais. Jean me répondit :

— Je veux bien, et je te parie ta part de la pacotille que, dans un quart d'heure, tu vas demander grâce.

J'aurais dû m'apercevoir qu'il avait son sourire de Normand ; mais la colère me tenait et il y avait des siècles que je n'avais songé à la pacotille. Il me parut qu'on parlait d'une chose lointaine, lointaine...

Elle était dans le riz, la pacotille, et le riz devait être sous l'eau.

— Tu n'as pas de part dans la pacotille, répondis-je : mais pour ce qu'elle vaut maintenant, je te la donne bien toute entière.

Le regard de Jean s'alluma.

— En ferais-tu bien crochi-crochette? demanda-t-il.

C'est une façon de signer les contrats sans papier, plume ni encre. J'arrondis mon petit doigt en forme d'hameçon, Jean fit de même et nous crochâmes.

— Crochi, dit Jean.
— Crochette, répondis-je.

Et ensemble :

— Failli chien qui s'en dédit !

Ne montez pas sur vos grands chevaux pour crier que je vous défile des fadaises. Avec ce procédé-là on pourrait fermer toutes les boutiques des notaires.

— Y es-tu ?

— J'y suis.

— Allume !

Ce fut alors que la vieille pompe en vit de rudes. A regarder comme Jean pesait et relevait, vous eussiez dit qu'il soufflait au grand orgue de la cathédrale ! Je pesais de mon côté et je relevais, mais je savais ce qu'il m'en coûtait d'efforts, tandis que ce scélérat de Piteux semblait jouer avec une plume. Etait-il vraiment plus fort que moi ? La sueur me ruisselait partout et je le voyais frais comme une rose.

— Allons ! Corentin, la fleur des pois, me disait-il, allons, Quimper, le maître à tous ! tu mollis, ma vieille ! Ça fait pitié de te voir t'essouffler !

— Je pomperais encore comme ça pendant huit jours sans m'arrêter ! répondis-je.

Et je travaillais ! Misère de moi ! Le corps de pompe ronflait comme un trombonne. Il y eut un moment où l'eau baissa jusqu'au-dessous de mes chevilles, mais je sentais déjà les tempes qui me battaient et la poitrine me faisait mal.

Jean se mit à chantonner. Moi, je criais : « Hou,p là là ! hardi, pousse ! » Les deux Hollandais s'étaient arrêtés à nous regarder.

— Prends garde à tes yeux qui vont te sortir de la tête, me dit Jean : c'est drôle, moi je ne peine pas du tout... Tiens ! te voilà qui tires la langue ! Pouf ! c'est à moi la pacotille !

Je venais, en effet, de tomber sur le plancher sec, car j'avais franchi la voie d'eau.

Avant de perdre tout à fait connaissance, je vis Jean se pencher sur moi et je l'entendis qui disait :

— Tu sais, je faisais semblant de pomper. La manivelle de mon côté est cassée, et je ne levais rien du tout. Celle-là est bonne, hein ? Ne prends plus la peine de chercher le plus malin de nous deux.

Ces paroles se perdirent pour moi dans un grand bourdonnement. Je voyais tout rouge, et ma sueur m'entourait comme un bain de glace.

Je me souviens très-bien de ma dernière pensée qui fut de nouer mes deux mains autour du cou de Jean et de l'étrangler...

Tout a une fin, même les tempêtes. Mes yeux, en se rouvrant, virent un ciel bleu où rayonnait splendidement le bon soleil, dont les rayons pénétraient au travers de ma chair et me caressaient le cœur.

J'étais sur le pont de la gabare, la tête appuyée contre un oreiller de cordages, entre deux vieux pierriers de fer qui me faisaient comme une alcôve. Ils étaient frottés et brillants de nettoyage comme tout le reste. On avait bouché les lumières avec des bondes et ils servaient d'auges, tout uniment. Jean, agenouillé près de moi, avait des larmes plein les yeux, et il m'embrassait tant qu'il pouvait.

— Est-ce que tu m'aurais regretté, dis-je à Piteux, et ce fut ma première parole, toi, vilain coquin, cause de ma mort !

— C'est bête, mais c'est pourtant comme ça, répondit Jean. Depuis hier au soir que tu ne bouges plus, j'ai pleuré toutes les larmes de mon corps, et quand j'ai vu qu'on allait t'arrimer le boulet au pied...

Il s'arrêta pour sangloter

— Va, reprit-il, j'ai joliment bon cœur, au fond, et je te rendrai la moitié de la pacotille, quoique je l'aie bien gagnée.

— De quel boulet parles-tu ? demandai-je.

Je n'avais pas encore la tête solide, mais je n'éprouvais aucun mal, au contraire. La vie me revenait par tous les pores à la fois, et comme je n'avais essayé encore aucun mouvement, il me semblait que je n'avais rien perdu de mes forces.

A ma question, Jean répondit par une nouvelle embrassade.

— Ce n'est pas crainte de *l'avancement* que maman Quimper m'aurait donné, dit-il enfin ; car jamais je n'aurais osé lui remontrer le bout de mon nez ; mais Fanchette m'avait tant recommandé de te bien garder! C'est mijnheer Abraham qui était pour te mettre dans le sac avec le boulet. J'avais beau lui jurer ma parole sacrée que tu étais encore en vie, il ne voulait rien entendre. Et un instant, j'ai cru qu'il comprenait le français, celui-là, tant il me faisait de drôles d'yeux... Mauvaise figure! Il continuait toujours de t'emmailloter, et sans Klootz, qui est venu le chercher pour les funérailles de mijnheer Haas, il aurait été capable de me mettre avec toi dans le sac...

— Ils voulaient donc m'enterrer vraiment?

— T'emmérer, plutôt! Tâte voir à ta droite ; le sac et le boulet sont encore là avec la planche.

Au lieu de tâter, je me retournai comme une sole dans la poêle à frire pour regarder. Il y avait, en effet, à côté de moi, un boulet de douze, un sac et une planche. Jean poursuivait:

— Le sac et le boulet, c'était pour toi tout seul ; mais la planche a servi aux trois autres : mijnheer Haas, qui était le capitaine : Roboam, le timonier, et un pauvre petit mousse de quatorze ans, déjà gros comme un éléphant. Ah! dame! ce n'est pas gai, la cérémonie. On vous passe le sac par les pieds, après avoir mis le boulet au fond, et on le noue par-dessus la tête. On étend le tout sur la planche qui est portée et posée en équilibre sur le bastingage d'arrière au-dessus du tambour. Alors on dit : *Haar, daar, Maar, Waar, mermichel, quouââkre*... ou quelque chose comme ça... un *Libera*, quoi donc, peut-être, en hollandais, mais sûrement ce n'est pas du latin. Si nous retournons jamais à Saint-Malo, papa Quimper, qui sait dire « un sou de goutte » dans toutes les langues, nous expliquera la chose.

J'avais fermé les yeux, mais je la voyais très-bien tout de même, cette planche en équilibre sur le bastingage.

Malgré la bonne chaleur du soleil, j'avais un peu de froid dans le dos à l'idée que j'avais été si près d'être couché sur cette planche.

— Après ! demandai-je.

— Eh bien ! après, on fait basculer la planche tout doucement aussi, le sac glisse pour tomber dans le sillage... Ah ! va, ça ne paraît pas beaucoup !

— Et tout est dit ?

— Non pas. Il y a une cruche de squidam et des tasses, et ça recommence : *Fouaaar, paar quouââkre, mermichel*.. Et on boit à la santé du sac... Tiens ! j'essaye de rire, mais j'en ai la chair de poule, moi !

Il me jeta ses bras autour du cou et me serra contre lui tout frissonnant.

Depuis notre petite enfance, Jean et moi nous ne nous étions pas souvent embrassés. Ses caresses me faisaient du bien, et je fus étonné du sentiment de véritable tendresse que je découvris en moi à son endroit. Je ne me serais jamais douté de cela : je l'aimais beaucoup, mais beaucoup non pas tant peut-être pour lui-même que pour les êtres chers qu'il représentait à mes côtés. Tous les souvenirs naïfs et doux de nos premiers jours revenaient à cette heure d'émotion où la joie de renaître m'élargissait le cœur. Corentin et Jean ! On ne nous appelait jamais l'un sans l'autre, et quand il n'y avait qu'une pomme pour le goûter, on nous la coupait en deux.

Je ne fais pas ici de sensiblerie : pendant qu'il me parlait, je croyais entendre maman Quimper à travers sa voix, et tout au fond de son sourire qui était maintenant, je revoyais le sourire de Fanchette dans la manne qui lui servait de berceau.

D'aussi loin qu'il m'était possible d'interroger ma mémoire, nous ne nous étions pas quittés d'un seul jour ; pendant nos années de prison chez veuve Hélie, c'était sa figure maigrelette et bien pâle que j'apercevais à mon réveil dans son petit cercueil posé contre le mien. A le regarder, je suivais, heure par heure, toutes les pages de mon humble histoire, en remontant la pente du passé.

— Ah ! fit-il, comme s'il eût répondu à ma pensée, nous nous chamaillerons bien encore quelquefois parce que tu as trop de fierté...

— Mais non, c'est toi qui es trop orgueilleux..

— Mais n'empêche que je n'ai jamais eu si grand'peur. Depuis hier soir quatre heures jusqu'à ce matin, tu n'as ni bougé, ni respiré, et tu étais tout froid...

— A quel moment la tempête a-t-elle molli? demandai-je.

— Elle était déjà bien calme quand tu es tombé. A la nuit, nous étions maîtres de la voie d'eau, et Klootz a fait la soupe comme à l'ordinaire. Regarde comme tout est propre.

Le pont présentait un singulier spectacle. Il n'y avait personne, sauf le nouveau timonier, qui se nommait Cornil et qui dormait, le bras passé dans les barres de sa roue. L'un de nos mâts n'existait plus et l'autre n'avait que sa basse tige couronnée par la hune où se dressait un petit mâtereau de rechange avec sa vergue déployant un lambeau de toile.

C'était avec ce mouchoir et le clinfoc que nous gouvernions, bercés par la houle énorme, mais très-douce, qui succédait aux convulsions de la tourmente.

A peine faisait-il un souffle de vent. Tout était balayé et lavé autour de nous; on avait raboté le tronçon du grand mât dont la section, égalisée à coups de varlope, était outre-passée à la cire. Pas un bout de corde ne traînait.

Mon regard passa par-dessus le bordage et interrogea l'horizon étonnamment clair. A perte de vue, sous le vent, je distinguai une ligne confuse qui était la terre. Je la montrai du doigt à Jean, qui me dit :

— On la voyait bien mieux ce matin ; j'ai idée que nous reculons au lieu d'avancer.

— Penses-tu que ce soit déjà l'Amérique ? demandai-je.

Jean me répondit :

— On ne peut pas bien savoir ; je ne comprends pas encore tout à fait le hollandais, mais il me semble que je les ai entendus causer de Java et aussi de Bahama, ou peut-être Panama... et puis, je ne suis pas très-sûr que nous n'étions pas encore à Saint-Malo, la nuit d'avant avant-hier.

Mes yeux durent exprimer une bien profonde stupéfaction, car il se mit à secouer la tête comme quelqu'un dont la mémoire est noyée.

— Et toi, me demanda-t-il, combien crois-tu que nous avons mis de temps à venir ici?

— Ça me semble long comme toute ma vie, répondis-je.

Puis, remarquant la solitude du pont et le sommeil de Cornil, j'ajoutai :

— Qui est-ce qui remplace mijnheer Haas?

— Personne... c'est-à-dire tout le monde plutôt.

— Il n'y a donc pas de capitaine?

— Non... ils vivent en république depuis hier.

— Mais qui mène le navire?

Jean me montra tristement le lambeau de toile au-dessus du mâtereau qui surmontait la vergue et murmura :

— Le vent.

— Alors, que font-ils tous? m'écriai-je.

— La soupe.

— Et après?

— Quand elle est faite, ils la mangent.

— Et après?

— Ils balaient, ils frottent, et ils refont d'autre soupe.

En somme, des divers récits de Jean, il résultait qu'on avait eu trois morts dont un emporté par-dessus le bord et les deux autres tués par la chute du mât d'artimon. Sept matelots restaient; il y en avait trois qui avaient des blessures plus ou moins graves.

La tempête avait commencé à se calmer, la veille, un peu avant le moment où j'étais tombé, foudroyé par mon extravagant effort qui avait mis tout mon sang dans mon cerveau. Au milieu de la déroute des nuages qui fuyaient comme une immense cohue d'éléphants noirs à la croupe roussie, le grand soleil couchant s'était montré tout à coup, semblable à une gloire. Ce qui restait de l'équipage s'était réuni sur le pont où Klootz avait dit quelques mots qui étaient peut-être une prière, car il avait fait le signe de la croix, et tout le monde avait mis bonnet bas, à l'exception du matelot Abraham, gros homme crépu, qui ne ressemblait pas aux autres et qui avait tout à fait une figure de coquin.

Au lieu d'ôter son bonnet, celui-là avait haussé les épaules, Klootz et lui n'étaient pas des amis.

A cette heure-là, mijnheer Haas n'avait pas encore rendu le dernier soupir. Il demanda à boire; on lui apporta une écuellée de squidam. Quand il eut but, il prononça un petit discours qui était probablement pour recommander le nettoyage, car on se mit tout de suite à laver, frotter et balayer. En voyant cela, mijnheer Haas avait l'air content. Il exigea une autre tasse de tisane, et Klootz fut obligé d'achever le genièvre, parce que son supérieur était mort à la moitié de la lampée.

Ce devait être un bien brave Hollandais, car le tonneau de squidam pleura pour le moins une demi-douzaine de cruches autour de son décès. La nuit était venue splendide : on eût dit aussi que le ciel avait fait son nettoyage. La lune presque pleine, épandait sur la mer des brassées de diamants.

Cela n'empêchait point la gabare de fatiguer beaucoup parce que rasée qu'elle était, rien ne la défendait contre la houle. Les Hollandais tinrent conseil. A les entendre discuter lourdement, Jean pensa qu'ils étaient divisés en deux camps d'avis contraire. On but pour se mettre d'accord. Ce fut au matin seulement qu'on installa ce semblant de voile au bout d'un bâton planté dans la hune. Après quoi, on rebut.

Jean supposait qu'on ne s'inquiétait plus de la route à suivre et que le Cornil du gouvernail n'avait d'autre souci que de tenir la coque debout à la houle pour parer aux coups de mer.

Il pouvait être une heure après midi, quand je repris connaissance. Au moment où Jean achevait ses explications, la grande écoutille donna passage à la pipe de Klootz, qui se montra la première parce que son maître regardait en l'air. Ces Hollandais ont été un grand peuple, on le voit encore à l'abondance vraiment surprenante de leur consommation. Personne ne boit, ne mange ni ne fume comme eux ; ils dorment aussi mieux que les autres, et, rien qu'à les entendre ronfler, on reconnaît en eux d'anciens géants.

Ils étaient six : le crépu Abraham venait après Klootz. Ils semblaient être les personnages les plus importants depuis le décès de Mijnheer Haas.

Abraham regarda aussi en l'air ; il échangea quelques mots avec Klootz, puis il montra le haillon de voile qui battait paresseusement contre sa hampe ; deux hommes firent chacun deux pas vers le mât, mais Klootz secoua la tête et baragouina à son tour. Les deux hommes s'arrêtèrent.

Evidemment, l'un avait dit : « Faites ceci » et

l'autre : « Faites cela. » Ils prirent, tous les six, des balais et nettoyèrent. Il y avait toujours unanimité dès qu'ils s'agissait des balais.

Tout en balayant, Abraham et Klootz se mesuraient du regard. La fumée de leurs pipes allait en sens contraire.

— Avant la fin de la journée, me dit Jean, ces deux-là vont se dévorer !

— Moi, d'abord, je suis pour Klootz ! m'écriai-je.

— Et moi aussi, parbleu ! répartit Jean, je n'ai jamais rencontré de si mauvaise figure que celle de cet Abraham, et il y a des moments où il me semble que je l'ai déjà vu quelque part.

— Où ça ? A Saint-Malo ?

— Dame, puisque je n'ai jamais été ailleurs... Mais je me trompe sans doute. En tout cas, tu sais, pas de bêtises ! s'ils en viennent aux coups, faisons les morts pour manger le lard, quand ils se seront tous entre-tués.

Abraham était obstiné. Il éveilla Cornil, le timonier, en le tirant par son oreille gauche qui s'allongea comme un caoutchouc, et, sur son ordre, la roue du gouvernail fit un tour presque complet. Abraham, sans se presser, marcha vers le mât et monta tranquillement à la hune.

Tranquillement aussi, Klootz haussa les épaules et se dirigea vers Cornil. Je pense bien que mon coup de sang m'avait un peu brouillé l'intelligence, car j'étais tourmenté par une idée fixe : l'envie de savoir ce qu'était devenue l'armée des rats.

— C'est bien connu, dis-je à Jean, que ces bêtes-là trouvent toujours un endroit où se mettre à sec. Dans les histoires à papa Quimper, jamais on ne voit les rats se noyer.

— Ils sont tous sur la hune, me répondit Jean. Quand Cornil est monté ce matin, pour parer la voilette, ils se sont mis à crier comme un million d'hirondelles.

Juste à ce moment, un concert de grincements déchira l'atmosphère comme si toutes les limes de l'univers s'étaient mises à mordre des clous. Abraham gigota lourdement au haut de son échelle de corde, lançant sur le pont des choses noires à deux mains et à pleines poignées. Aussitôt tombées, ces choses se mettaient à siffler et à courir. En même temps, une torsade mouvante et grouillante s'enroula autour du tronçon du mât, et en moins d'une minute, la rapide cohue des rats, formée en ligne de retraite large et longue, traça sur le pont un ruisselant zigzag.

Ce qu'il y en avait, je n'essaierai pas de vous le dire.

Les Hollandais et les rats sont deux peuples ennemis. Il n'est pas rare de voir à bord des galiotes de Rotterdam une couple et quelquefois deux petits bouledogues ratiers ; mais au bout de quinze jours, invariablement, les ratiers disparaissent, dévorés par les rats. Ce sont de véritables héros que ces rats de hollande ; ils sont beaux, ils sont fiers, disciplinés, savants.

Chose remarquable, il n'existe pas dans les Pays-Bas une seule fabrique de ces gants, dits de suède, qui passent pour être faits avec de la peau de rat !

A la vue de l'impur régiment qui déroulait ses sections sur le tillac, la haine nationale fit explosion dans le cœur de Klootz et de ses compagnons. Ils se ruèrent en brandissant leurs balais. Cornil lui-même quitta sa roue ; il n'y eut qu'Abraham pour rester sur la hune et border la voile. Les autres se mirent en chasse ; on frappa à tour de bras, les coups de talons ferrés retentirent sur les planches, et finalement, les six hollandais, oubliant tout décorum, se jetèrent à plat ventre au plus fort de la mêlée.

Avez-vous essayé de saisir à poignée du vif-argent ? Le subtil métal vous fuit entre les doigts, éparpillant sur le tapis ses perles remuantes, et quand vous rouvrez la main, vous n'en retrouvez pas un atôme. Ainsi en fut-il pour la grande razzia tentée par l'équipage de la gabare. Toute l'armée des rats glissa saine et sauve entre les coups de balai et les ruades ; elle se replongea en bon ordre dans la grande écoutille, regagnant ses ténébreux quartiers, et il n'en resta pas un poil sur le pont.

Klootz avait des opinions fermes; il revint à la barre et défit le tour de roue qu'Abraham avait fait donner; après quoi, il monta à la hune pour rétablir sa première manœuvre.

Ces choses arrivent quand les hommes sont égaux, et le jeu peut durer longtemps.

On sort de là par la bataille ou par l'élection.

Sur un navire français, il y aurait eu déjà des tapes échangées. Ici, rien de pareil. Chacun usait de son droit absurde avec une exemplaire placidité, et la gabare s'en allait tout de même à la dérive.

— Ils ont été déjà deux fois aux voix pour élire un capitaine, me dit Jean; la première fois, chacun a eu sa voix, la seconde fois, Klootz a eu trois voix et Abraham trois, Cornil ayant continué de s'appliquer la sienne propre. Depuis ce deuxième tour, Abraham lui apporte à boire et Klootz lui sert de la soupe toutes les demi-heures pour le séduire. Je crois que nous allons revoter tout à l'heure.

Les deux concurrents, Abraham et Klootz, marchaient en effet vers Cornil. Abraham tenait à la main une chope et Klootz une écuelle. Cornil refusa l'une et l'autre. On l'avait aussi par trop séduit; il n'en pouvait plus.

— Attention! me dit Jean, ils ont vu que tu

étais ressuscité... Tiens-toi bien et n'aie pas peur : j'ai un moyen sûr de leur brûler la politesse, s'ils ne nous traitent pas à notre idée.

Il n'en put dire davantage ; Abraham et Klootz, repoussés par le trop heureux Cornil, venaient à nous. J'avoue que l'idée me monta tout de suite que l'équipage, dans l'embarras où il se trouvait, pourrait bien me choisir pour capitaine.

— Ils m'ont vu pomper! me disais-je.

Jean eut une autre pensée qu'il exprima ainsi :

— Ils sont capables de nous faire voter !

Je lui sus gré de n'avoir pas la même ambition que moi.

Klootz gardait son air bon enfant, et Abraham lui-même faisait la bouche en cœur. Ils me frappèrent ensemble, l'un sur une épaule, l'autre sur l'autre deux petits coups d'amitié qui m'engourdirent les bras jusqu'au bout des doigts, et entamèrent chacun un coassement différent. Je commençais à apprécier la langue hollandaise et, pour moi, le fond de leurs harangues pouvait se traduire ainsi : Jeune homme, j'ai vu bien des gens pomper, mais pas un qui pompât moitié aussi bien que vous !

Cette version était d'autant plus vraisemblable que le crépu dessinait réellement le geste d'un homme qui pompe à tour de bras. Pendant cela, Klootz gesticulait aussi, mais tout autrement. Il glissait l'index de la main droite sur celui de la main gauche, selon ce mouvement qui veut dire dans tous les pays civilisés « Je t'en ratisse? » ce qui ne l'empêchait pas d'enfiler aussi des *baar naar coudcre*.

Ensuite de quoi, Abraham saisit ma main droite pendant que Klootz m'empoignait la gauche, et ils tirèrent chacun de son côté. Ils m'écartelaient tout uniment : je criai dans ma détresse, en Hollandais:

— *Nomaar de Bleuaar mermichel!*

Lâchez-moi, tas de bûches!

Il me sembla qu'Abraham avait compris. Il fit une grimace qui était peut-être sa manière de rire, et me lâcha. Klootz l'imita ; un accord intervint entre eux. Au lieu de me couper en deux selon la jurisprudence de Salomon pour prendre chacun une moitié de moi, ils convinrent d'en bénéficier à tour de rôle. La suite des événements me fit comprendre clairement le sens de cette transaction.

Du reste, la grande lutte électorale prit fin par un compromis du même genre, que je recommande aux partis politiques dans les pays, malheureusement divisés d'opinion. Avec ce système tout s'arrange à l'amiable.

Il fut décidé que le crépu Abraham serait capitaine depuis le lever du soleil jusqu'à midi, heure où Klootz deviendrait souverain maître, à son tour. D'où il résulta que tout le monde fut content, puisque la moitié du temps, le navire faisait route à hue, selon les convictions de Klootz, et que le restant de la journée il allait à dia, suivant l'opinion d'Abraham.

Ceux qui voudront savoir si on avance beaucoup par ce moyen n'ont qu'à regarder autour d'eux, quelle que soit la contrée où la Providence les ait fait naître. Je ne connais, en effet, aucun coin du globe où il n'y ait à droite et à gauche du pouvoir, au moins un Abraham et un Klootz.

Mais revenons à nos affaires. Il se trouva que la pantomime de nos deux éléphants à voix de corbeau était parfaitement éloquente et sincère : Klootz et Abraham, l'un ratissant, l'autre pompant, avaient dit tous les deux la vérité ; car, en récompense de notre conduite héroïque pendant la tempête, Abraham nous mit à la pompe trois heures durant, après quoi Klootz nous donna ses légumes à éplucher, et, pour finir, à la nuit tombante, on nous remit dans notre trou.

Tel fut le vulgaire dénouement de cette journée si dramatiquement remplie.

Je ne sais pas quels rêves ambitieux Jean avait pu faire, mais j'ai confessé les miens franchement. Le fond de ma littérature, c'était l'histoire à Laurent Bruand. Désirant me montrer modeste, je n'avais pas été jusqu'à souhaiter du premier coup d'être roi ; le grade de capitaine me suffisait pour commencer.

Au lieu de cela, je me retrouvais couché dans mon poussier de charbon mouillé, auprès d'Isidore qui avait échappé par miracle aux périls de la tempête, mais qui en était resté gravement indisposé. L'odeur du malheureux animal, modifiée par sa maladie, arrivait à d'étonnants excès d'âcreté. Nous restâmes longtemps, Jean et moi, humiliés et découragés. Jean pensait comme moi à l'histoire mensongère du matelot de Saint-Jagu, à qui son bouton de culotte valut tout l'or du monde, car il dit :

— C'est la guillotine qu'il faudrait pour les fainéants qui inventent des bêtises comme ça, susceptibles de porter des enfants à quitter leurs magasins pour se plonger au sein de tous les périls !

— Peut-être que nous ne sommes pas encore assez loin de chez nous, répondis-je, pour en récolter les avantages. Qu'est-ce que ça peut être que cette côte qu'on apercevait au milieu du jour ? L'as-tu bien regardée ? Comme c'est différent de nos rivages du côté de Saint-Malo !

— La terre est grande, soupira Jean. Cette côte-là, ce soir, on ne la voyait déjà plus... Et veux-tu savoir notre histoire à nous, la vraie qui nous pend à l'oreille ? Ces bestiaux de Hollande vont se soûler jour et nuit d'affilé. Si tu crois qu'ils sont fâchés de la mort du patron Haas ou pressés de prendre terre, tu te trompes. Ils vont mener le navire loin,

loin au diable au vert, où il n'y a ni douane, ni police, ni inscription maritime, et en chemin comme la carcasse ne tient plus et que le gréement est en brindesingue, au premier gros temps, ils couleront à pic comme le boulet qu'ils voulaient te mettre à la patte.

J'avais l'habitude de contredire à tout ce qu'avançait Jean, mais ici je ne pus que murmurer :

— Ça se pourrait bien tout de même.

— Et il n'y a pas besoin de gros temps pour cela, continua Jean. Qu'il se trouve seulement une roche à fleur d'eau, ils iront dessus tout droit!

Il parla pendant plus de dix minutes sans que j'eusse la force de l'interrompre. Tous les dangers de la mer, il les énumérait avec une diabolique éloquence. J'avais le frisson à la peau, et chaque fois que le navire remuait, je m'attendais à ouïr le craquement sinistre qui précède l'agonie...

Tout à coup, je me levai tenant mon nez à poignée. Notre compagnon de chambre venait d'avoir une colique.

— Veux-tu m'aider à tuer Isidore? demandai-je à Jean.

— Pas de danger que j'y touche ! me répondit-il, on gagnerait la peste !

— Alors, dis-moi le moyen d'évasion dont tu m'as parlé tantôt, et allons-nous en.

— C'est vrai ! s'écria-t-il, je n'y pensais plus.

C'est la chaloupe, une belle chaloupe bien commode qu'ils ont retirée du pont où elle aurait été écrasée, pour la mettre à la traîne. Je sais où trouver une bonne paire d'avirons. Il ne s'agit que de voler le couteau de ce scélérat de Klootz, on se laissera glisser le long de la traîne, on coupera la ficelle et puis bonsoir !

Le voisinage d'Isidore me donnait un courage de lion.

— Je suis prêt à tenter le coup, si tu veux, et tout de suite ! m'écriai-je en essayant de fourrer mes poings dans mes narines.

Jean se leva à son tour.

— Ça va ! dit-il. Demain, quand ils ne nous trouveront plus pour pomper et ratisser les carottes, c'est eux qui chanteront Naardaar couââ, et tout le cantique des grenouilles... Mais minute ! qu'est-ce que nous ferons, quand nous serons seuls au large ?

— Eh bien ! nous ramerons...

— Dans quelle direction ?

Je restai un moment embarrassé, mais je répondis bientôt :

— Parbleu ! dans la direction de la côte que nous apercevions hier.

Jean réfléchit ; il avait, en vérité, un petit bout de bon sens.

— Voilà ce que c'est, dit-il enfin, que de n'avoir

pas été au collége. Les vieilles Luminais nous volaient nos vingt sous. A entendre causer les marins qui venaient chez veuve Hélie, je sais plus de cinq cents noms de la géographie, et des drôles ! Papeïti, Zanzibar, Monomotapa, le pic de Ténériffe et autres ; mais où ça pose, tous ces pays-là ? cherche ! Si on connaissait seulement au juste les terres qu'il y a entre Saint-Malo et l'Amérique, on pourrait appeler la côte de ce matin par son nom.

— Attends ! répliquai-je, je vas te dire : Les Terre-Neuvâs parlent toujours des Açores, et ceux qui reviennent du Brésil chantent les îles du cap Vert.

Jean secoua la tête d'un air entendu.

— C'est que, dit-il, ce n'est pas la même chose pour le commerce. Aux îles du cap Vert on vend des melons, aux Açores c'est du vin doux...

— Et qu'est-ce que cela nous fait ? m'écriai-je.

— Bon ! bon ! grommela Jean, je pense toujours à la pacotille.

— As-tu donc un moyen de la ravoir ? demandai-je.

Comme il allait me répondre, notre malheureux compagnon s'agita. Ce fut terrible. Jean lui-même poussa un pouah désespéré et me dit :

— Ce n'est pas du lard de Saint-Malo, bien sûr, ils l'avaient amené de Hollande. Montons voir à l'échelle, nous soulèverons un peu le panneau pour boire une gorgée d'air.

J'étais déjà à moitié chemin, et ce fut moi qui soulevai la trappe. Le temps était superbe ; une bouffée de brise vint juste à point pour soulager nos poumons. Mais c'est à peine si nous eûmes le temps de nous rendre compte de ce bien-être, tant le spectacle qui frappa nos yeux nous remplit de stupéfaction. On va voir ça dans le chapitre qui vient.

XI

DÉCOUVERTE D'UNE VILLE ET D'UN PHARE. — SÉRIEUX PROJETS D'ÉVASION. — CHATIMENT RÉSERVÉ AUX VOLEURS.

Ce ne serait pas la peine de prendre la plume si on n'avait à raconter des tas d'aventures surprenantes. Tout ce qui précède n'est rien auprès des événements qui vont arriver.

Il faisait nuit. La première chose qui frappa nos regards quand je soulevai le panneau, ce fut un fouillis de lumières éparpillées dans le lointain. Cela me rappelait un peu le spectacle de Saint-Servan, autrefois, les soirs où je montais à mon belvédère pour regarder la flotille de la morue. Ma première idée fut qu'il y avait là-bas, par tribord, un grand rassemblement de bateaux pêcheurs ; mais au-dessus de tout cela, une lueur rougeâtre apparut, et j'avais vu trop souvent le feu tournant du cap Fréhel, qui est à sept lieues de Saint-Malo, pour ne pas reconnaître un phare.

— Nous voilà arrivés, me dit Jean, dès que sa tête eut dépassé le panneau : allons, tant mieux ! Les Américains sont forts pour semer les phares, car rien ne leur coûte, tant l'argent est commun dans ces pays-là. Je comprends que Christophe Colomb dut être ému la première fois qu'il vit ces côtes, puisque moi je me sens tout chose à l'aspect du Nouveau-Monde... Tu sais, en perçant un trou de vrille à travers la terre entière, nous rencontrerions maintenant la *Jeune-Emilie*, où il y a des gens qui pensent à nous, bien sûr.

Je ne vais pas m'arrêter à ce que le calcul de Jean avait évidemment d'erroné, eu égard au point du globe qui représente les antipodes du Sillon de Saint-Malo ; des personnes qui s'y connaissent m'ont dit que c'était quelque part dans l'Océanie, entre la terre de Diemen et la Nouvelle-Zélande, mais ça ne fait rien.

Ce qui me mit en défiance, ce fut l'idée d'avoir fait tant de chemin en si peu de temps, et je posai plusieurs objections, mais Jean me ferma la bouche par cette réponse péremptoire :

— A quoi bon se débattre, me dit-il, puisque

nous sommes en Amérique ; il nous a bien fallu le temps de faire la traversée !

Je ne vis rien à répliquer. D'ailleurs, mon attention était éveillée par des objets moins éloignés que le phare et les illuminations qui se montraient à travers la galerie du bastingage de l'avant. Sur le navire même, à l'arrière et tout près de nous, les hommes de quart, à savoir le crépu Abraham et ses deux tenants, causaient avec Cornil le timonier. De ce qu'ils disaient, nous ne comprenions pas un mot ; mais au premier regard que nous jetâmes sur eux, Jean me pinça le bras et me dit :

— Ils complotent ! Cela augmente de beaucoup nos dangers, car il va y avoir sous peu et peut-être cette nuit même, une épouvantable boucherie à bord.

— Tant mieux ! répartis-je ; nous profiterons de leurs dissensions intestines et nous resterons les maîtres du navire.

Jean ne fut pas de mon avis.

— Quand M. Surcouf, me répondit-il, amarina le brik anglais sur les brasses du Bengale, nous étions en temps de guerre et il put ramener sa prise qui lui appartenait de droit ; mais aujourd'hui les circonstances sont bien différentes ; la France est malheureusement en paix avec les Pays-Bas.

— On se fait pirates, alors, interrompis-je. Tu es toujours embarrassé !

— Ce n'est pas un bon état, répartit Jean ; et d'ailleurs, nous ne sommes pas assez de deux pour nous faires pirates, outre que nous n'avons pas de canon, car les deux pierriers sont des baquets. Un pirate sans canon, c'est encore du propre ! Et puis, est-ce que tu aimerais massacrer des marins marchands, à la journée, toi Corentin ?

— Ma foi non, dis-je ; je ne suis pas sanguinaire... J'ai parlé sans réflexion, revenons à notre idée de prendre la chaloupe.

— Attends donc ! fit Jean. Regardons auparavant, la question à l'endroit et à l'envers... Mais où diable ces coquins-là peuvent-ils fourrer tout ce qu'ils avalent ?

En complotant, Abraham et ses affidés mangeaient et buvaient sans autre arrêt que le temps de lâcher çà et là un petit naartaar mermichel.

— Je sais bien, reprit Jean, qu'il y a un autre point de vue ; ce serait de ramener tout simplement la gabare en Hollande à ses armateurs, quand nous l'aurons prise. Mais s'ils allaient nous accuser d'avoir fait nous-mêmes la fin de l'équipage !

— Dame ! répondis-je, pour se dispenser de nous payer la récompense honnête qu'ils nous devraient, ce ne serait pas encore impossible.

— Il faut tout prévoir, pas vrai ? Je donnerais dix sous pour entendre ce qu'ils marmottent. Cornil a l'air d'avoir sommeil.

— Cornil a toujours sommeil. S'ils restent là tous les trois, ce ne sera pas facile de s'emparer de la chaloupe.

— Ils ne resteront pas là; les partisans de Klootz vont prendre le quart de nuit... Pour en revenir aux armateurs, la Hollande est tout au fond de l'Europe et, par conséquent, très-loin d'ici. Nous aurions trop de mal à manœuvrer cette carcasse rasée; mais, d'un autre côté, pour partir sans biscuit dans la chaloupe, merci! Je demande à réfléchir!

Je suppose que vous n'êtes pas sans remarquer que Jean se donnait de plus en plus avec moi des airs d'importance et qu'il tenait le haut bout de la délibération.

— Ça tombe sous le sens, répondis-je en essayant de rattraper mon rang ; je ne grille pas non plus de l'envie de mourir de faim en pleine mer.

— Toi, toi, toujours toi! fit-il en hochant la tête. On verra comment tu te patineras quand nous allons être dans le canot, obligés de ramer pendant trois ou quatre jours sans se reposer. Tâte-toi bien avant de sauter le pas; car, après, il n'y aura plus à revenir.

Je retins ma langue, mais je pensai :

— On va voir, en effet, mon cousin Piteux! nous serons seuls tous deux, et je ne suis pas embarrassé de savoir qui sera le maître.

L'affaire de la pompe m'avait mis du plomb dans

la tête, et je me croyais désormais à l'épreuve des tours de coquin.

Il y eut un mouvement à l'arrière. C'était Klootz qui venait avec les deux matelots de sa bordée, Peeters et Jansen, prendre le quart de nuit. Abraham et ses mirmidons s'en allèrent; c'est à peine si quelques *taar maar* furent échangés entre les deux factions ennemies, et un couple de *Houaa*.

— Tu vas voir, me dit Jean, que ceux-là vont retourner le navire bout pour bout!

Il parlait encore que la roue de Cornil mangea la moitié du compas, pendant que Klootz, grimpé à la hune, faisait sauter de droite à gauche l'écoute de la petite voile. Il en résulta qu'après un instant, la gabare vira péniblement lof pour lof, montrant désormais le phare et les chandelles à l'arrière par bâbord.

— Hein! fit Jean, qu'est-ce que je t'annonçais?

— Tu es un fier sorcier! répondis-je en ricanant.

Jean ne s'aperçut même pas que je me moquais de lui; il continua.

— Maintenant, ils vont dévorer la soupe comme s'ils étaient à jeun depuis quinze jours, et boire, et reboire et dormir. Convenons de nos faits; dans une demi-heure nous pouvons être en route pour cette côte où il y a tant de lumignons. Ça me donne envie, moi! La ville du monde où il y a le plus de lanternes, c'est Pékin; mais, sûrement, nous ne sommes pas encore en Chine.

J'aurais voulu riposter par quelque chose de frappant, et j'avais bien idée que la Chine ne faisait pas partie de l'Amérique, mais je n'en étais pas assez certain. Je me tus.

— Veux-tu délibérer sérieusement? me demanda Jean.

— Je t'écoute, répondis-je d'un ton rogue. Propose, je déciderai.

— Eh bien, voilà! Il faut nous dépêcher, parce que la gabare s'éloigne maintenant de la côte et que c'est autant de chemin de perdu. Heureusement qu'elle ne va pas vite. Supposons, pour prendre les choses au pire, que nous ayons des vents très-mauvais et des courants contraires, nous ne pouvons pas mettre plus de quatre jours à gagner la côte...

— Quatre jours! m'écriai-je, nous sommes tout près de terre, et je me charge d'y aborder en deux heures!

— Ta ta ta ta! je ne me risque pas à moins d'avoir du biscuit et de la viande pour quatre jours, c'est réglé. D'abord si nous tombions sur un rivage désert...

— Et qui donc aurait allumé tous ces lampions! demandai-je.

— Ça peut être, me répondit-il, des feux follets

ou des vers luisants plus conséquents que ceux de l'ancien monde.

— Et le phare?

— Ça peut être un volcan qui travaille. Dans des pays pareils, on ne sait jamais au juste.

Je ne l'aurais pas cru si vert à la réplique.

— Dame! fis-je, tu m'en diras tant... mais comment faire pour avoir du pain et de la viande pour quatre jours?

— Et de l'eau, c'est le principal.

— Et du squidam...

— Un petit peu, mais pas beaucoup, parce que tu es porté sur ton bec.

— Je te conseille de parler! mais enfin comment faire?

— Le geniòvre est ici, en bas...

Je ne le laissai pas achever.

— Rien qu'à penser à notre trou d'en bas, m'écriai-je, j'aimerais mieux m'embarquer sans rien! Isidore est enragé, maintenant! Écoute, plutôt!

La pauvre bête, en effet, devait avoir le délire, car elle menait un tapage infernal. Jean continua :

— Pendant que tu étais évanoui, hier, et que les autres ronflaient, j'ai rôdé pas mal ici et là dans le navire. Personne ne me gênait. Je sais où ils mettent toutes leurs affaires. Le Cornil dort déjà, vois plutôt! Dès que les trois autres sacs à nourriture vont être assoupis, nous sortirons sur le pont que nous traverserons bien doucement pour gagner le grand panneau, et je te conduirai au biscuit.

— Bon ! Et toi tu iras à la viande ?

— Non, ce sera encore toi. Il y a un carré de bœuf de Hambourg qui flaire comme baume et un jambon fumé... un amour ! Ça nous suffira.

Dire que le jambon et le bœuf n'éveillaient pas en moi des idées de concupiscence, ce serait mentir, et pourtant je demandai.

— Pourquoi est-ce à moi d'emporter tout cela ?

— Parce que je serai chargé d'autres choses.

— De quoi ?

— De l'eau d'abord. Sur mer comme dans les déserts de l'Arabie, c'est le tourment de la soif qui est le plus dur à supporter. Ensuite la pacotille que j'avais ôté d'autour de moi pendant que j'avais le mal de mer dans le riz, m'étouffait, j'ai été la rechercher hier, je l'ai trouvée, et, comme feu mijnheer Haas n'a plus besoin de son coffre, je l'ai mise dedans... Ah ! il y a fameusement de bonnes machines dans le coffre de mijnheer Haas !

Il s'arrêta. Sa voix était toute changée.

— Y a-t-il de l'argent ? demandai je.

— Pas mal... et mijnheer Haas n'en a plus besoin, pour sûr, au fond de l'eau.

C'était une occasion de ressaisir ma supériorité.

— Tu sauras, dis-je avec chaleur, que si tu volais

seulement un liard coupé en quatre, je te renierais pour mon cousin ! Ah ! mais !

Jean me répondit paisiblement :

— De voler, ça ne me va pas plus qu'à toi, c'est péché ; et puis la gendarmerie vous pince un jour ou l'autre par suite du doigt de Dieu ; mais tu sais bien que dans les histoires de papa Quimper ce n'était jamais voler que de chiper du tabac, de la liqueur ou n'importe quoi qui appartient aux Anglais ou aux commissaires.

— Parbleu ! fis-je, tout le monde connaît ça.

— J'ai donc mis de côté, continua Jean, auprès de la pacotille, les boucles d'oreilles de mijnheer Haas, son briquet, sa *blague*, en cuivre mirodé, et tous les boutons de sa veste, et encore six bouteilles dorées où il y a de l'anisette.

— Gourmand !

— Pas pour la boire : c'est pour séduire les naturels.

— Quels naturels?

— Ceux de ce pays, là-bas, où sont les lanternes, et même ceux qui habitent dans les déserts des alentours. Fais bien attention que je suis deux fois plus honnête que toi. Prendre de l'argent, jamais ! autrement que par le commerce ou la guerre. Eh bien, ici, on est à la guerre. Veux-tu comprendre à la fin, qu'avec tout ce butin-là qui nous appartient légitimement, j'en aurai assez à porter pour ma part et même tu prendras encore l'eau, avec le biscuit et la viande... Tiens ! voilà Isidore qui ne bouge plus, en bas, mais il sent encore.

C'était vrai. Notre malheureux et trop odorant compagnon avait cessé de souffrir. Il n'eut pas d'autre oraison funèbre.

Jean continua, saisi par cette fièvre qui le prenait chaque fois qu'il était question de la pacotille :

— Je suppose que la ville où sont les chandelles soit civilisée et qu'on y connaisse la mercerie, ça ne m'embarrassera pas, au contraire, je ferai la place, c'est mon talent. J'irai dans les maisons, je dirai qu'on n'a jamais vu des aiguilles pareilles, ni du fil qui vaille la centième partie du nôtre, étant de Saint-Malo... et d'ailleurs, on sort de la ville, parbleu ! si elle est trop futée, on va à la campagne et on marche jusqu'à ce qu'on trouve les naturels, les vrais, tatoués, simples et sans artifice ; on les rassemble, dans une clairière de la forêt vierge, on leur fait comprendre, par signes, l'utilité de la mercerie, et s'ils ne veulent entendre à rien on les chatouille avec de l'anisette. Pour une aiguille, la première sauvagesse venue te flanque une perle fine dont elle ne soupçonne pas la valeur ; pour un bout de fil, plein le creux de ta main de poudre d'or : tu penses si cela monte vite ! Dès qu'on est assez à son aise pour acheter un cheval ou un chameau, on commence à accepter les dents d'éléphant, les peaux de tigre et la cannelle, à la suite de quoi on se procure des esclaves pour faire le gros ouvrage et combattre les serpents...

— Oui, dis-je, mais si les serpents viennent avant qu'on ait les esclaves?

— On apprend l'art de les charmer, répliqua Jean, ou bien on les endort par la fumée des plantes narcotiques très-abondantes dans la contrée. Dépêchons-nous de partir : nous voguons vers le pays de l'or et des richesses et nous nous retirons après fortune faite, pour revenir à Saint-Malo épouser Fanchette...

Figurez-vous bien que c'était juste mon idée ! Je serrai vigoureusement la main de Jean et je lui dis :

— C'est cela ; tu seras garçon d'honneur à mes noces, si je suis content de toi.

Il se mit à ricaner d'une façon qui ne me plut pas, mais il ne répondit rien. Comment expliquer cela? Mon mépris pour lui ne diminuait point, et la bonne opinion que j'avais de moi-même restait intacte ; mais le sentiment de mon immense supériorité sur lui branlait un peu dans le manche. Je me souviens que je pensais : « Le mâtin est rusé ! Il faudra ouvrir l'œil, et je serai peut-être obligé de le noyer, par prudence... Espérons que non. Du moins, j'attendrai à la dernière extrémité. »

Comme la veille, le clair de lune était magnifique quoiqu'une brume basse commençât à s'étendre sur l'eau dont elle semblait calmer peu à peu les vastes balancements. Cornil le timonier dormait, serrant dans ses bras les montants de sa roue : tout près de lui, Peeters et Jansen, las d'avaler, s'étaient assoupis, la tête sur leurs genoux, ayant entre eux la gamelle vide. Un peu en avant, Klootz, étendu sur le dos tout de son long, ronflait à grand bruit. On voyait tout cela comme en plein jour, de l'endroit où nous étions, toujours en haut de notre échelle et regardant par l'entre-bâillement du panneau.

— Avec d'autres, cette lune-là serait bien mal commode, fit observer Jean ; mais ceux-là un coup de canon ne les éveillerait pas. Tire tout de même tes souliers et ne faisons pas de bruit.

Il me donna l'exemple en se déchaussant, mais ce fut moi qui me glissai le premier sur le pont par la trappe à demi-soulevée ; j'étais bien aise de prendre ainsi la tête de l'expédition, cela convenait à mon rang. Tout d'abord, nous nous assurâmes que nos quatre tyrans étaient bien et dûment passés à l'état de souches, puis Jean se mit à ramper vers la grande écoutille où il me fit descendre, toujours le premier. J'étais le maître à la condition de faire ce qu'il voulait. Et en somme il n'en pouvait guère être autrement, puisque lui seul savait à peu près son chemin.

Grâce à lui, j'eus le jambon, la pièce de bœuf et le biscuit. Plus la dame-jeanne pleine d'eau.

— Je t'aiderai, me dit-il, quand j'aurai mes affaires. Reste là, je vais revenir.

Il me quitta en bas de la grande échelle, tout près de la soute au riz où nous nous étions d'abord réfugiés, lors de notre arrivée, pour nous cacher dans le prétendu sel, destiné aux morues que devait pêcher la *Marie-Pauline*.

Que d'événements depuis ce soir-là!

D'où j'étais, j'entendais ronfler, non loin de moi, Abraham et sa bordée. Il me semblait qu'Abraham ne tonnait pas si dur que les deux autres, mais quant à ceux-là, quels canons! Bien sûr qu'il y a quelque chose à l'intérieur des narines hollandaises pour leur communiquer cette sonorité inconnue aux trompes des autres pachydermes. A part cette musique, on n'entendait d'autre bruit que les craquements de la coque, qui semblait geindre encore, toute courbaturée qu'elle était par la tempête.

L'absence de Jean fut très-longue à mon gré. Quand il reparut enfin, sortant de la cabine de feu mijnheer Haas, il pliait positivement sous le poids de son butin.

— Que diable nous apportes-tu là? m'écriai-je.

— Tais-toi, répondit-il, le meilleur est resté! Ah! si nous avions nos esclaves noirs et notre chameau!

Je ne voudrais pas dire que la morale de Saint-Malo soit différente des autres morales, mais nous sortions, Jean et moi, de la maison veuve Hélie, père, fils, neveu et compagnie, qui avait une manière à elle de comprendre la probité ; je l'ai déjà suffisamment spécifié. Ensuite, comme Jean me le dit avec raison, nous avions travaillé à la pompe et épluché des carottes, ce pour quoi nous méritions un salaire. Qu'en pensez-vous ? Peut-être, d'ailleurs, mijnheer Haas n'avait-il point d'héritier, et quand les prisonniers de guerre s'échappent des griffes de leurs oppresseurs, il leur est bien permis d'emporter des souvenirs.

Outre les six bouteilles dorées et les petits meubles à l'usage particulier du défunt, Jean s'était chargé de vêtements, de couvertures, de linge, de casquettes, et deux grosses paires de bottes lui pendaient au cou.

— Tout ça peut nous être bien utile dans nos expéditions à travers les forêts impénétrables, me dit-il, et si tu savais tout ce que j'ai été obligé de laisser !

Il en avait la larme à l'œil.

— Prends-moi une paire de bottes, ajouta-t-il. On peut trouver des Caciques qui payeraient ça au poids des pierres précieuses.

— Mais malheureux, objectai-je, s'il faut nous affaler le long de l'amarre pour embarquer dans la chaloupe, comment veux-tu ?...

Il m'interrompit, disant :

— Bah! bah! emportons toujours! S'il le faut, on fera plusieurs voyages.

Quand nous arrivâmes sur le pont, le niveau de la brume avait monté notablement. On n'apercevait plus ni le phare, ni les lumières de la côte, Jean ne put pas se frotter les mains, car il les avait pleines, mais il dit joyeusement :

— Hé! Corentin, est-ce de la chance? ce brouillard-là vient à point pour nous couvrir... Scélérate d'anisette! fait-elle du bruit!

Il s'était arrimé les six bouteilles dorées autour du cou, et à chaque mouvement qu'il essayait, elles se choquaient comme des castagnettes, je lui conseillai de les laisser dans un coin.

— Laisser! laisser! gronda-t-il; et si le roi aime justement le doux!

Nous allâmes, chargés tous les deux comme des mulets, dans la direction de l'arrière. La brume s'épaississait avec une rapidité extraordinaire. Au bout de dix pas, nous ne voyons plus où nous mettions les pieds. Cela n'empêchait pas Jean d'accrocher tout autour de mes épaules les objets dont il jugeait bon de se débarrasser. Je ressemblais à un portemanteau.

— Tâte voir si tu trouves le panneau de notre ancien trou, me dit-il, ça nous indiquera notre route.

Je tâtai, mais je ne trouvai rien. Heureusement une de ces explosions qui coupent le sommeil des ronfleurs se fit entendre derrière nous ; sans cela nous nous égarions vers l'avant.

— C'est Klootz ! dis-je, et j'ai bien peur qu'il ne soit réveillé du coup !

— Tiens-toi coi, répliqua Jean. Attendons un peu ; ce n'est pas le temps qui nous manque jusqu'à demain matin.

Au bout d'une demi-minute, Klootz ronflait de nouveau à grand orchestre. Nous nous orientâmes au moyen de ce bruit qui rompait seul le grand silence, car le brouillard avait passé comme un rouleau, sur la mer qui était maintenant immobile.

Pendant que nous attendions, Jean me dit, et sa voix était fort altérée :

— Nous ne serons pas à notre aise dans la chaloupe au milieu de cette brume où l'on n'y voit goutte.

— Bah ! au petit bonheur, comme dit maman !

Jean ne répondit pas, mais je l'entendais qui grommelait :

— Quand on est comme ça une fois dans les aventures, on ne sait plus. Il y a des moments où Saint-Malo me semble là derrière nous, loin comme de la buvette à la tour Solidor ; et dans d'autres moments je jugerais que nous sommes partis depuis plus d'un mois, peut-être deux. C'est comme le phare et les lumières de la côte : es-tu bien sûr d'avoir vu tout ça, toi?

— Ah! par exemple... commençai-je.

— Bon, bon! tu vas me dire qu'avant le brouillard, ces choses-là étaient devant nos yeux. Eh bien! moi, je me demande si j'ai vu ou si je n'ai pas vu. Dans les aventures, il y a un tas de chimères et d'attrapes. Avance un peu, ils dorment.

Je ne m'attendais pas à cette vaillante conclusion. J'aurais été bien aise de la reculade de Jean qui m'aurait permis de vanter ma propre bravoure, tout en restant sur la gabare où je me trouvais étonnamment bien pour le moment, depuis la venue du brouillard. Cette expédition dans la chaloupe ne me promettait rien de bon.

— Alors, tu es décidé? fis-je.

— Et toi?

— Moi, rien ne m'arrête jamais!

Il eut son ricanement hostile, et dit :

— En route!

Pour garder mon rang, je marchai le premier et même je sifflotai un petit air de chez nous : mais le diable n'y perdait rien. La musique nasale de Klootz suffisait parfaitement à nous guider. Nous prîmes à droite de lui pour gagner le plat-bord que nous suivîmes jusqu'à l'arrière. Là, nous étions tout près des quatre dormeurs, et il y eut un moment où je distinguai la figure du Cornil qui avait l'air d'un géant assoupi dans le brouillard.

— Trouves-tu l'amarre de la chaloupe? me demanda tout bas Jean qui me suivait en rampant et dont les dents claquaient.

— Je l'ai dans la main, répondis-je.

Cette amarre était nouée tout uniment à la galerie, parce qu'on avait enlevé l'anneau où œillet de traîne en réparant le gouvernail. Jean me rejoignit :

— C'est drôle comme la mer est morte, dit-il ; est-ce bon signe, ça?

— La voudrais-tu enragée? ripostai-je ; tu ferais mieux d'avouer tout de suite que tu as peur dans tes chausses!

— Qui est-ce qui te dit le contraire? fit-il en se dressant auprès de moi tout frissonnant. Chacun est brave à sa façon, pas vrai? Moi j'ai la colique, mais ça ne m'empêche pas d'aller. Je connais des fanfarons qui chantent comme des coqs, mais qui restent en route... Hale sur l'amarre.

A mon premier effort, la chaloupe vint comme si elle eût glissé sur de l'huile. C'est à peine si la gabare elle-même bougeait, car il n'y avait pas un souffle d'air dans le temps.

— Bon signe ou non, reprit Jean, ça va être commode pour embarquer la cargaison ; en plus, la gabare ne pourra pas nous poursuivre, puisque nous aurons des rames et qu'elle n'a pas de vent.

— Tu sais bien, dis-je pour lui faire pièce, que c'est toujours ainsi avant les tempêtes.

— Nous en avons une sur la planche, de tempête; on n'en voit pas souvent deux pareilles se suivre à la queue leuleu. Donne l'amarre.

Je lui tendis la corde, et, quand il l'eut en main, il recula de deux ou trois pas le long de la balustre, pour amener la chaloupe bord à bord.

— Là! fit-il. Est-elle obéissante! elle se colle contre le flanc comme un petit veau qui veut téter sa maman. Seulement on ne la distingue pas bien; laisse tomber un bout de quelque chose bien doucement pour qu'on soit sûr de ne pas jeter nos affaires à la mer en croyant les embarquer; ça serait dommage.

Je pris au hasard un gilet de mijnheer Haas que Jean m'avait jeté sur l'épaule avec une multitude d'autres nippes (et si vous saviez comme tout cela sentait bon le genièvre et la pipe!) je me penchai hors de la galerie et je lâchai à pic. Nous entendîmes parfaitement l'objet qui tombait au fond de la chaloupe. Jean ne put retenir une exclamation de triomphe.

— Va bien! dit-il. D'ailleurs, l'idée est de moi, et mes idées sont toujours bonnes. On va réussir.

Avais-je conscience de la folie de notre entreprise, ou bien était-ce tout uniment parce que la pensée première de cette fuite appartenait en effet, au cousin Piteux? Je ne sais trop, mais je n'y allais pas de bon cœur.

— Au commencement, dis-je, ça va toujours comme sur des roulettes, c'est la suite qu'il faut voir.

J'entendis tomber un second paquet au fond de la barque; c'était une paire de culottes à l'infortuné mijnheer Haas.

— Tu la verras, la suite, repartit Jean, à moins que tu n'aimes mieux rester avec feu Isidore, je m'en irai bien tout seul.

L'envie de lui flanquer une mère-volée me talonna d'autant plus vivement que notre bataille aurait éveillé Klootz et mis du même coup ce satané voyage dans le sac aux oublis, mais je me bornai à dire :

— D'aller la nuit sur l'eau dans une coque de noix avec du bien volé, penses-tu que ça doit porter bonheur?

Jean tenait le nor-ouâs de mijnheer Haas suspendu au-dessus du vide; au moment même où il le lâchait, il le rattrapa par la manche et resta tout pensif. Mais un instant après le nor-ouâs tomba à son tour au fond de la barque et Jean me dit avec gravité :

— A quoi que sa garde-robe pourrait lui servir au paradis ou dans l'enfer? Ce n'est pas voler, puisque je jure ma parole sacrée d'aller en Hollande plus tard, tout exprès, et de chercher les héritiers, et de leur donner quatre fois la valeur de tout, quand j'aurai fait fortune.,.

— Et si tu ne fais pas fortune?.

Le ton de Jean devint pleurard.

— Tu es une racaille, me dit-il, tu veux me dégoûter de mon idée!

Il s'assit par terre et se bouchonna les yeux avec ses poings fermés en continuant.

— De voler, ça ne m'irait pas du tout. Il n'y a pas plus honnête que moi. Voyons! descends dans la barque et rapporte toutes les guenilles, nous partirons nus comme des vers. C'est bête, mais j'aime mieux n'avoir rien avec moi que d'être au milieu de l'eau, dans ce brouillard, avec la crainte que le bon Dieu ne serait pas content de ma conscience.

— Et une fois chez les naturels, dis-je, tu n'auras pas la moindre des choses à leur donner pour sauver ta vie! D'ailleurs, c'est déjà voler que d'emmener la chaloupe qui vaut bien deux cents francs.

— Tiens! fit-il en se relevant, penses-tu qu'on pourra la vendre!

Cela mit fin à ses incertitudes, et les nippes recommencèrent à tomber dans le bateau, qui ne bougeait pas plus qu'une charrette qu'on aurait arrêtée sous la fenêtre pour déménager un premier étage.

— M. Surcouf ne bavardait pas tant, poursuivit

Jean, qui s'échauffait à la besogne, et il en a rapporté des tas de marchandises! Ose donc dire que c'était un voleur! Tiens! Et tiens! Pouf! Je lance d'abord les choses molles qui ne mènent pas de bruit en tombant : pouf! ça fait un lit pour le reste... Tiens! voilà une paire de bottes, on ne l'a seulement pas entendue, à cause des paletots et du linge. Voilà le jambon, voilà le bœuf...

— As-tu jeté la pacotille?

— Ça, c'est à nous! me répondit-il avec emphase, ça ne me quitte pas, je me la cacherais plutôt entre cuir et chair!

Il ne restait plus à embarquer que les bouteilles dorées et la dame-Jeanne qui contenait notre eau. Rien de tout cela ne pouvait être lancé par-dessus bord.

— Tirons au doigt mouillé à qui descendra le premier, proposa Jean. Celui qui restera affalera le liquide avec une ficelle, et l'autre le recevra.

Il y avait du temps déjà que je n'avais songé aux dormeurs. Au moment où j'allais généreusement m'offrir pour tenter le premier la descente, l'idée d'écouter me vint.

— Méfiance, dis-je en serrant le bras de Jean, qui frissonna aussitôt de la tête aux pieds, on n'entend plus Klootz ronfler.

C'était vrai.

Ni Klootz ni les autres.

Nous étions environnés par un silence morne qui me glaça. Je regardai du côté où devaient être nos Hollandais; à deux pouces de mes yeux un mur grisâtre se dressait. Ce n'était pas l'obscurité; au contraire, la lumière de la lune blanchissait le brouillard en le pénétrant, et il semblait que nous fussions au centre d'un globe en verre dépoli, tout brillant de clarté.

— Il ne faut faire ni une ni deux, dis-je très-bas. Descendons, coupons la corde et en route!

Jean me répondit par cette gémissante interrogation :

— Et les avirons?

Nous avions oublié les avirons!

— Où sont-ils? dis-je, j'irai les chercher.

— On marche! balbutia Jean qui ne tenait plus sur ses jambes, je suis sûr qu'on marche derrière le brouillard... Les avirons sont de l'autre côté de l'habitacle, mais tu n'auras pas le temps.

La terreur le rendait fou; il enjamba la balustrade pendant que je prenais mon élan pour courir aux rames.

Juste à ce moment, une ombre qui nous parut gigantesque passa entre nous deux et franchit le plat bord.

En même temps, une main également monstrueuse me saisit aux cheveux, et Jean, terrassé, roula sur le pont à mes pieds en gémissant :

— C'est péché de voler, et Dieu nous punit. Je ne le ferai plus, parole sacrée!

VII

D'UN COMBAT NAVAL ET DE NOTRE ABANDON SUR UN ÉCUEIL AU SEIN DES MERS

Ces diables de gros hommes faisaient encore les choses assez lestement, quand il le fallait. Peeters, l'ombre qui avait passé entre Jean et moi, ne fut pas plus d'une minute dans la chaloupe où il était descendu à l'aide de l'amarre, et il revint chargé de tout notre butin qui forma bientôt un tas considérable sur le pont. Pendant cela, Klootz, Jansen et Cornil avaient allumé deux lanternes qui éclairaient, au milieu du brouillard épais comme une ouate, une circonférence de cinq ou six pieds de diamètre.

J'ai envie de rire à présent en pensant à la figure de Jean Piteux mise en lumière subitement par les lanternes, mais Dieu sait que j'étais aussi en peine que lui. J'avais le cœur plus gros que tout le reste de mon corps.

Je dois dire pourtant que je ne larmoyai pas lâchement devant tout le monde comme ce pauvre Jean qui s'était relevé sur ses genoux pour défiler, les mains jointes, le chapelet de ses excuses et de ses lamentations.

Vous souvenez-vous des *principes* de maman Quimper? Le troisième était : « Pleurer derrière la porte et rire à la fenêtre. »

— Les gens ne vous donnent jamais que ce qu'on a déjà, ajoutait-elle, du deuil s'ils vous voient triste, du plaisir s'ils vous sentent joyeux.

Ce n'est pas chrétien, mais c'est vrai. Elle en savait plus long que les philosophes, et j'étais bon, à tout le moins, pour lui obéir en ceci, car le *principe* était, au fond de moi, bien enveloppé dans mon orgueil.

Entouré de nos quatre bourreaux, auxquels vint bientôt se joindre le reste de l'équipage, réveillé pour la circonstance, je gardai la tête haute, je parvins même à sourire, et j'avais mes mains dans mes poches comme un forban fini !

Et pourtant, à l'heure où j'écris cela, j'ai encore un frisson qui me prend aux jarrets pour monter tout le long de mon dos. L'idée m'était venue qu'on allait nous pendre, non pas à la grande vergue qui n'était plus là, mais à la galerie de la hune dont il restait quelques chicots, bien commodes pour la chose.

Cela se passait ainsi dans toutes les histoires de papa Quimper. Il y avait aussi la *cale sèche*, où l'on met les voleurs dans un sac pour les précipiter du haut des mâts sur le pont.

Jean suggérait, il est vrai, une troisième manière en criant dans le délire de sa terreur :

— Ne nous noyez pas, mes bons chrétiens, mettez-nous seulement aux fers pour le restant de nos jours !

Je ne sais pas si vous vous figurez bien la scène : les deux lanternes étaient sur le plancher, inondant de leurs rayons Jean, la misérable créature qui se tordait sous les regards de ses juges silencieux. D'un côté, la silhouette du crépu Abraham sortait à demi de la nuit grise, et je ne saurais vous dire combien le visage de ce gredin-là me semblait féroce ; de l'autre côté, symétriquement, mijnheer Klootz apparaissait avec sa large face huileuse, et un rayon égaré faisait briller la lame de son grand couteau.

C'était sinistre.

Entre deux on voyait émerger mystérieusement des trognes d'un rouge bleuâtre appartenant à Cornil, à Peeters, à Jansen, etc., et le dirai-je ? un instant je crus apercevoir à travers la brume cotonneuse, le spectre vengeur de mijnheer Haas dont le nez avait pâli par suite de son décès et qui venait redemander ses culottes !

J'oublie une chose dans cette description d'ailleurs exacte : c'est le monceau de nos larcins qui, jetés pêle-mêle derrière le lamentable Jean, formaient un entassement vraiment monstrueux. Je me demande encore comment nous avions pu porter tout cela. Il y avait un paquet de toile goudronnée, gros comme un homme, à lui tout seul. Jean me dit plus tard qu'il en comptait fabriquer des parasols et des crinolines pour les dames des caciques. C'était sur le tas de butin que les regards de l'équipage restaient fixés avec un étonnement qui approchait de l'admiration. Abraham prit le premier la parole à peu près en ces termes :

— *Quouaa, Naar, daar mermichel!*

Et il tapa sur le paquet de toile goudronnée.

— *Quoudcre!* répartit aussitôt Klootz en déployant le nor-ouas du défunt patron.

Et tout le monde se mit à coasser gravement de longues séries d'accents circonflexes.

En même temps, les uns soulevaient les paires de bottes monumentales, les chemises, les caleçons, toute la dépouille enfin, de celui qui avait été, après Dieu, le maître de la gabare.

Jean, qui comprenait très-bien qu'on nous jugeait, plaidait à sa manière, disant que nous étions des jeunes gens de famille et que, habitués dès l'enfance à une vie délicate, nous n'avions pu supporter l'odeur de notre trou. Il jurait que son pillage était un pur et simple emprunt. Il citait les noms des premiers négociants de Saint-Malo en affirmant qu'il était leur neveu à tous. Il promettait des sommes folles pour avoir seulement la vie sauve, sans réfléchir que le tribunal ne comprenait pas un mot à ce qu'il chantait.

Moi, je ne lâchai qu'une parole, et elle était adressée à Jean.

— Imbécile, lui dis-je, où est ta finasserie ? te vanteras-tu encore d'être le plus malin ? Toutes tes bassesses ignobles ne t'empêcheront pas d'être pendu.

— Savoir ! fit-il avec un sang-froid subit, qui me donna à réfléchir.

Et en effet il me sembla retrouver dans les lourds vagissements de nos juges, les noms des négociants de Saint-Malo, défigurés par leur prononciation.

Je n'ai rien contre la langue hollandaise ; mais le brigadier de maman Quimper disait que dans l'Inde on apprend aux hippopotames à parler et qu'aussitôt éduquées, ces bêtes-là se mettent à baragouiner le hollandais, tout naturellement, comme les perroquets bavardent le français sans culture.

Cependant, l'indignation de l'équipage grandissait au lieu de se calmer, parce que mijnheer Abraham avait parlé après Jean. Celui-là n'avait pas le même accent que les autres et il nous regardait d'un plus mauvais œil. Quand nos juges découvrirent le jambon sous les nippes, il y eut un long cri de réprobation.

Mais aussi quel jambon ! on aurait dit une cuisse de mijnheer Klootz ! le carré de bœuf excita aussi un fort scandale, mais ce qui mit le comble à la colère unanime ce furent les bouteilles dorées.

A cette vue, les figures s'allumèrent comme si l'huile de baleine qui les oignait eût pris feu. Le verdict était prononcé dans toutes ces consciences, amies de l'anisette fine.

Nous vîmes le tribunal se consulter pour la forme, puis, instantanément, les supplications de Jean furent coupées tout net par une gifle... était-ce une gifle ? un coup de gigot de mouton plutôt, car la main de cet Abraham valait cela. Gifle ou non, cette mémorable tape faucha mon malheureux compagnon évanoui à mes pieds. Je n'eus pas le loisir de le plaindre : le pied de Klootz, qui avait deux fois le poids de la main d'Abraham, m'atteignit à l'endroit favorable, m'enleva de terre comme une plume et, pareil à un projectile mis en mouvement par une puissante machine, je plongeai dans le brouillard pour aller tomber à l'autre bout du navire.

Tel fut notre châtiment, paternel, mais foudroyant. Maman n'aurait pas mieux fait.

De ce qui suivit, je ne peux rien dire, car ce coup de massue, quoique m'ayant atteint assez loin de la tête, m'avait étourdi complétement. Je suppose qu'on nous reporta dans notre trou. Du moins après un espace de temps dont je ne saurais déterminer la longueur, nous nous retrouvâmes, Jean et moi, couchés côte à côte, dans le poussier d'où nous étions partis la nuit précédente.

Nous nous éveillâmes presque en même temps. Deux causes pouvaient avoir produit ce résultat.

Voici la première : vous savez qu'on fait respirer, aux gens qui ont perdu momentanément le sentiment, des flacons renfermant des odeurs violentes et subtiles. Ici, c'était le trou lui-même qui était le flacon, malheureusement très-bien bouché par le panneau de l'écoutille. Il renfermait le plus horrible de tous les parfums : le défunt Isidore.

La seconde cause était d'une tout autre nature et va, je le pense bien, vous étonner. Ce n'était rien moins que le fracas d'un combat naval qui se livrait tout auprès de nous. Les coups de canon, et c'étaient des canons de redoutable calibre, retentissant à intervalles presque égaux, apportaient jusqu'au fond de notre prison les roulements de leurs échos prolongés comme des coups de tonnerre.

Ce menaçant tapage nous empêcha d'abord de remarquer la cruelle odeur que nous connaissions si bien, et Jean commença par se boucher les deux oreilles.

— Est-ce que tu ne sens pas, demandai-je en homme d'imagination que j'ai toujours été, le choc des boulets qui entrent dans le navire ?

— Quels boulets? fit Jean.

Il ne s'était pas encore rendu compte de la nature du bruit qui l'effrayait, mais à ce moment un coup de canon retentit si près de nous que notre fond de cale trembla.

— Est-ce que nous allons sauter? murmura-t-il d'une voix déjà étranglée.

— Ça se pourrait très-bien répondis-je fièrement, si on tire à boulets rouges et qu'il en arrive un par hasard dans notre soute aux poudres.

Jean répéta tout ahuri:

— A boulets rouges! et nous avons donc une soute aux poudres!

— La Sainte-Barbe, tu sais bien, répliquai-je. As-tu vu jamais une histoire de papa Quimper sans Sainte-Barbe?

Autre coup de canon.

— Et ça pourrait passer par ici? balbutia Jean.

— Parbleu! ça passe partout: les boulets enfilent quelquefois le navire de bout en bout.

— Mais pourquoi nous battons-nous?

— Va le demander à mijnheer Abraham!

A ce nom, Jean porta ses deux mains à ses joues, et poussa un gémissement.

— Ah! dit-il, celui-là, je suis bien sûr de l'avoir vu ailleurs qu'ici. L'animal m'a démis la mâchoire, mais je lui rendrai ça dès que je serai grand. Je ne veux pas qu'on me tape, moi!

Troisième coup de canon, mais celui-là, à ma grande surprise, laissa Jean parfaitement tranquille.

— Tiens, lui dis-je, voici la mousqueterie maintenant!

Nous entendîmes, en effet, un feu de peloton qui dura bien trois minutes.

— Bah! fit Jean, c'est loin, et d'ailleurs nous n'y pouvons rien, n'est-ce pas? As-tu mal aussi toi?

Je tâtai la partie de mon corps offensée par le coup de pieds de Klootz, c'était meurtri à fond; mais je haussai les épaules en répondant :

— Ce n'est rien du tout.

— Tant mieux! Je t'ai cru en miettes!

— Tu n'étais donc pas encore évanoui tout à fait?

— Ah! mais non! Je faisais le mort, crainte que l'Abraham ne recommence, mais j'étais tombé auprès du tas, et j'y ai repris pas mal de petites choses.

— Tu es donc un voleur, décidément, Jean Piteux?

— Voleur toi-même! Et tu sauras que je ne veux plus être insolenté par toi. J'ai pensé à tout ça, depuis tantôt. Tu ne m'as pas bien secondé. Si tu avais été prendre les environs d'avance, nous serions maintenant dans la forêt de cocotiers à voir les singes sauter de branche en branche, et peut-être que nous aurions trouvé déjà un ruisseau qui roule des paillettes d'or, mais ce n'est pas la peine de nous disputer. Si c'est un péché que j'ai commis en prenant ci et ça, je le saurai quand j'irai à confesse et j'expliquerai que ces Hollandais étaient un ramassis de pillards et de faignants qui buvaient le genièvre des armateurs...

— Quels armateurs?

— Les armateurs de la gabare donc! J'ai même idée que l'équipage ne retournera jamais en Hollande et qu'il va se faire écumeur de mer. Les pirates, c'est des ennemis comme les Anglais; tant plus qu'on tire d'eux, tant mieux ça vaut. Papa Quimper l'a toujours dit. J'ai été bête d'avoir des remords... Qu'est-ce que tu as donc à geindre, toi? As-tu reçu un boulet dans l'œil?

Il faut vous dire que le canon continuait de tonner régulièrement, coupé par des feux de mousqueterie très-bien nourris. Les fracas du combat ne se rapprochaient, du reste, ni ne s'éloignaient, et il y avait quelque chose d'encore plus singulier que tout cela: le navire ne bougeait plus: tangage, roulis, tout avait cessé comme si, pendant que nous dormions, on avait remis la gabare sur chantier.

Peut-être avez-vous subi ce sentiment, pénible entre tous, qu'on éprouve à voir un subalterne lever le pied pour vous le mettre sur la tête. Le ton de supériorité impertinente que Jean prenait décidément m'exaspérait à tel point que tout le reste disparaissait pour moi. Non-seulement Jean Piteux, mon esclave d'autrefois, manifestait avec franchise la prétention d'être mon égal, mais il me parlait en raillant et de haut comme s'il eût été déjà mon maître.

— Je n'ai pas reçu de boulet dans l'œil, répliquai-je en tâchant de garder un calme rempli de dignité, et les dangers qui nous entourent ne sont pas capables de m'arracher une plainte. Tout à l'heure, en face de nos ennemis, tu rampais, et moi, je me tenais droit comme un homme...

— Bien! bien! fit Jean, ne vas-tu pas te monter? Tu sais comme je t'ai soigné quand tu étais malade sur le pont, après la tempête? Ma parole, je t'aime tout plein et tu serais bien nigaud si tu te fâchais de mon boulet dans l'œil. Je suis un petit peu gêné par feu notre camarade Isidore, et ça m'agace les nerfs. Ne fais pas attention.

— Un petit peu! répétai-je avec angoisse.

— Toi pas?

— Moi, je vais mourir empoisonné, tout uniment!

13

Je ne voudrais pas appuyer sur cette partie de nos malheurs qui n'a rien de poétique et n'est pas faite, je le reconnais volontiers, pour amener de douces larmes dans les yeux des lectrices sensibles; mais il faut bien avouer pourtant que cet infortuné Isidore n'était déjà plus du porc frais. Dans notre trou privé d'air, et par la température brûlante qui règne sous la zone torride, la décomposition s'était opérée avec une terrible rapidité. Ce que nous respirions là dedans, c'était de l'asphyxie: je perdais positivement le souffle.

Et ce Jean me disait qu'il était *un petit peu gêné!*

— Je vais venir à ton secours, mon pauvre Corentin, reprit-il, tout comme je fis quand la voie d'eau se déclara, et que tu étais aux trois quarts noyé, pendant que moi j'avais les pieds secs. Ce sera toujours comme ça tant que nous vivrons ensemble: toi dessous, moi dessus. Approche voir que je sois encore ton sauveur!

— Le coquin, pensai-je aura trouvé une fente où fourrer son nez!

Je me traînai jusqu'à lui néanmoins, car je n'en pouvais plus, et je le trouvais respirant une des bouteilles dorées de mijnheer Haas dont il tenait le goulot débouché sous ses narines.

— Hein? fit-il, quel est le plus malin de nous deux?

Et il ajouta en versant de l'anisette dans mon mouchoir :

— Vas-tu me remercier seulement?

Ma foi, je lui sautai au cou, tant le parfum de la liqueur me monta délicieusement au cerveau dans le premier instant; il me rendit mon accolade et reprit :

— Je n'ai pas bonne idée de la façon dont tout ça va finir, et quand on est pour mourir ensemble, il vaut mieux rester bons amis... Boum! boum! pif! paf! ça va bien, là-bas! si chaque coup a tué seulement une douzaine de naturels, il doit y avoir du dégât dans la peuplade.

— Voyons, dis-je, comment expliques-tu ce tintamarre?

— Oh! me répondit-il, c'est simple comme bonjour. Tu vois bien que les coups de canon ne se répondent pas; tout vient du même côté: c'est un bombardement.

— Bombardement de quoi?

— De la ville où est le phare. Et tu comprends bien que la chose ne peut se passer en Europe, puisqu'il n'y a aucune guerre pour le moment. En Amérique, c'est différent, les flibustiers et les boucaniers de l'île de la tortue se moquent bien qu'on soit en guerre ou en paix.

— Mais c'est des histoires d'autrefois, les flibustiers, objectai-je.

— Laisse donc! Il y a toujours des gaillards de ce numéro-là en quantité dans les pays chauds.

— Possible tout de même, dis je, mais nous autres, j'entends la gabare, qu'est-ce que nous faisons là-dedans?

— Pas grand'chose. Nous autres, nous sommes échoués bien tranquillement sur un écueil ou sur un bas-fond. On va bien voir lequel des deux à la marée montante.

— C'est vrai, dis-je, que nous avons l'air calés entre deux roches.

— Et as-tu remarqué qu'on n'entend plus rien sur le pont?

— Non.

— Alors, écoute, tu vas bien voir que le navire est abandonné.

— Abandonné! répétai-je avec un grand frémissement. Tu crois que Klootz nous aurait abandonnés!

— J'en suis sûr. Et Peeters aussi, et Jansen et Cornil: un tas de brutes qui se laissent mener par cet Abraham de malheur! Ah! celui-là, je donnerais gros pour savoir où j'ai déjà vu sa figure. La chaloupe était juste assez grande pour les contenir tous, sans nous, et ils n'ont pas voulu se charger de bouches inutiles! Voilà.

— Misère de nous! fis-je avec désolation, c'est

vrai, les histoires de papa Quimper abandonnaient toujours les bouches inutiles!

— Et qu'est-ce que tu vas nous fabriquer, pour sortir de là, toi, mon fameux Corentin? demanda Jean tout à coup.

Cette attaque subite me rendit quelque espoir; je crus comprendre que Jean avait voulu m'effrayer.

— Parbleu! répondis-je, ça saute aux yeux que si les gredins nous ont plantés là, nous restons du moins les maîtres...

— Pour ça, oui; mais les maîtres de quoi? du poussier de charbon mouillé et de la bête morte... On a enlevé jusqu'aux pommes de terre!

— On peut toujours monter sur le pont pour voir si tu ne t'es pas trompé.

— C'est juste, ou du moins ça se pourrait très-bien s'ils n'avaient pas emporté l'échelle. Je bondis jusqu'à l'endroit où le pied de l'échelle était naguère et je ne trouvai plus rien.

— Ah! les sans cœur! m'écriai-je; quel raffinement!

Et je me mis à écouter de toutes mes oreilles, espérant ouïr un son de voix, un bruit de pas au-dessus de ma tête; mais tout était silence.

— Voilà, dit Jean, jamais tu ne veux me croire. Moi je remarque tout. On n'entend plus le canon, donc, le bombardement a cessé. Si nous étions en haut, nous pourrions faire des signaux et les boucaniers nous apercevraient : ils sont parfois très-bonnes personnes, par caprice ; ça les change, de se montrer généreux, quand ils ont passé au fil de l'épée toutes les femmes et tous les enfants d'une ville prise d'assaut.

— Tu penses donc qu'ils ont pris la ville ? demandai-je.

— Quant à ça, oui, sûrement. Ils l'ont canonnée assez longtemps ! La garnison voulait résister jusqu'à la mort ; mais les Hélie du pays ont dit qu'ils se mettraient contre la troupe, si on ne voulait pas capituler. Ça se fait.

— Les lâches ! m'écriai-je.

— Ah ! fit Jean, pas plus lâches que les autres, mais les bombardements, c'est la mort du commerce, et les soldats n'ont pas d'échéances à payer... C'est égal, si nous arrivions maintenant avec la pacotille dans une localité comme ça où toutes les boutiques ont été brûlées, les dames s'arracheraient nos aiguilles et notre fil.

— Elles n'auraient pas d'argent pour les payer, bêta, puisque les flibustiers ont tout raflé...

— As-tu fini ! Les négociants, pas bêtes, ont toujours des cachettes pour enfouir leur linge fin et leur argenterie.

Tout près de moi, pendant qu'il parlait, un choc sourd se fit contre la paroi extérieure de la gabare. On sait que notre trou était à l'arrière, à fond de cale, et que nous étions voisins du gouvernail. Mon cœur battait en écoutant ce bruit.

— As-tu entendu? dis-je. Tout le monde n'est pas parti, bien sûr, car il y a quelqu'un là!

Jean eut son ricanement désespérant.

— Ce quelqu'un-là, me répondit-il, c'est un requin. Ces animaux ont un instinct qui leur permet de sentir leur proie à travers les planches d'un navire...

Il s'interrompit pour ajouter :

— A la vérité, ça pourrait être aussi un pêcheur de perles, ou même de corail, en train de faire son état, et alors nous serions peut-être du côté de Ceylan, d'où vient la cannelle. Il y a de ces plongeurs qui peuvent rester sous l'eau trois minutes sans respirer. Ça s'acquiert par l'habitude ; mais ils ne vivent pas vieux dans cette partie-là.

J'avais une imagination pour le moins égale à l'instinct du requin, car je le voyais parfaitement à travers les planches de la coque. Il était énorme et son museau se tendait vers moi pour me flairer. A nous trois, moi, Jean et Isidore, nous étions un fameux dîner pour ce monstre.

— Il faut faire un effort! m'écriai-je, finir ainsi, c'est trop bête!

— Alors, trouve un moyen, me dit Jean.

— Si nous montions une autre échelle!

— Avec quoi? Là-bas, à terre, dans la forêt de

cocotiers, ce serait facile : nous n'aurions qu'à couper deux jeunes arbres ; il y en a des quantités qui sont très-droits et très-hauts...

— Abominable bavard ! m'écriai-je.

— C'est bon, je ne dirai plus rien !

— Si on faisait des entailles dans la cloison, repris-je pour accrocher nos pieds et nos mains, on pourrait essayer de grimper... Dis !

Jean resta silencieux.

— Si on tressait une corde avec nos vêtements... Hein ?

Même taciturnité de Jean.

— Regarde en haut, continuai-je ; on voit une raie de lumière, le panneau n'est même pas bien fermé, et il fait grand jour au dehors... Voyons ! vas-tu répondre ! ne m'enrage pas !

— C'est ça, fit-il enfin, tu vas encore m'insulter et me battre ! Je sais des quantités de choses sur les pays étrangers, et toi rien : alors tu es jaloux. Si je me tais, tu menaces... Quel caractère !

— Ce que je demande, m'écriai-je, c'est un moyen de nous en aller.

— Tu serais déjà bien bas sans mon anisette...

— C'était bon pour un moment, répliquai-je, mais voilà que je recommence à étouffer.

— Moi pas, je ressemble aux plongeurs, je me suis habitué à la peste en sentant les Hélie à la boutique.

— Au nom du ciel, cherchons !

— Je veux bien, mais avoue que tu ne trouves pas.

— Je jette ma langue aux chiens ! Et toi?

— Moi, il y a déjà du temps que j'ai trouvé.

— Et tu ne parles pas!

— Pour que tu fasses le fier ensuite, comme si tu étais de moitié dans la chose, pas vrai? Je te connais!

— Jean, mon petit Jean, je t'en prie, sois mignon, dis vite!

Il se laissa cajoler un bon moment, puis il reprit de son ton de professeur :

— Si nous étions dans une prison ordinaire en terre ferme, il n'y aurait qu'à user les pierres de la muraille avec quelque chose de dur, comme un clou, pour pratiquer une ouverture...

— Est-ce là tout ce que tu as trouvé?

— Attends donc!... Ici, en perçant la coque, nous ne ferons que nous noyer plus vite : au lieu que nous sortions, pas vrai, ce serait la mer qui entrerait...

— Coquin de sort! grondai-je, auras-tu assez taquiné mes derniers moments!

— Attends donc ! Tu vas m'embrasser les genoux quand nous serons au grand air!

— Ça tu peux y compter! Va toujours.

— Il y a autre chose que la coque, reprit Jean.

— La cloison? C'est la soute au genièvre qui est

derrière : nous serions bien avancés de changer de cave !

— D'abord, nous n'aurions plus la bête morte.

— Allons, dis-je sans trop d'enthousiasme, car j'avais espéré mieux : travaillons !

— A quoi ? me demanda Jean.

— A jeter bas la cloison.

Il eut son sifflement de serpent.

— Je n'ai pas fini, me dit-il, tu ne verras jamais plus loin que le bout de ton nez, et Fanchette avait bien raison de t'empêcher de partir tout seul...

— O Fanchette ! Fanchette ! m'écriai-je, la pauvre petite Fanchette !

— La paix ! Ecoute plutôt : D'abord, tu n'as pas d'outils pour jeter la cloison qui est en bons madriers, aussi solides que Klootz et aussi épais qu'Abraham. Ensuite, quand nous serons là, de l'autre côté des planches, j'ai idée que nous aurons fait plus de la moitié du chemin pour arriver à notre liberté.

— Explique-toi.

— Tâche de voir une bonne fois la différence qu'il y a entre nous deux, mon cousin Corentin, et quand tu auras idée de me rabaisser, plus tard, souviens-toi de ce que je vais te dire. Moi, j'ai de l'œil et du raisonnement. Est-ce que les mijnheers, là-haut, se sont privés de squidam depuis le jour de ta fameuse ivrognerie, où ils nous fermèrent, au nez la porte de leur provision?

— Ah! mais non!

— Est-ce qu'ils sont jamais revenus ouvrir la porte ici pour emplir leur cruche?

— Non plus... C'est donc qu'il y a une autre entrée?

— Pas mal pour un innocent! Quand on te met le bec dans l'eau, tu sais boire. C'est déjà quelque chose.

J'étais si content que je ne m'indignai point de l'impertinent abus que ce Jean faisait de sa trouvaille. J'avais conscience d'être au fond et, malgré tout, bien plus fort que lui.

— Mais, objectai-je seulement, pourquoi n'as-tu rien fait depuis deux heures?

— Parce que je voulais être bien sûr que ces gros coquins ne viendront pas tomber sur nous quand nous serons en pleine besogne.

— Et maintenant, es-tu bien sûr?

— A peu près. Ils tapent comme brutes, quand ils s'y mettent, mais ils ont bon cœur quant à la nourriture, on ne peut pas leur refuser ça. Avec eux, jamais nous n'avons manqué de soupe. Eh bien, depuis ce matin, ils nous coupent les vivres...

— Ah! mais oui! et j'ai rudement faim!

— Tu vois bien! l'heure du déjeuner est pas-

— Je crois même que l'heure du dîner approche.

— Tu vois bien ! répéta Jean.

— Et l'heure du souper va venir, continuai-je, si tu restes les bras croisés à *berloquer* tes sentences. Et les gens du bombardement sont partis à tous les diables ! Et nous ne souperons pas plus que nous n'avons déjeuné ni dîné ! Et il fera nuit sur la mer où nous serons seuls tout seuls, avec le requin. Dis ce qu'il faut faire ; et tu vas voir comme on travaille !

Je ne sais pas si Jean croyait tout à fait à notre abandon, mais moi j'espérais encore. J'écoutais tant que je pouvais. C'était en pure perte : depuis la fin du combat naval aucun son ne venait d'en haut ni du dehors.

Quand je dis aucun son, ça signifie *rien de réel*, car si vous êtes de Bretagne, vous savez bien qu'il en vient de drôles aux oreilles de ceux qui sont pour trépasser.

Il y avait une histoire de papa Quimper où un matelot, perdu à mille lieues des côtes sur un bout de mât, entendait parmi le vent la musique de l'*assemblée* de son village : un biniou et une bombarde jouant la rondenette d'Yvon.

> Qu'a dans sa pochette
> Un mouchoir d'Chollet,
> Et de la maillette
> Dessous son solet. (soulier.)

Et bien? dans le trou de misère où nous étions, j'entendais, moi aussi, toutes sortes d'affaires. Les cloches de Saint-Sulpice, notre paroisse, qui exaltaient autrefois la gourmandise de patron François, parce qu'elles disaient : *Dix dindons! dix dindons!* — les bateliers du passage qui criaient ! « Saint-Servan! Saint-Servan! pour un sou ! » Veuve Hélie qui se disputait sur la porte, accusant tout le monde de vol et de mauvaise foi. — Les demoiselles Luminais qui criaient en brandissant leurs martinets, et maman, pauvre maman, promettant de l'avancement à tous ceux qui buvaient ailleurs que chez nous.

Parfois, tout cela était comme enveloppé par un lointain murmure, fait de rires et de clameurs populaires, d'où sortait par bouffées le cri grave des trombones de la musique militaire de Saint-Malo qui jouait tous les dimanches sur la place Duguay-Trouin...

Je savais bien que ces choses étaient dans ma tête uniquement ; mais elles m'attendrissaient et me faisaient peur, parce que c'était le « bourdonnement de la fin », comme disait papa.

Tout à coup, j'entendis un bruit d'une nature toute autre, qui n'était ni lointain ni fantastique : auprès de moi quelque chose grinça dans la serrure de la soute au genièvre.

— Voilà Klootz qui revient! m'écriai-je.

— Pas de danger! répondit Jean.

— Alors, qu'est-ce que c'est ? On force la serrure...

— Juste ! Pendant que tu rêvais tout debout, j'ai déjà tâté la ferraille. A la boutique, quand le serrurier venait, je regardais ses outils et je les maniais. Moi, je ramasse autant de bricoles dans mon idée que dans mes poches. Tu me demandais : Que faut-il faire ? Rien, toi ; jamais tu n'auras rien à faire tant que je serai là, mais moi : ça y est !

Ce dernier mot fut accompagné par le grincement du pêne qui se déplaçait brusquement.

— Tu as ouvert ! m'écriai-je confondu.

— Tu peux, me répondit-il, te donner la peine d'entrer.

Vous jugez que je ne me fis point prier, car l'atmosphère où nous respirions était véritablement mortelle. Jean avait déjà passé le seuil. Il me tapa sur l'épaule en disant :

— Va-t-on remercier le pauvre petit cousin Piteux, de cette fois ?

Je l'aimais bien, ma parole d'honneur, mais concevez qu'il avait une vanité par trop agaçante.

— Excusez, répondis-je, en fait de talents, je ne t'envie pas celui-là ! C'est affaire aux filous de crocheter les serrures.

— C'est bon, me dit Jean, ça m'aurait étonné, si tu avais eu de la reconnaissance ; une autre fois je m'échapperai tout seul et je te laisserai dans le pétrin, voilà tout.

Je refermai la porte de mon mieux pour empêcher la peste de nous poursuivre, et je regardai autour de moi. L'obscurité était ici un peu moins profonde. Par où les lueurs venaient, je ne saurais le dire, mais il est certain qu'un demi-jour confus régnait dans la soute au genièvre. On apercevait vaguement les tonnes rangées avec symétrie. Je cherchais Jean qui avait disparu.

L'idée me vint qu'il avait déjà mis sa menace à exécution.

— Où es-tu, cousin? demandai-je ; c'est pour rire, ce que je t'ai dit tout à l'heure.

— Bon, bon ! répéta Jean dont la voix se faisait entendre derrière les tonnes.

Puis il s'écria :

— Nom d'un tonnerre !

Ordinairement, en fait de jurons, il n'allait jamais au delà de *saperbleure de bois*. Je lui demandai ce qui le prenait.

— Cette fois-ci, me répondit-il, nous sommes bel et bien cadenassés et le cadenas est de l'autre côté de la porte, mon fil de fer n'y peut rien !

Il y avait assez longtemps qu'il m'écrasait ; j'eus un mouvement de joie mauvaise.

Et si quelqu'un s'étonne de cela, car enfin, il s'agissait pour nous de la vie, je tenterai d'éclairer un petit peu le fond de notre situation. Ce ne sera pas très-bien expliqué, peut-être même que ce n'est pas explicable, mais on comprendra tout de même, j'en suis sûr, parce que chacun s'est trouvé dans le cas de *croire sans croire*.

Jean était comme moi, soyez certain de cela, sans quoi, il n'eut point gardé tant de tranquillité. Nous étions tout au fond d'un danger mortel, à cet égard-là pas de doute ; mais c'était si étonnant, tout ce qui nous arrivait ! nous suivions nos propres aventures comme on écoute un conte impossible. Nos terreurs comme nos espoirs étaient emmaillottés dans un doute, et, pour ma part, à chaque instant, je pensais que j'allais m'éveiller en sursaut.

Certes il y avait des moments où j'avais froid jusque dans mes moelles, quand notre propre histoire se présentait à moi sous ses aspects vraisemblables. Par exemple, le fait des Hollandais fuyant après le naufrage et nous oubliant à fond de cale, volontairement ou non, était un des côtés les plus indéniables et les plus terribles de la question ; mais arrangez cela comme vous voudrez, j'étais sûr que nous n'étions pas au bout de nos surprises.

Ce qui nous arrivait était une histoire ; les histoires ne finissent pas ainsi platement au fond d'une boîte ; il faut quelqu'un pour les raconter.

Enfant que j'étais de la tête aux pieds, bien plus enfant encore que Jean, je me demandais seulement, comme on cherche le mot d'une devinaille, d'où le salut pourrait bien nous venir.

Il est vrai que la minute d'après, mon cœur était dans un étau et que la sueur me coulait le long des tempes. J'ai donc bien dit en prononçant ce mot, qui a l'air d'une niaiserie : *Croire sans croire*.

Je sentis tout à coup la main de Jean qui pesait sur mon épaule ; elle était froide à travers mon vêtement et elle tremblait.

— Collés ! murmura-t-il si bas que j'avais peine à l'entendre.

Et comme s'il eût pu lire au travers de moi, il ajouta de sa voix sèche qui rapait l'oreille :

— Entends-tu ? Collés ! collés, collés ! aussi crânement collés que si nous étions enterrés tout vifs à cent pieds sous terre du cimetière ! Tu es en train de te faire des illusions, je devine ça, tu te dis : le salut peut venir de droite ou de gauche, par-dessus ou par-dessous, Nenni ! le salut ne viendra désormais de nulle part. Jamais nous ne reverrons la lumière du jour ; ce qui est à droite, c'est notre mort, et à gauche aussi notre mort, et au-dessus et au-dessous, et partout notre mort, notre mort, notre mort !... Moi, d'abord, je ne veux pas être la moitié d'une semaine à l'agonie, et je vas me casser la tête tout de suite contre une tonne !

— Allons ! allons, Jean, fis-je, calme-toi.

— Je suis calme. Le cadenas est en dehors, le cadenas qui nous ferme. Nous sommes pris dans une ratière.

— Mais aurions-nous été mieux dehors s'il n'y a personne en vue?

— Tais-toi! Les coups de canon ne se sont pas tirés tout seuls. Dehors, j'aurais établi des signaux... Crois-tu donc que je n'avais pas mon plan? La nuit, j'aurais allumé des feux de diverses couleurs; le jour, j'aurais agité des drapeaux... Fais attention que nous sommes sur la grande route par où passent les vaisseaux qui vont dans le Nouveau-Monde; il y en a peut-être des flottes entières autour de nous qui vont, qui viennent, qui rôdent...

— Alors tous ces gens-là nous voient!

— Non pas. Ils nous auraient aperçus déjà, s'ils devaient nous voir. S'ils ne nous ont pas encore aperçus, c'est que nous sommes cachés. Comprends donc ce qui s'est passé; moi, j'en suis sûr. Une vague énorme a soulevé la gabare et l'a lancée dans une crique; de tous côtés, les rochers l'entourent et la dissimulent. On peut passer à quinze pieds de nous sans nous découvrir... J'en ai assez de tant de guignon. Reste en vie si tu es un lâche, moi je renonce; bonsoir!

— Nom de bleu! cria ma vanité, tu ne passeras que le second, car moi je suis un Quimper, et c'est à moi le tour! Allons-y! Une, deux, trois...

— Attends, me dit Jean au moment où j'allais me précipiter comme un bélier, au risque d'enfoncer une tonne.

— Attendre quoi ?

— C'est péché de se périr, et il y a un moyen de mourir de faim sans s'en apercevoir, c'est de s'étourdir par le genièvre.

— Ça va ! m'écriai-je. Buvons l'anisette pour commencer.

Jean mit le goulot de la bouteille dans sa bouche.

— J'étais bien sûr, dit-il que tu aurais fini ivrogne, toi ! Ton père l'était et mamam Quimper...

— Ah ! gredin, m'écriai-je, en l'attrapant au collet, vas-tu insulter tes bienfaiteurs !

Jean se laissa secouer, puis il dit :

— C'est vrai que tu es fort comme un âne. Lâche-moi, nigaud, et secoue plutôt la porte pour l'ébranler. Ton papa et ta maman, c'est mes idoles avec Fanchette. Si nous avions vécu, c'est moi qui les aurais consolés pour tous les chagrins qu'ils auraient eu rapport à toi, par la suite.

Comme j'avais la tête en l'air pour boire une seconde rasade, quelque chose de blanchâtre frappa mon regard, dès longtemps habitué à l'obscurité.

— J'ai vu un hublot ! m'écriai-je.

— Tu as vu la lune, plutôt ! répliqua Jean dont le ricanement grinça auprès de moi. Au moins, ce que j'ai dit pour le flot qui nous a lancés par-dessus les roches, c'est bien imaginé, ça a le sens commun, mais ton hublot...

— Je suis sûr d'avoir vu un hublot !
— Où est-il ?
— Je le cherche.

Jean se mit à ricaner et dit :

— Il se sera envolé !

Chacun sait bien qu'il court des éblouissements dans l'obscurité complète. L'œil y perçoit souvent des lueurs mensongères et quelquefois même les fameuses trente-six chandelles du coup de poing s'y allument pour un instant, mais ce n'était rien de pareil. J'avais vu un carré long, un tout petit peu moins noir que le reste : quelque chose comme la partie supérieure d'un carreau de verre très-épais qui, certes, ne donnait point sur le dehors, mais qui devait recevoir un très-faible rayon : en un mot, communiquer avec une soute moins sombre que la nôtre.

Mais cette facilité de langage que les circonstances et le temps m'ont donnée, je ne la possédais point alors, et je ne pouvais que répéter ;

— J'ai vu un hublot là-haut, je te jure ! Il n'éclaire pas beaucoup, puisque je ne peux pas le retrouver, mais c'était comme le jour de souffrance de notre chambre, chez veuve Hélie, par les nuits bien noires. Tu te souviens, qu'il donnait sur le corridor et que nous nous amusions à le chercher après avoir fait un tour. Tu le voyais à droite, moi à gauche...

— Et en fin de compte, dit Jean, c'était toujours moi qui le trouvais.

— Oh! toujours toi!... Alors, trouve mon hublot!

Jean n'avait pas attendu ma permission pour chercher! il était de ces incrédules qui nient, mais qui gobent. Nous fûmes tous deux, un bon moment, la nuque cassée à force de regarder en l'air, écarquillant les yeux et interrogeant la nuit comme ces braves gens qui gagnent leur pain à découvrir des planètes.

— Je le vois! dit Jean.

— Où ça?

— A main droite.

— Tu n'y es pas! Le voici à ma main gauche.

— J'en vois deux...

Il fit un pas, butta et tomba.

— Qu'est-ce que tu as cassé? demandai-je, car j'avais entendu un bruit de fer-blanc.

— Tu ne t'informerais pas seulement si je me suis blessé!... gronda Jean avec aigreur.

Mais il s'interrompit pour crier:

— C'est la lanterne! victoire!

Ce fut mon tour de ricaner.

— Il ne manque que la chandelle, dis-je.

— La chandelle y est!

— Alors souffle dessus pour l'allumer!

Il soufflait en effet comme un phoque et je l'entendais qui farfouillait dans ses poches où sonnaient les clous, les boutons, les mille bribes de bois et de fer, composant le butin dont il ne se séparait jamais et qui allait augmentant sans cesse.

— Sapristi! disait-il, je suis pourtant bien sûr d'avoir ôté le briquet et les allumettes de la poche de mijnheer Haas pour les mettre dans la mienne!

Je dressai l'oreille pour le coup. J'aurai beau faire, je ne pourrai exprimer l'envie furieuse qui me prit de voir briller l'allumette. Il faut croire qu'il y a dans l'obscurité quelque chose de bien hostile à la nature humaine, car la pensée même du salut et de la liberté ne me faisait pas battre si vivement le cœur. J'appelai Jean mon chéri, et même ma bonne vieille.

— Si tu allumes la chandelle, lui dis-je, je t'étouffe à force de t'embrasser.

— Je n'ai pas besoin que tu m'embrasses, répondit-il, nos caractères ne vont pas ensemble, et dès que nous serons sortis d'ici, on ira chacun de son côté. Je ne peux pas trouver le briquet, il y a trop de choses dans mes poches.

— Eh bien! jette tout ce qui n'est pas le briquet.

— Plus souvent! Et quand on aura besoin du reste...

— Alors comme alors! Veux-tu que je t'aide?

— Pour tout brouiller, pas vrai ?... Voilà déjà la boîte aux allumettes... mais le briquet...

Il eut un petit cri content, et tout de suite après une gerbe d'étincelles s'éparpilla dans le noir.

— Vive M. Surcouf ! m'écriai-je, ne sachant comment exprimer mon allégresse.

— Encore une bêtise, dit Jean ; d'abord, il est mort ; ensuite, on lui a tout mis sur le dos à celui-là, ce n'était pas le Pérou ! M. Potier de la Houssaye, son matelot, était bien plus fort que lui, et ce fut M. Potier qui prit le brig Anglais sur les brasses du Bengale, juste ce qui a fait la réputation de M. Surcouf !

Je n'avais garde de contredire Jean à cette heure. Un point rouge se montra : c'était l'amadou qui avait pris feu. L'instant d'après, une odeur de souffre nous fit toussoter et la chandelle s'alluma.

Nous étions encore une fois dans les bras l'un de l'autre.

La soute au genièvre était un compartiment assez vaste qui ne touchait à la coque que par un coin étroit, confinant à notre ancien trou, vers l'arrière. De ce côté, le plancher allait en montant et des caisses y étaient arrimées à demeure ; de l'autre, c'est-à-dire dans la partie plane, les grands fûts étaient alignés.

La chandelle ne donna d'abord qu'une lueur incertaine qui brillait sans éclairer mais, quand elle fut « prise en suif, » selon l'expression technique de maman, nous pûmes examiner notre domaine. Jean s'écria tout de suite :

— Tu vois bien qu'il y a un hublot !

Au lieu de dire que c'était moi qui l'avais trouvé le premier, je proclamai une nouvelle découverte, disant :

— Et si nous voulons casser la porte ou mettre la cloison en petites miettes, les outils ne nous manqueront pas !

Nous étions justement auprès d'une tonne en réparation, autour de laquelle les débris de cercles et les rubans de menuisier abondaient. L'établi de l'ouvrier, qui travaillait peut-être au moment où la tempête de ces derniers jours avait appelé tout le monde à la manœuvre, avait été renversé par les mouvements désordonnés du navire. Nous étions entourés de marteaux, de ciseaux, de haches et de doloires : mais Jean ne faisait aucune attention à cela. Il avait dirigé l'œil de sa lanterne vers le hublot.

— C'est le riz, me dit-il.

— Comment le riz ?

Je n'eus pas la réponse de Jean tout de suite, car il resta bouche béante et les yeux hors de la tête. Le combat naval recommençait avec une rage toute particulière et les fracas nous en paraissaient plus terribles, succédant ainsi au silence de mort qui nous enveloppait naguère.

Il y eut une explosion qui partit dans nos oreilles et secoua le navire jusqu'au plus profond de sa carcasse.

Jean tomba du coup, assis par terre, comme si ses deux jambes avaient été fauchées.

Moi, je saisis à poignée la bonde d'une tonne pour me retenir et je dis :

— Penses-tu que le boulet rouge ait pénétré dans la sainte-barbe ?

XIII

DE L'ARRIVÉE DES SAUVAGES ET DE CE QUI S'EN-
SUIVIT — LA REINE, L'OURS, LE SINGE, LE COQ, LA
BOULOTTE VÊTUE DE COQUILLAGES, LA MORTE.

Il y aura peut-être quelques mauvais cœurs qui se moqueront de nous, mais l'immense majorité du public honnête plaindra, je l'espère, deux pauvres enfants placés, comme nous l'étions, dans un cas aussi extraordinaire que lamentable. Peu habitués aux voyages, entièrement neufs aux aventures et n'ayant pour nous guider que l'expérience un peu romanesque puisée dans le sac aux histoires de papa Quimper, nous faisions cependant de notre mieux pour allier l'audace de M. Surcouf au sang-froid de Laurent Bruand.

La preuve que nous nous aguerrissions petit à petit, c'est qu'une fois tombé sur son séant, Jean s'y tint assez tranquille. Quant à moi, je ne lâchais pas ma bonde.

Pendant quelques minutes, il sembla, en vérité, que l'enfer fût déchaîné autour de nous. Canonnade et fusillade retentissaient de tous côtés, à droite, à gauche, derrière et devant. Nous aurions juré en même temps que nous entendions de grandes clameurs, et quand il se faisait une accalmie au milieu de tous ces tapages, la musique militaire ronflait... je n'insiste pas. Vous êtes déjà tout porté à croire que je vous raconte ici un rêve. Heureusement que vous allez bien voir, en temps et lieu, que toutes ces diableries, pareilles aux débauches d'une imagination en délire, étaient de pures et simples réalités.

Jean me dit avec une condescendance qui ne lui était pas habituelle :

— Ce n'est pas quand on est aussi bas perchés qu'il faut échanger des choses désagréables, mais tu pourrais bien réfléchir avant de parler. Si un boulet rouge avait pénétré dans la sainte-barbe, il aurait mis le feu aux poudres, nous serions maintenant à cent pieds en l'air, entourés de débris de toute sorte et prêts à retomber dans l'eau. Or, rien de semblable ne s'est produit jusqu'à présent, que je sache...

Un second ébranlement lui coupa la parole et m'accota contre la tonne à laquelle je me collai, éperdu. Puis il y eut un vaste cri et tout se tut.

— O mon Dieu ! m'écriai-je, montrez-moi l'ennemi, et quand même toute la mitraille de la terre y serait, j'irai de l'avant, mais c'est trop taquinant aussi de penser aux boulets ramés qui peuvent venir vous chercher dans cette boîte !...

— Tais-toi donc, farceur, interrompit Jean, pour le moment on est mieux ici... Ecoute !

— Ils se sont tous entretués ! murmurai-je, on n'entend plus rien !

— Mazette ! quelle pétarade ! fit Jean qui se releva. J'ai tombé par suite du tremblement de terre, si c'est un volcan sous-marin, et, si c'est vraiment une bataille, j'ai été renversé par le contre-coup de notre propre artillerie, car je n'ai pas eu peur, j'en lève la main !

— Tu crois donc que c'est nous qui avons tiré ?

— Nous, je ne sais pas, répliqua-t-il de son air le plus entendu, mais on a tiré de chez nous, j'en signe mon billet, et les deux vieux pierriers ont craché leur ferraille, soit que les Hollandais aient mitraillé les naturels, soit qu'on les ait attachés eux-mêmes à la bouche des canons, comme ça se fait dans les contrées qui se fichent pas mal du droit des gens. En tous cas, on va être fixé, nous deux, car j'ai trouvé le moyen d'aller voir ce qui se passe au grand air.

— Où est-il ton moyen ?

Il leva sa lanterne pour me montrer le hublot et dit encore :

— C'est le riz !

Je ne comprenais pas plus que la première fois.

— Le riz, le riz, le riz ! répéta Jean avec impatience. Je te dis le riz ! La peur te bouche ! tu ne te souviens plus du riz où tu as eu ton mal de mer !

— Mais c'est toi, m'écriai-je, qui as eu le mal de mer !

— Moi ou toi, qu'est-ce que ça fait? répliqua Jean, tu te noies toujours dans les détails. L'important, c'est que le hublot donne dans la soute au riz. Tiens, regarde !

Il disait vrai. La lueur de la lanterne, portée sur le carreau épais et très-étroit, laissait voir confusément la masse des petits grains, dressés comme une blanche muraille. A l'un des coins du carreau, un angle noir se montrait, le coin même où j'avais distingué dans l'obscurité une lueur à peine perceptible, parce que, en cet endroit, le verre n'était pas tout à fait obstrué.

— On étouffera dix fois, dis-je, en traversant tout cela ; est-ce que tu n'aimerais pas mieux attaquer la porte, puisque nous avons des outils ?

14*

Jean secoua la tête avec gravité en me répondant :

— Mon petit, nos circonstances ont changé. Nous ne sommes plus isolés au milieu de l'Océan atlantique sur un écueil désert, et libres de faire du boucan à notre idée, puisque personne ne serait là pour nous entendre. Les deux coups de pierrier et le reste du charivari prouvent l'existence d'un certain nombre d'êtres vivants sur le navire et aux alentours. Est-ce ton avis ?

— Certainement.

— C'est heureux que tu ne m'objectes pas des insignifiances.

— Mais quels sont ces êtres vivants ? demandai-je.

— De la nature des nègres et autres anthropophages ou de la nature de mijnheer Klootz, ça ne nous fait rien, puisque nous ne pouvons pas choisir. Ils sont ce qu'ils sont, et, dans tous les cas, en faisant du bruit, nous nous les mettrons sur le dos, tandis qu'en arrivant à la douce, nous pouvons les guetter, les surprendre, les égorger...

— Construire un radeau ! m'écriai-je.

— Non, ça ferait du bruit. N'essaye pas de mettre tes idées à la place des miennes.

— Je ne suis pourtant pas ton domestique, dis donc !

— As-tu un bon moyen de nous délivrer ? Montre-le, je t'obéis comme un caniche.

— Si tu n'avais pas voulu emporter dans la barque tout ce qui est sur le navire nous serions loin...

— Nous serions noyés; avec ton caractère tu aurais voulu faire à ta tête.

— Et toi à la tienne !

— Moi, c'est tout simple, je sais où je mets le pied.

— Tu es un insolent !

— Et toi...

Je pense bien que nous nous serions battus de cette fois, car j'avais les oreilles en feu, et Jean, quoiqu'il eût la joue toute blême, me regardait d'un air résolu et mauvais, mais nous entendîmes tout à coup un bruit de pas lourds qui venaient de l'autre côté de la porte, et presque aussitôt après, une clé grinça à l'extérieur dans le cadenas.

Jean me dit tout bas « Sauve qui peut ! » et souffla la chandelle.

Il n'était que temps : au même moment, la porte roula sur ses gonds. Je me glissai entre deux tonnes, Jean avait disparu.

Ce qui entra... Soyez de bon compte, nous en avions bien assez enduré de toutes les couleurs pour devenir fous, et ma première idée fut que j'avais perdu la tête, mais pas de danger ! Dieu merci, j'en ai vu bien d'autres dans le courant de mon existence aventureuse et ma cervelle est toujours restée solide au poste. Je ne parle que pour moi, bien entendu, Jean ayant été plus d'une fois et momentanément avarié de raison par suite de nos catastrophes.

Ce qui entra était si extraordinaire que je tiens à vous mettre en garde contre l'idée qui pourrait vous venir que le genièvre était encore au fond de tout cela. Nous avions commencé par boire, c'est vrai, mais pas beaucoup. L'envie de sortir de notre cave s'était emparée de nous tout de suite, et, sauf l'ébranlement du combat naval, nous étions à peu près de sang-froid.

Et puis, après tout, pourquoi prendre tant de précautions ? Si nous avions été dans les eaux du Havre ou de Cherbourg, on aurait rencontré des Normands, n'est ce pas vrai ? Dans la mer de Brest, des Bas-Bretons ; en rivière de Tamise, des Anglais ? Eh bien ! puisque nous étions arrivés sur les côtes de la Huronie, bien sûr que les Hurons devaient se mêler de nos affaires.

C'est donc tout un paquet de sauvages et de sauvagesses qui dévala dans notre soute avec des plumes autour de la tête et les costumes les plus bizarres.

La reine qui était ronde approchant comme les tonnes, passa la porte en valsant avec mijnheer Abraham et sa figure de Barrabas.

Ce n'était pas une négresse. Elle avait des farceuses de joues couleur d'acajou, que les citrouilles les plus dodues en auraient été jalouses! Et je peux bien dire qu'avant ni après, je n'ai jamais vu d'homme si farceur que mijnheer Abraham. Il chantait en tournant, et c'était comme si toutes les grenouilles de M. Surcouf avaient demandé de la pluie, avec chacune un serpent de paroisse dans le ventre.

Ah! il y allait de bon cœur, plus soûl que la bourrique du diable! et je n'avais plus à me demander pourquoi il nous avait oubliés, Jean et moi à fond de cale.

Au moment où il passait la porte, quelque chose se dressa au-dessus de lui et de la reine : c'était un petit sauvage tout jeune et bien gentil, sauf qu'il avait une tête de coq avec sa crête, dont la queue lui sortait au bas des reins en éventail. C'était lui qui tenait la lumière dans le grand fanal de poupe, et, une chose qui m'ahurit plus que tout le reste, c'est qu'il soufflait l'air du *Larifla fla fla* dans un mirliton en faisant le grand écart, un pied sur la graisse d'Abraham, l'autre sur l'embonpoint de la reine.

Je me frottais les yeux à tour de bras, vous pensez, au point que les paupières m'en cuisaient. Je me demandais comment le petit sauvage pouvait savoir le *Larifla fla fla* qui est du Français, et connaître la manière de chanter dans les mirlitons.

Je m'étais coulé entre la dernière tonne et la cloison de notre ancien trou, et j'étais assez bien là pour voir sans être vu. Après Abraham et sa grosse, une demoiselle seule, toute pimpante de verroteries qui bimbelotaient et castagnaient sur sa bande de calicot, entra en marchant sur ses mains, si naturellement qu'on ne pouvait point s'y méprendre : c'était, dans sa peuplade, la manière de se promener.

Elle avait les pieds en l'air. Un singe de grande taille qui la suivait sauta sur une futaille, d'où il la leva prestement, et d'un seul temps ils se trouvèrent à côté l'un de l'autre, en haut de la tonne, bien commodément pour causer.

Le singe avait un foret comme ceux des marchands de vins ; il fit un trou dans le plat de la barrique et se mit à boire avec une paille, mais la demoiselle sauvage voulant avoir sa part, le poussa, histoire de rire, si bel et bien qu'il bascula pardessus le rebord de la tonne et tourna deux fois sur lui-même pour retomber à califourchon sur le cou de mijnheer Klootz, entrant à ce moment avec *une morte*.

Je dis bien, on voyait ses côtes, à celle-là, et j'en frissonnais par tout le corps à la regarder, pendant qu'elle retenait son brave Hollandais qui voulait causer avec une petite boulotte bien drôle, toute habillée de pois d'Amérique et de coquillages, montée à cheval sur un ours, qui fumait (l'ours) un cigare à paille.

A beau mentir qui vient de loin, le proverbe dit ça. Je ne voudrais pas jurer que toutes les racontailles de matelots sont véridiques et je vous ai prévenus avant l'histoire de Laurent Bruand ; mais ici, attention, c'est de l'authentique, première qualité, partout. Pas un mot de vanterie ni d'enjolivement.

Et encore, j'ai omis de vous spécifier que par la porte ouverte, il arrivait une musique agréable pour régler la danse de l'équipage avec les indigènesses : violons, clarinettes et cornets à piston.

J'ai vu ça, j'ai entendu ça, et dès mon premier voyage, avant d'avoir seize ans sonnés ! Jugez de ce qui a pu m'arriver quand j'ai avancé en âge !

Au milieu de mon étonnement, j'étais tourmenté par le besoin de trouver une explication à ces choses extraordinaires. J'aurais bien voulu savoir où Jean était passé, mais il ne donnait point signe de vie.

Ce qui sautait aux yeux, c'était le bon accord établi entre les deux parties. La paix, évidemment, était faite, mais quel avait été en définitive, le résultat du combat naval ? Ces sauvages ne ressemblaient pas à des captifs ; les Hollandais n'avaient pas l'air d'être vaincus. Entre ceux-ci et ceux-là, il ne restait pas l'ombre d'une rancune, et j'avais beau chercher des traces de sang ou de blessures, tout ce joyeux monde se portait à merveille.

Etait-il croyable, cependant, que tant de boulets, à supposer même qu'il n'y en eût point de rouges ni de ramés, tant de balles et tant de mitraille eussent passé entre les jambes des gens sans leur faire aucun mal!

Il est vrai que les morts et les blessés pouvaient être sur le pont ou peut-être même au fond de la mer, car nous n'avions là que Klootz, Cornil, Peters et mijnheer Abraham. Quant aux sauvages, ceux que je voyais ne prouvaient rien : des centaines et des milliers de leurs camarades avaient pu tomber victimes de la bataille sans que j'en eusse la moindre connaissance. Ah! ce Jean me manquait!

Où diable avait-il pu se cacher?

Je me le représentais écrasé de stupéfaction à la vue de cette fantasmagorie, car la porte ouverte continuait de donner passage à ces êtres tellement prodigieux que j'hésite à les décrire, tant je me méfie de l'incrédulité des lecteurs. Il y avait surtout un requin (pas celui qui avait toqué à notre mur), un Indien à la tête de requin, pour parler plus intelligiblement, qui dansait avec Cornil du gouvernail, déguisé en ménagère des Pays-Bas.

L'Indien, encore passe, sa tête de requin s'expliquait par l'incohérence qui règne dans les contrées barbares, mais Cornil! pourquoi cette mascarade?

Certes, Jean Pileux aurait dit bien des sottises à ce sujet et sur tout le reste, mais on raisonne ensemble, n'est-ce pas vrai ? et ça console un petit peu.

Il y avait des moments où je m'imaginais qu'il avait glissé comme une anguille par la porte ouverte, là-bas, et qu'il était déjà loin avec la pacotille.

Vous demanderez peut-être où il aurait pu aller, puisque la gabare était échouée sur un récif entouré d'eau de tous côtés. Moi, je vous répondrai que c'était là une supposition de Jean lui-même ; au fond, nous ne savions rien de rien, puisque nous vivions à tâtons, depuis Dieu sait quand, dans une cave qui n'avait point de soupirail. Nous n'étions peut-être pas sur un récif. Il était tout aussi raisonnable de supposer que nous avions échoué dans le port même de la ville sauvage assiégée, puisque nous avions entendu le bombardement de si près...

Mais la musique ? c'était probablement celle d'un régiment anglais ou des Etats-Unis...

Comme j'arrangeais tout cela à la sueur de mon front, j'entendis qu'on criait « Vive le roi ! vive le roi ! »

C'était une clameur assez lointaine, mais bien nourrie, et qui me parut poussée par beaucoup de gens à la fois. Après tout, il ne manque pas de rois dans les pays du long cours ; seulement les Etats-Unis sont en république, depuis Lafayette.

L'idée de cette cohue iroquoise qui hurlait en français me fit rire tout seul dans mon coin, c'était sans doute le hasard d'une ressemblance de sons. N'avions-nous pas trouvé, Jean et moi, la mère Michel dans le baragouin des Hollandais ?

Le coq qui jouait à cache cache avec la petite boulotte, vêtue de coquillages sauta en ce moment par-dessus la tonne qui m'abritait et vint tomber de l'autre côté auprès d'un tierçon vide, je n'eus que le temps de me glisser derrière le tierçon et le coq lança un cocorico qui me fit pousser la sueur froide.

La boulotte prit la place que je venais justement de quitter : mijnheer Klootz courait après elle, pourchassé lui-même par la morte que le requin suivait en montrant tous les crocs de sa gueule.

Dire que j'étais dans mon sang-froid, ce serait mentir. La tête me battait, et l'idée me venait que j'allais mourir fou. J'en ai vu de toutes les sortes, par la suite, en fait de prestiges, fantasmagories et autres, au sein des divertissements et spectacles de la capitale : j'entends celle de la France où j'ai joué un rôle. Mais Paris est Paris, et sur une gabare naufragée, entre Hurons et Hollandais, dans les eaux du Diable-Vas-Y-Voir, le soir d'un bombardement, le lendemain d'un naufrage, il n'y pas à dire, c'était fait pour étonner un jeune homme de Saint-Malo.

Voilà donc ce que je veux vous glisser à l'oreille en peu de mots, sachant que le commun des lecteurs n'est pas content quand on lui fait la farce de narrer les illusions d'un vertige qu'on a eu, ou bien encore les menteries d'un rêve à la place d'une histoire véritable. A l'exception de mon ancien songe, produit par l'abus du genièvre (celui où vous m'avez vu prendre la gabare en massacrant les Hollandais), il n'y a rien que du vrai dans mes mémoires. J'en rabattrais plutôt que d'exagérer la moindre des choses, à cause de Jean Pitoux qui me guette : celui-là ne se gênerait pas pour me démentir !

J'ajoute, puisque j'en ai l'occasion, que les circonstances les plus invraisemblables en apparence seront éclaircies et si bien expliquées que le lecteur ne pourra s'empêcher de penser : « C'était pourtant tout simple ! »

Juste comme la première pomme de terre qu'on mit six mille ans à cuire sous la cendre ; c'était pourtant bien simple aussi, pas vrai ?

Il est donc entendu que cette fois j'étais bien éveillé, quoique un peu étourdi et quasiment noyé tout au fond de ce mardi-gras qui entrait comme une marée dans la cale de la bagare. C'était tout le contraire de l'autre fois où je battais la campagne, et vous allez voir qu'il y avait de quoi perdre la carte, car nous ne sommes pas au bout de nos lunes.

Dans la nouvelle position que j'avais été obligé de prendre derrière le tierçon à l'approche des deux sauvages, le mâle et la femelle, et ce mijnheer Klootz, je me trouvais si près de la petite boulotte que ses coquillages piquaient le revers de ma main gauche.

J'avais toujours entendu dire que les Patagones et autres de même farine avaient odeur de graisse rance ou tout au moins de poisson pourri ; la boulotte avec son nez retroussé et sa coiffure bizarre, me revenait assez et je retenais ma respiration pour ne pas sentir sa pommade d'huile de cachalot ou son mauvais saindoux, crainte de me désenchanter.

Il y avait donc là, dans mon coin, moi, qu'on ne voyait pas, et la boulotte avec son coq, quand je vis arriver mijnheer Klootz, les bras battant, les poings fermés, qui se ruait comme un furieux contre le coq. Malgré mon peu d'habitude de la société je devinai qu'il demandait la boulotte en mariage, et il me parut qu'il l'appelait Sidonie en Hollandais. Il venait la disputer au coq qui fit mine d'abord de soutenir l'assaut, mais qui, écartant brusquement ses jambes, passa par-dessus la tête étonnée de mijnheer Klootz, à saute-mouton, en poussant un retentissant cocorico, et se mit à gambader de tonne en tonne, jusqu'à ce qu'ayant rencontré le grand singe, celui-ci lui saisit les deux mains, l'enleva, et le tint à bout de bras les jambes en l'air.

Cette peuplade, il n'y avait pas à dire non, était

composée de sauvages très-lestes, les hommes et les femmes, et de bien bonne humeur.

Mijnheer Klootz, en effet, arrivant de tout son élan, ne trouva plus personne dans notre coin, parce que la boulotte avait franchi le tierçon d'un bond et se désossait sur la futaille voisine, l'estomac cassé en deux, et tenant ses talons sous ses aisselles.

Il eut un rire d'admiration, coupé par une mauvaise niche que la morte voulut lui faire : il l'écarta à grands coups de poing, et se croyait déjà vainqueur, quand le crocodile, inclinant le cou gravement, fit disparaître sa tête entière (la tête de mijnheer Klootz) entre ses deux énormes mandibules.

En un clin d'œil, mon coin se vida de nouveau, Klootz fuyant et se débattant contre ses deux adversaires qui se le renvoyaient bonnement comme on joue avec un ballon.

Il me sembla bien en ce moment que j'entendais le rire aigre de Jean qui s'étouffait quelque part, mais où ? Je pensais justement à lui, me demandant ce qu'il dirait de ces extravagances, et je me dressai sur mes pointes pour regarder dans le tierçon qui me parut vide, ayant son couvercle, à moitié chaviré et disloqué à un pied du fond.

A ce moment j'abaissai mon regard vers la terre. Juste à l'endroit où les pieds de Sidonie avaient foulé le plancher, il y avait un objet blanc. Je le ramassai. C'était un mouchoir.

Un mouchoir à cette sauvagesse ! Cela me plongea dans un océan de réflexions.

—Avant qu'il soit longtemps, me dis-je avec tristesse, la carrière du voyageur aura perdu tout son charme : un jeune homme d'Europe n'aura plus que de bien faibles chances d'être nommé roi dans ces contrées où la civilisation se glisse de toutes parts. Un mouchoir ! déjà ! et si loin !

Par curiosité, j'approchai le mouchoir de mes narines, non sans quelque défiance du vieux oing et de l'huile de phoque qui parfumait invariablement toutes les héroïnes de papa Quimper.

Autre surprise agréable sans doute, mais teintée de quelque amertume: le mouchoir n'empestait que l'eau de Cologne ! J'en conclus ceci : de deux choses l'une, ou les histoires de papa Quimper étaient d'insignes faussetés, ou, ce qui est le plus probable, grâce aux progrès de la navigation, les vrais sauvages devenaient de plus en plus rares sur la surface de l'univers.

Il fallait donc se hâter, si on voulait glaner encore dans les champs de l'inconnu, autrefois immenses, et qui allaient se rétrécissant à vue d'œil. Il m'était peut-être réservé d'avoir la dernière aventure !

Pendant que je méditais ainsi en présence de ce mouchoir indien, simple carré de calicot bordé de petites fleurs, et qui n'était pas même d'une propreté recherchée, la scène avait changé autour de moi.

Je n'apercevais plus Sidonie. Mijnheer Abraham avait disparu ainsi que l'ours. Les autres étaient rassemblés au centre de la soute et travaillaient.

On avait enlevé la bonde d'une futaille, et le genièvre coulait à grands flots dans les cruches à bière, au milieu d'une allégresse générale. Selon toute apparence il devait y avoir un festin en haut, sur le pont ou quelque part, car la porte ouverte laissait passer l'excellente odeur de cette *olla podrida* hollandaise, dont j'ai parlé déjà avec éloge.

Les cris et rumeurs, du reste, arrivaient toujours du dehors et ne cessaient que pour recommencer aussitôt; il y en avait de deux sortes, ceux de l'intérieur de la gabare qui me paraissait bondée de visiteurs, et d'autres qui m'arrivaient de loin, soit que nous fussions entourés de pirogues ou de canots, creusés dans des troncs d'arbre, soit que, échoués auprès d'un rivage, nous eussions, à portée de la voix, un grand rassemblement d'indigènes.

A chaque instant, cette alliance de mots barbares qui produisait à peu près le son de « vive le roi » revenait frapper mon oreille. A vrai dire, je ne cherchais plus beaucoup à deviner les énigmes qui se proposaient en foule à ma pensée. J'espérais ou plutôt je désirais très-vaguement m'échapper à un moment donné avec Jean, qui ne pouvait être loin de moi.

Déjà, depuis quelques instants, je le cherchais de tous mes yeux et j'étais inquiet de lui ; impossible de le retrouver. Les Indiens des deux sexes menaient une vie d'enragés sur les futailles et à l'entour, mais je ne voyais plus Sidonie, ni mijnheer Abraham, ni l'ours qui fumait des cigares.

En revanche, la morte qui avait maintenant une figure à peu près comme tout le monde sous son diadème de plumes, était poursuivie par mijnheer Klootz. Il riait, il soufflait ; chaque fois qu'il croyait saisir la morte ressuscitée, elle lui « passait la jambe » avec beaucoup d'habileté et il tombait en poussant de gros éclats de rire.

Une fois, il parvint à la faire prisonnière, mais elle s'esquiva au moyen d'une paire de soufflets qui sonnèrent comme des fouets de poste, et je crus bien l'entendre qui disait « As-tu fini, marsouin ! »

J'en restai tout saisi. C'était pour moi comme une voix de la patrie qui m'arrivait à travers l'immensité des flots. Involontairement, je rapprochai cet : « As-tu fini ! » des mystérieux « Vive le roi ! » et je regrettai Jean de plus en plus. Ma raison se noyait.

Mais désormais, les choses devaient marcher à la vapeur, et mes étonnements de ce genre allaient me submerger avec de l'eau de merveilles à cent pieds par-dessus la tête.

Suivons le fil : Le crocodile vint relever mijnheer Klootz et lui donna deux cruches pleines à porter. Le coq et le grand singe, chargés chacun de deux cruches, voulurent les confier à la reine, qui se défendit en jurant « tonnerre de Brest ! » (elle aussi !) et je ne sais d'où, prononcées par je ne sais qui, les deux syllabes du nom d'Hélie m'arrivèrent à l'oreille aussi distinctes que je les envoie ici à vos yeux avec ma plume. Je me secouai.

— Nom de bleu ! fis-je en moi-même, tiens-toi bien, Corentin ! C'est la berloque que tu bats avant de tomber tapé-mort d'un coup de sang à la fin des fins de tant de misère !

Et par le'fait, je me sentis chanceler d'avant en arrière sur mes jambes qui mollissaient comme celles d'un ivrogne, si bien que je donnai du dos contre la cloison et du nez contre la tonne.

Pour le coup, le cœur me manqua en grand, quoique c'était tout simplement la diable de gabare qui essayait de se relever au flot, car la marée monte partout, après avoir descendu, aussi bien dans ses eaux de l'antipode, qu'en port de Saint-Malo, mais je n'y étais plus, et quand j'entendis, au milieu de tout, le ricanement aigre de Jean Pitoux grincer près de mon oreille, je demandai d'un ton dolent :

— Jean, mon cousin, est-ce que tu es, aussi toi, décédé ?

— Veux-tu bien te taire, imbécile ! me fut-il répondu : tu vas nous faire découvrir !

Cela me rassura un petit peu.

Jean ou son spectre ajouta :

— Ne me réponds pas, si tu tiens à ta peau, nous allons causer tout à l'heure, quand ils seront partis.

— Où es-tu ? commençai-je.

Ma joue fut pincée jusqu'au sang, et relevant la tête, je vis la figure pointue de Jean, à trois pouces de la mienne.

Il était couché tout de son long dans une manière de filet, suspendu à hauteur d'homme et qui contenait la provision de liéges et de cire pour la mise en cruchon du genièvre.

— Ah ! fis-je tout bas, je suis bien content de te retrouver.

— Parbleu ! répliqua-t-il.

Et il ajouta entre ses dents :

— Sans moi, à chaque pas, tu buttes !

J'allais le remettre à sa place de la bonne façon, quand un mouvement se fit dans la soute. La burlesque procession qui naguère avait fait invasion chez nous opérait sa retraite dans le même ordre et avec les mêmes simagrées. Seulement, les Hollandais, vaincus et chargés comme des mulets, emportaient les cruches pleines, tandis que la peuplade indienne faisait des tours de force en imitant les cris de divers animaux.

A ce moment, je revis mijnheer Abraham et l'ours qui venaient les derniers et paraissaient engagés dans un très-sérieux entretien.

— Tant plus qu'ils boiront, chuchota Jean à mon oreille, ce sera le mieux pour nous. Combien penses-tu que la cour d'assises donnerait de gratification à celui qui ferait arrêter des gredins pareils?

— La cour d'assises! répétai-je confondu. Est-ce qu'il y a une cour d'assises par ici?

— Ohé! Langourdaine! cria-t-on du haut de l'escalier.

Je me pris les tempes à deux mains.

— Ça passe la permission, murmurai-je. Langourdaine! C'est encore un nom de chez nous! Moi, d'abord, ma tête déménage!

— Ça ne coutera pas cher de voiture, le déménagement de ta cervelle! répartit Jean avec mépris.

L'ours répondit à ceux de l'escalier, en bon français :

— On y va, les vieux!

Mais au lieu de passer la porte derrière les autres, mijnheer Abraham et lui revinrent vers les tonnes en causant.

— Dix mille francs, voilà leur dernier mot, ils ne veulent pas donner un sou de plus, dit l'ours.

— Les Caïmans! gronda mijnheer Abraham, qui se trouvait aussi parler couramment notre langue maternelle, ça vaut dix fois plus cher!

— Ah! mais oui, et mieux encore avec le riz!

— Comment, rugit Abraham, ils veulent aussi le riz pour ce prix-là? Depuis que le monde est monde, il n'y a pas eu brigands pareils!

— C'est à prendre ou à laisser, dit l'ours.

Du haut de l'échelle, les voix de ceux qui avaient appelé déjà, répétèrent :

— Ohé! Langourdaine, ohé!

Abraham poussa l'ours qui se dandina vers la porte sur ses pattes de derrière, et tous deux disparurent.

Jean et moi nous étions seuls. Je restai un instant sans parler et suffoqué par la stupéfaction. Jean me regardait d'un air narquois.

— Comme les choses se trouvent! dis-je enfin quand je recouvrai la parole.

— Qu'est-ce que tu as trouvé? demanda Jean : la lune? Elle n'était pas perdue.

— Voyons! fis-je, je devine que nous sommes encore quelque part en Europe... Est-ce que ce Langourdaine est celui de papa Quimper?

— Oui bien ; une jolie connaissance! Langourdaine le forçat libéré, l'échappé de Belgique, le calfat, l'ours du cirque de Saint Servan.

— C'est donc ça, dis-je pour reprendre contenance, qu'il en porte encore l'uniforme ?

— Qui ça ?

— Eh bien ! Langourdaine, parbleu !

— Langourdaine porte l'uniforme des forbans de Hollande...

— Ce n'est donc pas l'ours ?

Il haussa les épaules.

— Bien sûr, me dit-il, en quittant son filet à bouchons pour sauter sur la tonne et de là par terre, bien sûr que tu serais tout le restant de ta vie à comprendre, si je ne t'aidais pas un petit peu. Moi, il y a beau temps que j'ai tout compris !

— Est-ce que tu voudrais me faire croire, m'écriai-je, que Langourdaine est mijnheer Abraham avec qui nous naviguons depuis deux mois ?

Il éclata de rire si brusquement que j'eus la parole coupée.

— Ah !... ah !... ah !... faisait-il dans son insupportable gaieté, deux mois ! Es-tu assez gobe-mouche !

Je le saisis au collet et je le secouai, mais il riait toujours répétant :

— Deux mois ! deux mois !

— Tu vas me répondre, m'écriai-je, ou je t'étrangle ! Ces deux gredins que nous venons d'entendre ne parlaient-ils pas de vendre la cargaison en fraude des armateurs ?

— Si fait bien !

— Nous sommes donc dans un endroit où il y a commerce ?

— Un peu !

— Et des voleurs ?

— Pas mal.

— Et pourquoi riais-tu quand je t'ai dit deux mois ?

— Dame ! tu peux faire le compte : nous avons embarqué le soir du 25 Avril, et c'est aujourd'hui le 1ᵉʳ mai.

— Rien que cinq jours ! Est-ce que c'est possible ! Alors nous n'avons pas quitté la France ?

— Pas encore.

— Je parie, dis-je avec humiliation, que nous sommes tout au plus au Hâvre !

— Ah ! tu es gourmand ! nous n'avons pas avalé tant de chemin que cela.

— A Cherbourg, peut-être ?

— Pas si loin.

— A Granville, alors ?

— Pas si loin !

— Ce phare que nous avons vu ?

— C'est Fréhel.

— Toutes ces lumières ?

— Dinard et Paramé.

— Nous serions à Saint-Malo !

— A quai, oui, mon bonhomme, entre la porte de

Dinan et la Grand' Porte... Si tu pouvais voir la drôle de figure que tu fais! Tu regrettes l'Amérique, eh! Corentin?

J'étais tout bonnement exaspéré.

— Mais, m'écriai-je, les sauvages qui étaient là tout à l'heure!

— C'est la troupe du cirque de Saint-Servan, où Langourdaine était ours la semaine dernière avant de s'embarquer Hollandais...

— Mais le combat naval, le canon, la mousqueterie...

— C'est la fête à Louis-Philippe!

— Ah! écoutez! les deux bras me tombèrent.

— C'est vrai, dis-je, le 1ᵉʳ mai! Et je les ai bien entendus qui criaient : Vive le roi!

XIV

DU NOUVEL ASPECT DE NOTRE SITUATION. — JEAN USURPATEUR. — VAINCRE OU MOURIR! — PROJETS DE MIJNHEER ABRAHAM. — FORFAITS DES HÉLIE.— RÉVÉLATIONS INATTENDUES DE JEAN ET SA CONDUITE ADROITE AVEC Mlle SIDONIE.

Ah! certes, je la regrettais, l'Amérique! et je comprenais les chagrins de Christophe Colomb! Si nous avions été seulement jusqu'aux îles du Cap-Vert! Je me serais contenté de la moindre des choses : du Portugal ou même de Bordeaux ; Londres m'aurait enchanté, le Hâvre m'eût suffi, mais rien! Nous n'avions pas été jusqu'à Jersey!

Nous avions couru des bordées de misère sur les anciennes propriétés de Petit-Guern, ensevelies au fond de la mer, et sur les champs d'huîtres que la gourmandise humaine est en train de stériliser à la bouche de la baie de Cancale.

Cinq jours, au lieu de cet espace de temps énorme et si rempli d'événements dramatiques que j'évaluais naguère à deux mois, au bas mot, pour faire preuve de modération, mais qui me semblait long comme plusieurs années !

Il n'y avait de réel que les rats, et la tempête, plus dangereuse, il est vrai, qu'en haute mer, dans ces eaux de Saint-Malo, célèbres par tant de naufrages ; mais qui donc nous tiendrait compte de ce surcroît de péril, affronté journellement par les barques du petit cabotage et même par les bateaux pêcheurs ?

Mon premier voyage au long cours avait rôdé dans un cercle dont tous les points étaient en vue de la promenade des Petits-Murs !

Avec leurs lorgnettes marines, les invalides du port pouvaient nous regarder au moment même où Jean et moi nous discutions la question de savoir si la noire falaise du cap Fréhel appartenait aux côtes d'Afrique ou aux rivages des Antilles !

Je ne puis dire à quel point j'étais meurtri de cette chute morale. Et, chose singulière, ce Jean semblait triompher de mon abattement, comme si toutes les responsabilités de ce dénoûment ridicule qui noyait dans un crachat nos terreurs et nos espoirs, n'appartenaient qu'à moi seul !

C'était pourtant lui, souvenez-vous-en, qui avait troublé, le premier, la notion exacte que j'avais du temps, lorsque la fièvre l'avait pris dans le trou aux pommes de terre : c'était lui aussi dont la poltronnerie avait transformé mijnheer Klootz en cannibale ; lui, encore lui, qui avait trouvé dans l'apparition du phare une preuve de notre passage à travers l'Atlantique ; lui, toujours lui, qui avait expliqué les différentes phases du combat naval, du bombardement et l'échouage de la gabare, lancée par une lame à l'intérieur d'un récif de corail.

Eh bien! le coquin me regardait en vainqueur avec une compassion méprisante, et ses yeux méchants semblaient me dire :

— Corentin, mon pauvre Corentin, as-tu assez bien entassé bévues sur bévues pendant ces cinq jours! Est-il possible de trouver au monde un dindon plus dindon que toi! Moi, au moins, on ne m'en passe pas! j'ai vu tout de suite le fin des choses, et je remercie la Providence de la supériorité qu'elle m'a donnée sur toi!

Le mâtin! c'était son seul talent, mais il est sûr qu'il savait toujours s'installer en plein dans le beau rôle. Je jurais bien en moi-même qu'à mon prochain voyage je ne le prendrais pas avec moi. J'avais assez de lui, décidément, et, si j'en avais cru mon indignation, je lui aurais administré une exemplaire volée.

Mais ce n'était guère le moment de monter sur mes grands chevaux, et il est des circonstances où il faut savoir dissimuler. Je devinais d'instinct que le drôle ne m'avait pas dit tout ce qu'il savait.

Grâce à Dieu, ma perspicacité ne m'abandonne jamais. Je n'avais pas revu Jean depuis l'entrée des Hollandais, batifolant avec les sauvages; il avait dû se glisser ici et là comme une couleuvre qu'il était, écouter, espionner; bien sûr qu'il avait découvert quelque pot aux roses?

— Cousin Piteux, lui dis-je avec un grand calme et en gardant toute ma dignité, nous nous sommes trompés tous les deux, et il est certain que la faute en est à moi, surtout, puisque je suis le chef naturel et légitime de notre association...

— De quoi? s'écria-t-il; le chef? Joli chef! Le chef de ta soupe quand tu l'as dans le ventre! Pour être le chef, il faut y voir pour trouver l'endroit où mettre le pied. Sais-tu seulement qu'ici où nous sommes, entre Saint-Malo et Saint-Servan, la quille dans la vase et entourés de bon monde où il y a de vrais marins, des douaniers et même des gendarmes, nous risquons notre peau aussi bien et mieux qu'au plus mauvais de la tempête?

A mon tour je l'interrompis, et sans me fâcher encore, je lui dis :

— Ça ne prend pas de cette fois, mon gars, tu

m'as conté assez de bourdes pendant la traversée, pour venir me dire ensuite que c'est moi qui ai eu toutes tes propres lubies. Si nos beaux rêves sont évanouis, avec l'espoir de placer avantageusement la pacotille, du moins sommes-nous à l'abri de tout péril sérieux au sein de notre pays natal...

— Appelle donc, alors, ton pays natal, s'écria-t-il, autruche des autruches! pour voir s'il viendra à ton secours! Tu connais bien le nom du bandit qui veut s'approprier le genièvre et le riz, c'est Langourdaine, mais il faut être deux pour faire l'affaire : le voleur qui vend et le voleur qui achète; sais-tu quel est cet autre voleur?

Je fus frappé comme d'un trait de lumière.

— J'ai cru entendre... commençai-je.

— Tu as très-bien entendu : ils ont parlé de veuve Hélie en partant; parce qu'elle venait juste d'arriver en haut sur le pont et qu'ils allaient la rejoindre pour la régaler...

— Eh bien! dès qu'elle saura que nous sommes ici... commençai-je.

Son regard devint si tranchant que j'eus la parole coupée.

— Certes, repris-je, c'est une très-méchante vieille...

— Je ne dis pas cela! interrompit Jean ; elle est dans le commerce voilà tout.

— Enfin, tu l'appelais voleuse tout à l'heure!

— Voleuse, voleuse, certainement, par rapport aux armateurs, mais le commerce est le commerce : elle n'emportera pas le riz et le genièvre sans payer quelque chose à quelqu'un... Toi, tu n'as jamais rien compris aux affaires...

— Enfin, n'importe! si veuve Hélie est en haut...

— Elle y est! avec patron François, Fifi Jacquet et Hélie neveu...

— Raison de plus pour que nous n'ayons rien à craindre! Ça peut être des grippe-sou, des fausseurs de poids, des méli-méleurs, des mic-maqueurs, des fraudeurs et même des voleurs, mais, tu ne les prends peut-être pas pour des assassins, capables de nous égorger tout vifs!

Jean ne répondit pas tout de suite, j'avoue que sa figure commençait à m'inquiéter vivement.

— J'ai caché les deux haches du tonnelier et sa doloire, dit-il enfin; on vendra sa vie le plus cher qu'on pourra.

Puis m'imposant silence d'un geste péremptoire qui mit le comble à mon anxiété, il ajouta :

— As-tu compté les fûts? Le genièvre est très-bon.

— Ça c'est vrai!

— Il y a vingt tonnes de cinq barriques l'une dans l'autre, ce qui fait juste cent barriques. Maman Quimper payait son squidam trois francs le cruchon, quitte des droits de douane, puisqu'il était fraudé, il y a aux environs de trois cents cruchons dans chaque barrique. Sais-tu ce que font trois cents fois trois?

— Neuf cents, parbleu!

— Et cent fois neuf cents?

— Quatre-vingt dix mille.

— Tu n'es pas si bête tout à fait que je le croyais. Ça fait donc quatre-vingt-dix mille francs de squidam. Pour ne pas nous tromper, baissons la chose de moitié, à cinquante mille francs : c'est déjà 500 0|0 que les Hélie gagneraient sur leur marché de dix mille francs, rien que sur le genièvre, — et il y a le riz!

— Nom de bleu! dis-je, quelle occasion! c'est vrai, il y a le riz!

— Et dans la grande conversation, poursuivit Jean, que j'ai entendue entre l'ours et Langourdaine, ils disaient que le riz valait une fois autant que le genièvre.

— Tu as donc entendu une grande conversation?

— Plus d'une : je n'ai pas l'habitude de garder, comme toi, mes oreilles ni mes yeux dans ma poche, sous mon mouchoir.

— Ah! m'écriai-je à ce mot mouchoir, celui de Sidonie sentait l'eau de Cologne, j'aurais bien dû me douter de quelque chose!

— Qui appelles-tu Sidonie?

— La boulotte aux coquillages répondis-je, et si nous voulions faire avertir le procureur du roi ou la maréchaussée, tu sais que...

— Oui, oui, répartit Jean, je sais... Moulin à café...

Jusqu'alors, faites attention à cela, toutes nos histoires de grands périls avaient tourné en eau de boudin. Il paraît que je comptais un peu là-dessus et que je n'étais pas encore bien convaincu du mortel danger que nous courions, car cette allusion, faite sans ménagement à la plus amère blessure dont mon orgueil eût saigné au temps de ma petite jeunesse, me transporta de colère.

— Tu es, dis-je à Jean, le plus enragé de mes ennemis, et je ne suis pas à m'en apercevoir. La jalousie qui te dévore te poussera quelque jour jusqu'au crime au vis-à-vis de moi. Il faut que tu aies perdu toute bonne foi et même tout bon sens pour nier la supériorité de mes avantages extérieurs...

— Là! là! fit-il, ne t'enlève pas comme une soupe au lait, nous avons autre chose à faire. Je serais bien méchant, c'est la vérité, si je te marchandais la passable mine que la Providence t'a donnée en te refusant tout le reste. Seulement, à l'heure qu'il est, ta bonne mine ne serait pas beaucoup remarquée. Regarde un peu voir où elle a coulé ta bonne mine!

Le fanal de poupe apporté par le Coq était encore

auprès de l'entrée pour le cas, sans doute, où les convives auraient besoin de remplir les cruches avant la fin du festin. En prononçant ces derniers mots, Jean fouilla avec énergie les profondeurs de sa poche et en retira un petit morceau du tesson de miroir qui servait jadis à la toilette de l'infortuné mijnheer Haas.

Il me l'offrit et je me regardai. Je ne me reconnus pas.

Combien les philosophes ont raison de compter pour peu de chose les charmes du visage! Qu'est-ce donc que la beauté si les misères de cinq jours, passés à fond de cale, peuvent la réduire au triste état où je voyais la mienne! Le plus noir des ramoneurs aurait paru propre auprès de moi.

Le poussier de charbon avait fait de ma figure un vrai masque de moricaud, et il y avait dans mes cheveux, brouillés en tignasse, au moins une demi-livre de fumier.

Quant à mes habits, je n'en ébaucherai pas même la description : ils faisaient honte de pitié.

Mes yeux allaient du miroir à Jean, pour trouver au moins une consolation dans le misérable aspect de ses souillures, mais le coquin n'était pas malpropre du tout ; il avait sa veste brossée ou à peu près: ses cheveux plats tombaient à la manière ordinaire et ses joues étaient nettes ; seulement, sa frimousse toute blême d'habitude, vous avait une belle teinte rubiconde comme si on l'eût frotté à l'eau bouillante.

— Je t'en prie, m'écriai-je, dis-moi comment tu t'es nettoyé !

— Moi, me répondit-il, je trouve toujours du temps pour tout, et les moyens ; je ne serai jamais embarrassé en ma vie, mais maintenant, nous sommes trop pressés, et d'ailleurs, si c'est pour demander un service à Mlle Sidonie, pas la peine de te déranger, la chose est faite ; j'ai su l'intéresser en notre faveur.

Vous ne sauriez imaginer à quel point il était insupportable quand il triomphait. Dans le silence qui suivit cette déclaration, je cherchai à retrouver au dehors les mille bruits qui nous environnaient naguère ; mais, à part un grand murmure continu, on n'entendait plus rien.

La gabare était à flot de nouveau et se balançait indolemment. A présent que je savais où nous étions, le fait n'avait rien pour moi que de naturel : la marée nous avait soulevés. Jean me dit en changeant de ton : Laissons-là les fariboles...

— As-tu idée que notre sort est en train de se décider là-haut ? Non c'est sûr, puisque tu n'as jamais idée de rien. Eh bien, tâche de comprendre, je vas résumer les choses : les Hélic sont ici ; parce que ils ont levé une affaire qui promet un bénéfice honnête de soixante à quatre-vingt mille francs...

16

— Honnête! répétais-je, tu es aussi gredin qu'eux !

— Ne discutons pas cela, me répondit-il ; c'est le commerce. Nies-tu le boni? et connais-tu quelque chose au monde qui puisse arrêter les Hélie sur le chemin d'un boni de 80,000 francs! Non, pas vrai? Eh bien, alors, pour nous, la question est tout uniment de savoir s'ils auront oui ou non avis de notre présence à bord. Dans le premier cas, je ne donnerais pas dix sous de notre peau, par la raison toute simple que notre présence à bord jettera deux témoins dans leurs roues... Et n'en faut pas dans ces affaires-là !

Je ne cache pas que je fus frappé. Pourtant, je voulus revenir à mes arguments, tirés de la différence qu'il existe entre des Arabes de comptoir et des assassins pour tout de bon, mais Jean m'interrompit :

— Je ne te dis pas, reprit-il, qu'on nous tuera à coups de couteau, ou qu'on nous déchargera des pistolets dans les tempes ; c'est trop dangereux, cette manière-là ; mais il y en a d'autres, soit qu'on nous emmène d'ici jusqu'à la côte d'ébène du Congo, cadenassés dans la cale, soit qu'on oublie pendant un peu plus de temps qu'il ne faut, de nous descendre la soupe. Ce qui est clair comme le jour, c'est que les Hélie sont des gens avisés, prudents, à la tête d'une maison sur laquelle il n'y a pas le plus petit mot à dire ; s'ils font l'affaire, ils ne sont pas assez simples pour laisser derrière eux, deux pierrots comme nous qui pourraient les dénoncer, hein ? Et d'un autre côté, comment veux-tu qu'ils ne fassent pas l'affaire, puisqu'elle est à 800 pour cent de bénéfice, au bas mot, avec le riz. Soyons justes, ça ne serait pas raisonnable de leur part !

— Eh bien, moi, m'écriai-je, je te dis que mijnheer Klootz ne nous laisserait pas égorger comme cela, ni Peeters non plus, ni même Cornil...

— Qui te parle de ceux-là ? interrompit Jean froidement. Mais au fait, tu n'as pas seulement idée de notre situation, et j'aurai plus tôt fini de tout te dire. Nous n'avons rien à craindre des Hollandais, des vrais : le coup est monté contre les Hollandais aussi bien que contre nous...

— Bah ! on veut les escoffier aussi ? Quels tigres que ces Hélie !

J'essayais de rire, mais ce n'était pas de bon cœur, parce que ce diable de Jean vous avait une figure à la fois très-inquiète et très-résolue qui rengaînait la gaieté. Il m'attira sans plus rien dire derrière le tierçon où je m'étais déjà caché, puis derrière la grosse tonne, dans un petit espace vide que je n'avais pas soupçonné.

Là, je vis les deux haches du tonnelier, la doloire, un virbrequin de forte dimension et un compas long, brillant, pointu comme une aiguille.

— Voilà nos armes, me dit Jean d'un ton que je ne lui connaissais pas ; elles sont bonnes. Nous sommes des enfants, c'est vrai, mais patron François et veuve Hélie ne tiennent pas debout. Nous n'avons à combattre, en réalité, que Fifi Jacquet, le neveu Amédée, l'ours et Langourdaine. Ces deux-là, dame, valent mieux que nous, mais ils ne s'attendent pas à nous trouver armés, on fera ce qu'on pourra, et au petit bonheur !

Il avait ma foi les yeux au ciel.

— Quand maman dit ça elle pense au bon Dieu, murmurai-je.

Puis je demandai :

— Mais les autres Hollandais ?

— On les a éloignés me répondit Jean, ne t'occupe pas d'eux ; de ce côté-là, nous n'avons rien à espérer ni à craindre... Voyons ! as-tu froid aux yeux, mon cousin Corentin ? Tâte-toi !

— J'en suis ! répondis-je en saisissant une hache, quand ils seraient douze de plus !

— Bon ! fit Jean qui prit l'autre hache, c'est bien ; mais pas de fanfaronnade : les vrais braves sont modestes ; vois si je me vante ! Assieds-toi là près de moi, l'oreille au guet, prêt à tout. Je vais te dire en deux temps le fin mot de la chose et tu en sauras aussi long que moi... Mais auparavant donne-moi ta main, car ils vont venir probablement avant que j'aie achevé, et promets-moi de faire comme je ferai !

— Je te promets de faire un peu mieux, mon cousin Jean, embrassons-nous !

Nous nous donnâmes l'accolade, et je réponds que l'instant ne manquait pas de solennité ; puis Jean commença aussitôt :

— Il y a donc qu'au moment de l'entrée de mijnheer Abraham avec la reine des sauvages, je n'avais pas plus que toi l'idée de ce qui se passait sur la gabare, et pendant un petit instant, j'ai cru comme toi à une descente des Iroquois. Nous nous étions si bien monté la tête ! Et, en définitive, j'ai dit à ce sujet-là, dans notre trou, ici près, autant de sottises que toi.

Mais le petit instant ne dura pas longtemps, parce que la semaine passée, la veille de la fête de Papa Quimper, veuve Hélie m'avait envoyé lui acheter deux sous de graisse pour la soupe, et en revenant j'avais rencontré la grande cavalcade du cirque de Saint-Servan, avec l'ours, le singe, le coq, le polichinelle, le crocodile, la morte, Mlle Sidonie toute habillée de coquillages, et que tu appelles la boulotte ; enfin, la femme-colosse de la Terre de Feu, entourée de laurier comme un gros jambon, et qui annonçait du haut de son trône aux passants la première représentation de *Mazeppa ou le jeune Polonais dévoré vivant par les chevaux de la Tartarie.*

Ce jour-là, c'était encore Langourdaine qui faisait

l'ours. Le lendemain seulement, il devint mijnheer Abraham en prenant place parmi les matelots de la gabare en qualité de quartier-maître et magasinier. La raison de ce départ est qu'il était poursuivi à Saint-Malo par la police. Il sait le hollandais, comme père et mère, pour avoir fait son métier de lascar dans les ports de Belgique, et le patron, mijnheer Haas, avait grande confiance en lui.

Ici, j'interrompis Jean pour lui demander :

— Est-ce-que c'est lui qui a fait la fin de l'infortuné mijnheer Haas ?

— Je ne te dis que ce que je sais, répliqua Jean. Laisse-moi continuer... Des hommes et des femmes comme ceux qui étaient sur le chariot du cirque, on n'a pas besoin de les voir deux fois pour les reconnaître. Aussi, tantôt, dès que la reine des sauvages passa notre porte en roulant et en valsant, je remis très-bien la femme-colosse et successivement tous les autres, y compris l'ours dont je ne reconnus pourtant que la peau. Ça fut comme si un coup de vent avait balayé en grand toutes les illusions et faiblesses de mon cerveau. Je me dis :

— Attention ! l'Amérique est dans le sac ! Voilà tout le régiment de Mazeppa, et nous sommes de retour dans la mère-patrie !

C'était le moment du sauve-qui-peut, pas vrai ? Je ne m'occupais pas plus de toi que tu ne pensais à moi ; chacun pour son compte. Pendant que tu te coulais dans ton coin, qui n'était pas trop mal choisi, je me faisais mince comme une lame de couteau et je glissais entre deux tonnes, si bien, qu'en entrant, les gens de la gabare et leurs invités n'ont vu personne.

— Mais pourquoi les Hollandais ont-ils été chercher tous ces camarades-là? demandai-je.

— Tu ferais mieux de m'écouter, répliqua Jean. Cependant, je veux bien répondre à part à cette question-là, parce que ça t'aidera à comprendre le reste. Il y a ici, d'un côté, l'ancienne mauvaise connaissance de ton papa, Langourdaine, qui a son idée à lui tout seul ; de l'autre, l'équipage hollandais qui n'est plus commandé, qui vient de manger de la vache enragée et qui veut faire la noce. C'est là son ambition ; il n'en a pas d'autre pour le moment. Langourdaine, au contraire, ou mijnheer Abraham, comme tu voudras l'appeler, roule dans sa tête les plus coupables projets. Tu sais que l'équipage est divisé entre lui et mijnheer Klootz, mais le gredin n'a pas été si bête que de mettre sa bordée dans sa confidence. Outre qu'il aurait eu peur de rencontrer là plus d'honnêteté qu'il n'en fallait, il ne veut partager avec personne. Il a donc cherché un complice au dehors ; il l'a trouvé, et pour avoir ses coudées franches à la manœuvre, il a persuadé à l'équipage de monter une bamboche monstre, avec musique, danse et tremblement, qui commencera ici, à bord, pour se continuer dans les cabarets à travers la fête. Pour que la parade soit au complet, Langourdaine a proposé d'aller chercher des dames au cirque de Saint-Servan.

C'est lourd, le Hollandais ; mais à l'intérieur de sa caparace, ça aime la gaieté ; la proposition de mijnheer Abraham-Langourdaine a été accueillie, et il a été convenu qu'on louerait toute la troupe du cirque pour orner le festin de Sardanapale qui doit entamer la réjouissance, et la promenade à travers les guinguettes qui doit en être le couronnement. C'est commencé de rire au moment où je te parle.

Ceci se passait ce matin. Langourdaine, avec son idée du cirque, faisait d'une pierre deux coups : il se procurait le compère dont il avait besoin et il se ménageait le moyen d'éloigner l'équipage au bon moment.

Tu vas voir que tout se tient.

Pour parler d'abord du compère, c'est un repris de justice comme lui et qui l'a remplacé dans la peau de l'ours ; en allant au cirque, Langourdaine était tout porté pour trouver ce coquin-là, et tu penses bien qu'ils n'ont pas eu de peine à s'arranger tous les deux, je dis tous les deux, car les écuyères et saltimbanques ne sont pas plus dans le secret de la vraie manigance que les Hollandais eux-mêmes.

Ceci étant bien pesé, j'arrive au cœur de la manigance et à l'adresse que j'ai eue de la découvrir.

Dans le coin où je m'étais blotti, j'écarquillais mes yeux à regarder cette invasion des sauvages, et tout en regardant, j'avais percé un petit trou à la tonne, ma voisine, non pas pour boire (je savais trop le besoin que j'allais avoir de tout mon sang-froid), mais pour me débarbouiller la figure et nettoyer un peu mes cheveux. Tu sauras que le genièvre, ça décrasse très-bien.

— Perce-moi un trou, m'écriai-je, je veux faire ma toilette !

— J'ai perdu mon foret, me répondit Jean sèchement.

Je reconnus bien là sa jalousie et je lui en fis amèrement l'observation. Il haussa les épaules et poursuivit :

— Si c'est notre dernière heure, tu seras toujours assez propre pour être assommé. Ecoute plutôt le rapport que j'ai la complaisance de te faire.

Pendant que je me décrassais, j'avais l'œil au guet et l'oreille aussi. Juste devant moi, entre deux tonnes je voyais mijnheer Klootz qui causait avec la reine ; tout à coup, je reçus un grand coup de pied sur la tête, et une voix dit au-dessus de moi : « J'ai marché sur un melon ! » C'était le singe qui faisait ses cabrioles au-dessus des tonnes. Je m'affalai bien vite entre deux autres futailles, et cela me mit tout contre la cloison, à trois ou quatre pas de l'entrée.

Là, mijnheer Abraham, c'est-à-dire ce gredin de Langourdaine, et l'ours, son compère, étaient blottis comme moi, mais plus à leur aise parce qu'ils occupaient le chemin qui fait le tour des tonnes. Ils tenaient ensemble un conciliabule du plus haut intérêt, tu vas voir.

Toi, tu aurais peut-être été bien du temps à comprendre, mais moi, je saisis du premier coup comme à l'ordinaire, et au bout d'une demi-minute, je savais que l'ours n'était autre que Nicolas...

Ici Jean s'arrêta brusquement, pour prêter l'oreille.

— Nicolas de chez les Hélie ? m'écriai-je : le galérien !

— Ne m'empêche pas d'entendre quand j'écoute ! ordonna Jean. Je veille au grain pour deux.

— Qu'est-ce que tu écoutes ?

— Pas grand'chose pour le moment : ils font la noce en haut, c'est clair, et nous avons peut-être encore une demi-heure de répit... Tu as bien deviné, cette fois, l'ours est Nicolas de chez les Hélie, à qui la veuve prit les quarante-sept francs qu'il avait ramassés dans un pied de bas, pour ne pas le dénoncer quand on s'aperçut qu'il avait été à la chaîne.

— Ah ! m'écriai-je, nous sommes dans de mauvais

draps, pour sûr ! Langourdaine et Nicolas ! Voilà une paire de vrais scélérats qui tuent ! Ils vont nous saigner comme des agneaux !

— Si on se laisse faire ! riposta Jean qui faisait vraiment assez bonne contenance. Je ne demanderais qu'une chose, c'est d'avoir à la place de toi un autre Jean Piteux, alors Langourdaine et Nicolas, et le diable s'il était là, en verraient de belles !

Je sautai sur mes pieds tant j'étais indigné !

— Prenons chacun une hache, m'écriai-je, et tapons-nous, toi et moi, jusqu'à la mort, pour voir lequel mettra les pouces le premier !

J'avais déjà saisi un des merlins du charpentier. Jean croisa ses bras sur sa chétive poitrine et me dit avec un accent de reproche, que je trouvai majestueux :

— Comme c'est bien ça ! Juste au moment où je te sauve peut-être la vie par mes informations, l'idée te monte de me détruire ! Lâche ton outil ; moi, je ne prendrai le mien que quand il s'agira de menuiser Nicolas et Langourdaine pour ton salut, comme pour ma délivrance !

Je laissai aller la hache. Jean Piteux avait décidément la tête au-dessus de moi. Il reprit avec un calme qui redoubla ma honte :

— Dès les premiers mots, je compris que Langourdaine et son ours n'en étaient pas à leur première entrevue. Langourdaine avait évidemment confié à Nicolas une mission dans la matinée, et Nicolas rendait compte de sa négociation. Langourdaine disait :

— J'en ai assez de mon rôle de mijnheer Abraham; j'aime mieux la misère avec les calfats du joli port de Saint-Louis, que l'abondance au milieu de ces cachalots de Hollande, qui n'ont ni esprit, ni éducation, ni bonnes manières, ni rien. As-tu trouvé les rats dans leur cave?

Les rats, c'étaient les Hélie, et la cave leur boutique... Ah! que je voudrais bien y être encore! L'ours répondit :

— Les Hélie étaient là au grand complet, et ils se disputaient jusqu'au sang, parce qu'ils ont perdu pas mal dans leurs affaires de grippe-sou, depuis quelque temps. Veuve Hélie m'a reconnu tout de suite. Au premier mot que j'ai soufflé, elle m'a pris au collet et m'a demandé quarante-sept autres francs, pour ne pas me dénoncer à la police. J'ai monté tout de suite sur mes grands chevaux et j'ai réparti : « Je ne viens pas ici pour des petitesses. On commence à causer de vous dans Saint-Malo. Est-ce que vous n'auriez pas l'idée de faire un petit voyage pour votre agrément? Voilà la chose, je vous apporte non pas les quarante-sept francs, mais quarante-sept mille francs et le double et le triple. » La vieille a levé sa béquille sur moi, parce qu'elle croyait que je me moquais ; mais Hélie neveu, qui a l'air d'être le maître, à présent, m'a offert une chaise et la goutte. Alors j'ai expliqué l'opération. Mais Hélie fils est idiot, un peu plus qu'autrefois, il a compris tout de même ; Hélie père est paralysé, mais il a compris ; ils ont tous compris. Huit jours après leur mort, ils seront encore capables de comprendre, s'il s'agit de gagner de l'argent. Ils m'ont proposé mille francs du tout...

Pour la seconde fois, Jean s'interrompit pour écouter. On n'entendait aucun bruit nouveau, et ce grand murmure, que nous savions maintenant être la voix de la foule, assemblée pour la fête du 1er mai, semblait s'éteindre de plus en plus. Jean me dit :

— Le dehors nous importe peu. Ce que je guette, c'est le premier bruit qui viendra du côté de la chambre d'Isidore, car c'est là qu'ils nous chercheront.

— Si nous laissions couler une tonne pour la vider et nous cacher dedans ? insinuai-je.

— J'y ai songé, répondit Jean, mais après ?... Et puis, j'ai idée de gagner la prime. Je ne connais pas bien ces affaires-là ; mais le gouvernement nous donnera toujours, au moins, cent écus pour avoir dénoncé les brigands et forbans : mettons que les armateurs en crachent autant, ça ferait six cents francs que nous empocherions...

— Il faudrait d'abord nous sauver pour toucher la prime ! m'écriai-je.

— C'est juste, me répondit-il, mais la hache sera moins lourde à manier si chaque coup vaut une douzaine de pièces de cinq francs!

Il reprit en se frottant les mains à cette idée qui vraiment lui rafraîchissait le cœur :

— L'ours continuait donc l'histoire de son ambassade. Les Hélie avaient été deux heures d'horloge pour arriver, de leur première offre de mille francs, aux dix mille qu'ils ne devaient pas dépasser. Quant aux voies et moyens, voici ce qui avait été convenu : La grande bamboche dont Langourdaine avait eu l'idée commencerait, à la tombée de la nuit, par une noce au genièvre, et c'est pour ça que nous avons vu emplir les cruches. Les gens du cirque, hommes et femmes, seraient complices sans le savoir, ne demandant jamais mieux qu'à marcher sur la tête, manger, boire et faire toutes sortes de folies. Les Hollandais sont lourds à mettre en branle, mais, une fois lancés, c'est pire que des Bas-Bretons! Voilà donc le programme : divertissement général à bord, noces et festin, la carmagnole et la danse des taupes, les coups de poing dans l'œil, soupe à l'oignon, vaisselle cassée, tous les agréments des dieux de la fable, en veux-tu en voilà, jusqu'à en étouffer à trois pieds au-dessus du nœud de la gorge! Après quoi, on proposerait à la Hollande d'aller voir le feu d'artifice en palanquin dans le char des écuyers du cirque, pavoisé de drapeaux et de feuillages, avec les écuyères en grand costume, environnées de verres de couleur, jusqu'au bout du nez.

— Ça sera tout de même drôle, fis-je malgré moi.

— Tu n'es qu'une bête, me dit Jean avec sévérité. A l'heure où ces méprisables saturnales auront lieu sur le pavé de Saint-Malo, ta ville natale, tu auras peut-être la gorge ouverte, et des flots de sang baigneront ton cadavre mutilé. Il n'y a pas de quoi rire.

C'était terriblement vrai, mais cette vision de mijnheer Klootz, enguirlandé de lampions, avait chassé mes idées noires et je répondis :

— A la guerre comme à la guerre ; tu ne serais pas si bavard dans le cas où tu te croirais à l'article de l'agonie. Je suis bien sûr que tu as quelque tour dans ton sac !

— C'est ça ! s'écria Jean, tu t'habitues à être sauvé par moi et tu ne m'en as pas plus de reconnaissance !

Je vis bien qu'il fallait le flatter un peu, et je répondis.

— Au contraire, ce que j'en dis est pour te remercier. Depuis cinq jours, tu m'as prouvé que tu étais un garçon de ressources.

— Tu n'as pas souvent de ces bons moments-là, Corentin, va jusqu'au bout pendant que tu y es, et avoue une bonne fois que j'ai plus d'esprit dans mon petit doigt que toi dans ton grand corps, dont tu es si fier !

Caressez un vilain, voilà quel sera votre bénéfice ! La conscience que j'avais, au fond de tout, d'être en bois d'acajou des îles par ma naissance, sans parler de mes autres avantages, tandis que lui, Piteux, n'était que du sapin à quatre sous la planche, me fit garder mon sang-froid. Je lui répondis sans me fâcher :

— Ce n'est pas dans mon caractère de m'humilier devant personne. On verra plus tard qui de moi ou de toi sera assez riche pour dîner deux fois. Tu as eu la chance d'entendre des choses que je ne sais pas. Dis-les moi tranquillement, non pas dans mon intérêt, mais dans le tien, car s'il faut jouer de la hache tout à l'heure contre nos ennemis, tu sais bien que chacun de mes bras vaut une douzaine de pattes d'araignée comme les tiennes. Je ne veux pas te rabaisser, moi, ni te reprocher le pain que tu as mangé chez nous, on te le devait comme cousin et va-nu-pieds, mais gardons notre rang, si tu veux, chacun le sien, et dis-moi comment finit l'histoire.

— L'histoire finit là, me répondit-il sèchement ; mais tout Quimper et tout Corentin que tu es, je te préviens que tu mangeras de mon pain plus que je n'ai mangé du tien. Tu as raison : ne nous disputous pas et passons à une autre paire de manches.

Langourdaine et Nicolas s'éloignèrent pour rejoindre les autres, après avoir échangé encore, toutefois, quelques paroles qui me firent comprendre qu'on profiterait de la grande promenade en char et de l'absence de l'équipage pour déménager la cargaison, après avoir fait un sort à toi et à moi...

— Ils n'auront jamais le temps de décharger ! m'écriai-je.

— Voilà une chose qui les regarde, répliqua Jean. Tu peux être bien tranquille. Du moment que les Hélie sont là-dedans, on ne perdra ni un quart de riz, ni une chopine de genièvre... Ah ! saperlotte ! j'ai beau faire, je voudrais bien être plus vieux d'une demi-heure !

Il reprit avec un gros soupir, en essuyant la sueur de son front :

— Malgré ta jalousie, tu vas bien être forcé d'avouer tout à l'heure que j'ai bien manœuvré avec Mlle Sidonie ; mais comment veux-tu que maman Quimper et même Fanchette croient à mon message ?

— Quel message ? demandai-je.

Au lieu de répondre, il continua plaintivement :

— Fanchette croit savoir que nous avons embarqué à bord de la *Marie-Pauline* avec M. Toussaint Morin.

— Eh bien ! m'écriai-je, la *Marie-Pauline !* Mlle Sidonie ! Fanchette ! un message ! Veux-tu t'expliquer, oui ou non ?

Il prit un air encore plus lugubre, et gronda entre ses dents :

— Tout à l'heure, j'avais peur de voir arriver les Hélie ; maintenant, je trouve qu'ils tardent bien à venir ! Nous croyons être à Saint-Malo ; c'est très-bien, et je donnerai ma parole sacrée que j'ai entendu crier : vive Louis-Philippe ! mais n'étions-nous pas plongés dans d'autres illusions ? En moins d'une semaine, nous avons passé à travers tous les dangers et toutes les misères qui mettent du plomb dans la tête d'un jeune homme. Tu n'en as pas profité, toi, parce que tu ne profiteras jamais de rien ; mais moi, j'ai de la barbe en dedans, et ça m'étonne moi-même de voir tout ce qui me passe par la tête.

— Alors, dis-je assailli soudain par une fourmillière de doutes, tu n'es plus sûr de rien du tout ? Nous sommes peut-être déjà repartis de Saint Malo ? Nous n'y avons peut-être jamais été ? Et qui sait si tout ce que nous venons de voir n'est pas encore le délire de la fièvre chaude ? Moi, d'abord je n'en peux plus, j'ai ma tête qui est comme pour se fendre !

Je laissai tomber entre mes deux mains mon front qui brûlait. Dans le grand bourdonnement qui m'entoura aussitôt, j'entendis le rire aigre de ce misérable Jean. Il jouait avec moi comme le chat tourmente une souris, non point du tout par mauvais cœur, mais pour établir à chaux et à sable le fait de sa prétendue supériorité. Je ne me sentais même plus la force de le battre.

— Voilà pourtant ce que valent les enfants qu'on gâte dans les familles, me dit-il. Si maman Quimper avait eu le sens commun, elle aurait daubé sur toi, au lieu de te faire des compliments. Je ne dis pas que tu serais de ma force, mais tu verrais à te conduire. Raisonnons froidement : nous ne sommes pas bien loin de notre salut ; à vingt pas de nous, il y a des Malouins et des Malouines qui font la fête ; des matelots, des douaniers, des commissaires, mais entre tout ça et nous, c'est la gabare, et que contient la gabare ? Des personnes dans le commerce que nous gênons pour faire une affaire. J'aimerais mieux des cannibales, mais nous n'avons pas à choisir. Pourquoi les Hélie ne nous sont pas encore tombés sur le corps avec Langourdaine et Nicolas ? je n'en sais rien, mais il faut qu'il y ait quelque chose. D'un autre côté, maman Quimper et Fanchette auraient dû recevoir déjà de nos nouvelles par Mlle Sidonie. Là encore, il y a quelque chose, car voilà plus d'une heure que Mlle Sidonie est partie, et il ne faut pas tout ce temps-là pour aller et revenir de la *Jeune-Émilie*...

— Écoute! m'écriai-je en sautant sur mes pieds, il y a ici du monde de chez nous!

Dans le silence qui régnait maintenant au-dedans de la gabare et au dehors, je venais d'entendre une voix bien connue : la basse-taille de papa Quimper, et ma première idée était de me lancer à sa rencontre, au risque de tout ce qui pouvait arriver, mais Jean me retint par les deux jambes en disant :

— C'est peut-être le mirage des chimères qui nous poursuivent, et, d'ailleurs, Langourdaine est avec lui, méfiance! tu sais bien que papa ne vaut pas une chiquenaude, il ne pourrait pas nous défendre, et on le massacrerait avec nous.

La voix de papa se faisait entendre, de l'autre côté de la porte qui avait servi pour l'entrée et la sortie des sauvages. Quoiqu'il y eût, entre lui et nous, une épaisse cloison, nous pouvions distinguer chaque syllabe prononcée par lui, tant sa petite personne était sonore. A l'écouter ainsi de loin, on eût dit un homme de six pieds parlant dans un porte-voix. Je ne peux pas cacher que j'avais le cœur tout remué d'espoir et de tendresse, pendant que ce bel organe tonnait à mes oreilles.

— Je veux bien attendre, répondis-je avec toute ma vaillance revenue, mais tu sauras que c'est fini de rire avec les attrapes. Quand on entend papa, maman n'est pas loin. Nous allons coucher ce soir à bord de la *Jeune-Émilie*, je t'en signe mon billet...

— Que Dieu te fasse dire vrai pour une fois ! soupira Jean qui joignit les mains avec ferveur. Moi j'ai idée que nous aurons du mal à faire la route d'ici jusque chez nous !

— J'ai passé la visite de la coque, de bout en bout, disait en ce moment papa Quimper. C'est solide. Vous pouvez aller avec ça, sans calfatage, à Jersey, en Hollande et à Pékin ! Pour la mâture, j'ai les deux brins de sapins du Nord tout prêts, et des braves garçons tant qu'on veut à trois livres dix sous, plus les quatre chopines. Vos deux mâts peuvent être plantés demain soir, si on y met du monde assez, et je ne suis pas payé par le gouvernement pour vous demander vos papiers de bord, vieux Langourdaine... On en sera quitte pour ne pas souffler mot de la chose à Mme Quimper, qui m'a défendu de me fréquenter avec vous. C'est pas l'embarras ; elle en rêve de l'idée de vous tripoter de fond en comble, tabac, avancement, justice de paix, tout ça ensemble dans le même bidon, avec trépignage général par-dessus, un œuf poché à chaque œil et les deux bras en bretelles, si jamais elle a le moindre vent que nous avons fait des affaires nous deux... A ta santé, matelot !

Papa dut boire une bonne tasse, après ce discours, car, on entendit claquer sa langue.

— Comment trouves-tu ce velours-là, petit vieux ? demanda mijnheer Abraham.

— C'est du délice ! répondit papa chaleureusement.

— Penses-tu, continua Langourdaine, que Mme Quimper serait sensible à l'hommage qu'on lui en ferait avec estime de cinquante cruchons cachetés du même ?

Papa ne répondit pas tout de suite.

— C'est sûr, dit-il enfin, qu'elle te regarde comme la racaille des racailles, et pour un franc, je n'oserais pas prononcer la moitié de ton nom devant elle, mais cinquante cruchons, dame, écoutez donc, elle est dans le commerce...

— A la bonne heure ! dit derrière moi Jean Piteux. Tu vois bien !

— Je lève la main, m'écriai-je, que maman ne prendrait pas la boisson de ce coquin-là, quand même il la lui porterait dans des bouteilles d'or massif.

— Savoir, savoir, fit Jean tout doucement ; ta maman n'est pas si bête que ça ! A-t-elle besoin de lui demander à quel tonneau il a tiré la marchandise ?

De l'autre côté de la cloison, Langourdaine avait prononcé quelques mots à voix basse. Il reprit en ce moment tout haut :

— Alors tu comprends, petit vieux : ce n'est pas demain qu'on travaillera, c'est cette nuit, pour ne pas souffrir de la chaleur.

— Oh! oh! fit papa qui perdit toute sa gaieté, si c'est des cachotteries de nuit, je n'en suis plus! Je suis un honnête homme.

— Bois un coup, matelot.

— Plus une goutte!

Il s'en allait; Langourdaine le rappela disant:

— Voyons! voyons! c'est des affaires entre armateurs et millionnaires. Pas de danger... Mme Quimper n'en saura rien...

— Elle sait toujours tout!

— Je ne l'ai pourtant pas rêvé, reprit Langourdaine, tu m'as dit en arrivant que tu n'avais rien à craindre d'elle, ce soir, rapport à un malheur d'événement qui est tombé aujourd'hui sur votre maisonnée.

— Oui bien, je l'ai dit, répliqua le petit homme, dont la basse-taille chevrota comme pour pleurer un vrai malheur, c'est certain. Au lieu d'aller à la fête, ils sont tous là, chez nous, les filles et les gars, avec la femme et l'abbé, qui dit tout son latin de prières. Ah! misère! misère, c'est pour oublier ça que je voulais me mettre un petit peu en train de boire... Avais-tu ouï mention que mon cinquième garçon (un Corentin coiffé pour le commerce) s'était réchappé de chez les Hélie avec son cousin Jean Piteux pour aller à Terre-Neuve?

On juge si nous étions tout oreilles, Jean et moi. Je ne sais pas ce que Langourdaine répondit, mais papa continua avec des sanglots plein le gosier.

— Il y avait donc que notre fils l'abbé avait été d'école avec Toussaint Morin de la *Marie-Pauline*, et les enfants sont montés à bord d'elle, par lui, et on a appris aujourd'hui que la *Marie-Pauline* avait fait naufrage entre les Sorlingues et la Cornouaille d'Angleterre dans le dernier gros temps : tout perdu corps et biens !

Ma première pensée fut à la joie.

— Quelle chance ! m'écriai-je, si nous ne nous étions pas trompés de bateau, nous serions au fond de la mer, avec les poissons !

— Nous n'en valons guère mieux, répartit Jean qui avait sa plus piteuse figure. Sais-tu à quoi pense ce scélérat de Langourdaine en ce moment ?

— Tiens ! dis-je au lieu de répondre, les voilà qui s'éloignent, on ne les entend presque plus.

Jean se donna un grand coup de poing dans la poitrine et tomba sur ses deux genoux.

— C'est le dernier espoir qui s'en va ! s'écria-t-il. Ne l'as-tu pas entendu ? Nous sommes au fond de la mer, entre les Sorlingues et la Cornouaille d'Angleterre, avec la *Marie-Pauline* perdue corps et bien ! Qui veux-tu qui vienne à notre secours, puisqu'on nous croit noyés. Je les vois d'ici, maman Quimper, l'abbé, et Fanchette et tous ceux de la famille agenouillés autour de nos anciens lits, à pleurer, à lamenter, à réciter des *De profundis ?* Nous sommes défunts ! On peut nous étouffer, nous étrangler, nous noyer, nous poignarder, nous hacher menu comme chair à pâté sans risque de la guillotine ! qui est-ce qui peut empêcher les Hélie de faire leur commerce ? Nous avons tort ! nous sommes morts ! et ils ont raison : ils sont vivants ! C'est bien fait ! Tout ça vient de toi ! je ne voulais pas aller en Amérique, moi ! Tu nous as menés à notre malheur ! Tant mieux ! Je m'en moque !

Il était sujet à des fringales, c'est sûr, mais jamais je ne l'avais vu dans un état pareil. Les yeux lui sortaient, il écumait. Il s'établit à cogner sa tête contre la tonne comme un battant de cloche, puis tout à coup, il se jeta sur moi en grinçant des dents avec des râlements d'animal enragé.

— Tu me fais pitié, mon cousin Jean, lui dis-je en le repoussant avec douceur. Peut-être es-tu dans le vrai, je penche à croire, comme toi, que nous sommes perdus, mais je désire au moins que tu voies quelle différence il y a entre ton agonie et la mienne. Regarde s'il y a quelque chose de changé dans les muscles de mon visage...

— Ils sont toujours les mêmes, les muscles de ton visage, me répondit-il en se calmant tout à coup, et tu auras l'air d'un imbécile, à l'article de ta mort, comme pendant ta vie.

— Il est au-dessus de ton pouvoir de me blesser, dis-je : en cet instant solennel, j'en ai fini avec les misérables petites piqûres de l'amour-propre et si j'ai du plaisir à contempler le calme de mes dernières pensées, c'est qu'elles évoquent les êtres qui me sont chers. Tu viens de me le dire : ma chère mère, mon frère Guénolé et Fanchette entourent en ce moment, non pas nos lits, comme ton orgueil te le fait croire, mais mon lit à moi où je dormais, tout petit enfant, idole de la famille entière. Et que de larmes ! je les entends, je les vois : Maman accuse Guénolé, et Fanchette s'arrache les cheveux...

— Ah ! ouiche ! s'écria Jean, ta mère en aurait donné un demi-cent comme toi pour son Petit-Guern. Quant à Guénolé, je ne dis pas, le pauvre brave garçon doit être pas mal penaud, car c'est sa faute; mais pour Fanchette, c'est une futée petite lame ! tout n'est pas fini. Bien sûr que Fanchette se sera dit : Je ne crois pas au naufrage de mon cousin Jean. Jamais il n'aura été assez bête pour se laisser aller au fond de l'eau comme un chien de plomb. C'est bon pour un qui est né coiffé comme Corentin et venu au monde empaillé dans ses horoscopes ! Mais mon petit Jean est pointu comme une aiguille, et il aura toujours bien trouvé un pertuis par où passer. Hé ! là houp !

Il exécuta une cabriole et me fit un pied de nez.

— Te voilà redevenu fou à lier, malheureux Jean,

lui dis-je comme le premier jour de la tempête...

— Tu vas voir ! s'écria-t-il, j'ai mon idée ! Le hublot ! je vas démolir le hublot, gagner le pont, passer à travers les Hélie comme un tonnerre de Brest ! je me jetterai tête première dans l'eau, en ayant soin d'emporter une planche pour ne pas couler. Et à moi, les amis ! à la garde ! au voleur ! au feu ! allez ! en trois sauts me voilà au tribunal de première instance ! ah ! c'est là que j'en dégoise ! tu cherches encore ta première bredouille, que j'ai déjà mis les juges au fait de tout ! On empoigne Langourdaine, et Nicolas, et les Hélie ! On me donne la prime et la médaille.... Ah ! mais !... Et rien pour toi !

Il parlait avec une extraordinaire volubilité. Tout son sang était à sa figure. Je crois bien qu'il était ivre de peur.

C'était un drôle de petit corps. Il avait l'esprit le plus terre à terre que j'aie connu en ma vie, et l'imagination la plus pauvre ; ne voyant rien qu'en mettant le nez dessus, comme les mouches ; mais il était capable avec cela de se monter la tête pour un oui pour un non, jusqu'à bouillonner, mousser et sauter mieux que du cidre en bouteille. Il mettait le feu à son baril de poudre d'un sou comme Jean-Bart, ou bien il cassait tout autour de sa conscience, ne reculant devant aucun péché, si gros qu'il fût, mais toujours en rêve, et restant, au fond, un garçon assez honnête, pas trop maladroit, pas trop poltron, quand il fallait absolument payer de sa personne : en somme, aussi inférieur à moi que la plante des pieds d'un homme de moyenne taille est éloignée de ses cheveux. Que Dieu soit loué ! entre nous deux, le partage n'était pas difficile à établir ; j'avais tout, il n'avait rien !

Il m'étonnait quelquefois, car il était aussi original dans sa maigre nature que moi dans les développements de mon grand caractère, mais j'avais, d'instinct, le talent de me jouer de lui à son insu, et, tout en paraissant parfois lui céder, j'étais toujours le maître. Plus tard, dans notre vie, j'ai bien usé de Jean Piteux autant que de moi-même, sinon un peu plus ; mais cela ne m'empêche pas de l'aimer en bon cousin et de le regarder comme mon obligé, car, sans moi, quelle figure aurait-il fait dans le monde ?

Ce que je n'ai jamais pu savoir au juste, c'est dans quelles proportions la comédie et la maladie se mêlaient en lui, à ses heures de crise. Il y avait de l'un et de l'autre, voilà ce qui est certain, et il est sûr aussi qu'il restait froid en dessous, coupant ses accès au beau milieu, quand il en avait assez.

— Je jette ma langue aux chiens, tu sais, me dit-il tout à coup, accroupi à mes pieds, les coudes sur ses genoux et rongeant ses ongles comme un singe. Pourquoi les Hélie ne commencent-ils pas à déménager le navire? La fête du roi est-elle finie? sommes-nous au milieu de la nuit ou même à demain matin? Mais alors, Mlle Sidonie aurait eu dix fois le temps de faire ma commission...

— Avec ça que Mlle Sidonie s'occupe de nous! répliquai-je.

Il me regarda en dessous.

— Je sais bien de quoi vous êtes né coiffé, *Monsieur* Corentin Quimper, reprit-il, c'est du bonnet d'âne. Moi, je connais le monde et la manière de s'en servir. Regarde si nos deux sœurs de lait m'ont jamais humilié par des mots méprisants, comme elles t'ont traité de moulin à café. Pas de danger! Et veuve Hélie! Veux-tu me dire à qui elle donnait du vin d'Espagne?

— Du vin d'Espagne!!!

— Un peu! Et des confitures d'abricots! Pourquoi? Parce que j'ai le fil, et toi pas... Arrivons à Mlle Sidonie. Voici la chose en bref. Je t'ai déjà raconté la conversation si importante de Langourdaine et de Nicolas, surprise par moi. Au moment où ils quittaient leur cachette pour se réunir au gros de la bande, tous les saltimbanques s'en donnaient pour égayer la Hollande. Mlle Sidonie, entre autres, gesticulait et pérorait, montée sur les tonnes. L'idée de la faire servir à notre salut me vint, juste comme elle passait au-dessus de moi, avec ses coquillages qui lui claquetaient tout autour du corps, je la saisis hardiment par son casaquin et je lui dis à l'oreille :

— Pas un mot, pas un souffle, votre fortune en dépend, outre l'agrément de rendre service au fils unique d'un armateur!

— Comment coquin ! m'écriai-je, sensiblement radouci, tu as eu le front de me faire passer pour le fils d'un armateur.

— Qui parle de toi ? répliqua-t-il. Que chacun de nous reste à sa place : toi tu es le fils d'un calfat et d'une marchande de marrons !

Je fus atterré, non pas par la profonde perversité de cette réponse, mais par l'idée, qu'entre nous deux, c'était lui qui jouait le rôle du fils de l'armateur! Il continua :

— Mon idée était d'avertir maman Quimper de ta présence à bord de la gabare, car tu reprends de l'importance dès qu'il s'agit de maman, je ne dis pas le contraire. L'occasion de Mlle Sidonie était unique, il ne fallait pas la manquer. J'ai donc dit que j'étais ici avec un de mes domestiques... Attends, avant de te monter! c'était pour ton bien... Comment aurais-tu voulu qu'un héritier du beau commerce envoyât demander secours au cabaret... et, chez toi, ce n'est qu'un cabaret! J'ai donc dit que les pirates de Hollande, dans de mauvaises intentions, me tenaient prisonnier à fond de cale avec toi.

— Alors, c'est moi ton domestique! balbutiai-je, en proie à une colère sans nom.

Il s'éloigna un peu et me regarda d'un air moitié narquois, moitié effrayé.

— C'est sûr que je ne te prendrais pas pour me servir si j'avais le choix, me dit-il, mais tu vas me remercier tout à l'heure. Mlle Sidonie, voyant qu'elle avait affaire à quelqu'un de hupé, m'a répondu : « Jeune homme, ce n'est pas l'intérêt pécuniaire qui me guide, mais la distinction de votre physionomie. Qu'est-ce qu'on peut faire pour vous être agréable ? » Alors, je lui ai commandé de se mettre à la voile et de galoper jusqu'à l'auberge des Quimper...

— Et d'avertir maman ! ça, ce n'est pas mal !

— Ah! ouiche! te voilà bien, toi ! Et quand ta maman l'aurait vue avec ses panaches et ses coquillages, elle aurait joué du manche à balai, au lieu de l'écouter! Heureusement, moi je pense à tout, et ça ne m'en a pas coûté un liard de plus de fabriquer une autre histoire. J'ai dit que mon pataud de domestique était le fiancé d'une petite ouvrière nommée Fanchette, qui demeure chez les Quimper, et qu'il fallait s'adresser à elle. Mlle Sidonie la connaît bien pour lui avoir acheté le chapeau qu'elle met quand elle ôte ses coquillages pour faire la dame. Elle a donc consenti à courir vers Fanchette pour lui dire que nous sommes en danger de perdre la vie, et qu'elle mette sur pied maman, tes frères, tes sœurs, les ouvriers du port, la troupe, la marine...

— Et cette Sidonie a promis?

— Pour m'être agréable, oui, et que mes riches parents d'armateurs lui feront une pension viagère, jusqu'à l'article de sa mort.

Le moyen trouvé par Jean était humiliant pour moi, mais assez bien imaginé ; notre péril était en effet surtout dans notre séquestration absolue ; ce moyen nous prêtait une voix pour crier à ceux qui nous croyaient morts : « Nous sommes vivants ! »

Mettant donc de côté ma bonne envie de payer ma dette au cousin, j'en étais à faire un petit paquet de ma rancune pour la lui servir plus tard, quand notre situation malheureuse fut modifiée tout-à-coup d'une façon assez extraordinaire pour qu'il ne me paraisse pas convenable d'entamer, à la fin d'un chapitre, le récit d'une si importante aventure.

Je prie donc le lecteur de tourner la page, s'il veut connaître le dénouement à la fois dramatique et inattendu d'une histoire dont le moindre mérite a été, d'un bout à l'autre, le respect de la vérité.

XV

ARRIVÉE DE VEUVE HÉLIE, PATRON FRANÇOIS ET FIFI JACQUET. — COMMENT M. AMÉDÉE PRIT TOUT A COUP UNE GRANDE IMPORTANCE. — PROJET DE VOYAGE. — INVENTAIRE DE POCHES ET DOUBLURES. — INCENDIE MARIN. — MAMAN S'EN MÊLE. — VICTOIRE, FEU D'ARTIFICE ET APOTHÉOSE.

La mesure du temps écoulé depuis le départ des Hollandais et des sauvages du cirque nous manquait absolument. Nous étions repris par ces étonnantes incertitudes des séquestrés qui confondent les minutes avec les heures et les heures avec les semaines. Comme compteur, Jean ne valait pas mieux que moi ; il lui semblait, comme à moi, que Mlle Sidonie avait eu vingt fois le temps d'aller chez nous et d'en revenir ; il commençait à se blâmer lui-même d'avoir eu confiance dans une simple écuyère,

Mais il y avait une chose qui nous étonnait bien autrement : Mlle Sidonie avait pu jouer le rôle du corbeau de l'arche et nous oublier au fond de notre misère ; c'était tout simple, tandis qu'il était, au contraire, impossible que les Hélie se fussent arrêtés, à moitié chemin d'un coup de commerce, comme celui qui leur avait été proposé.

Nous nous étions représenté les Hélie armés en guerre, soutenus par leurs deux complices, Langourdaine et Nicolas ; je peux dire que nous étions déterminés à vendre chèrement notre vie, à les massacrer tous, si faire se pouvait. Avec les outils du tonnelier, nous étions très-bien armés, d'autant que, selon toute apparence, vu la proximité du quai, encombré de populaire, nos assassins devaient y regarder à deux fois avant de faire usage d'armes à feu.

Ces choses avaient été ressassées entre nous avec le vague espoir, il est vrai, qu'une circonstance se présenterait qui nous éviterait le combat ou qui nous permettrait la fuite, mais aussi avec une froide et sérieuse résolution qui n'avait rien à voir avec le côté puéril et même extravagant de nos rêves.

Nous avions sucé, avec le lait de maman Quimper, le superstitieux respect de ce mot redoutable :

« le commerce. » Ce que nous mettions sous ce mot prestigieux, je n'ai ni le loisir ni le vouloir de l'expliquer : c'était éclatant comme la lumière, et plus noir que la barbarie, cela contenait toutes les trahisons et tous les héroïsmes !

— Quoique nous ne fussions pas extrêmement forts sur la morale, il est bien certain que nous ne pouvions regarder comme licite la spéculation, d'espèce particulière, machinée entre Langourdaine et les Hélie ; mais il y avait là, en somme, quelque chose d'acheté et de vendu, un prix payé, une marchandise à livrer : c'était du commerce !

Et nous nous trouvions en travers du chemin où passait ce commerce. Or, comme il faut que le commerce passe, il nous semblait tout naturel d'être broyés.

Les Hélie en nous jetant de côté, nous, vivants obstacles placés en travers de leur commerce, ne faisaient ni bien ni mal, à notre sens ; ils faisaient *leur affaire*. Et nous n'étions pas très-éloignés de penser qu'en repoussant, ici, la force, par la force nous *outre-passions notre droit*, puisque nous mettions des bâtons dans les roues du commerce. Cela donnait à notre résistance une couleur de fredaine qui ne nous déplaisait pas. Aussi, quand après avoir si longtemps attendu, nous distinguâmes le premier bruit qui pouvait annoncer l'arrivée du commerce, nous fûmes debout, d'un même mouvement, et la hache à la main : deux belles haches et qui vraiment ne demandaient qu'à menuiser.

Nous avions disposé sommairement l'endroit où nous étions, de manière à en former une sorte de petite enceinte fortifiée ; les interstices entre les tonnes avaient été bouchés, sauf deux passages ménagés pour la retraite.

Nous nous regardâmes, Jean et moi. Il avait un air mauvais qui me plut, et je pense que je lui fis aussi bon effet, car il grommela :

— C'est sûr que si le monde ça se traitait à l'aune comme le calicot, tu vaudrais un tiers en plus de moi. Je propose qu'on bûche d'abord Langourdaine et Nicolas, qui sont des durs ; après, nous n'aurons plus à tarauder que les Hélie, et on s'amusera ; ça va-t-il ?

— Ça va, répondis-je, c'est deux bons coups à taper ; je m'en charge.

Les bruits venaient de notre ancienne prison ; nous entendîmes plusieurs voix que nous ne reconnaissions pas encore, puis les deux montants de l'échelle qu'on replaçait, sonnèrent contre le fond de la cale, et, tout aussitôt après, le bruit qu'on faisait en descendant lourdement les degrés arriva jusqu'à nous. On ne prenait aucune précaution : au contraire, on riait et on chantait. Mais quels chants et quels rires ! Je vis Jean qui écarquillait ses yeux et je me sentais un frisson autour du cœur. Jamais vous n'avez entendu et jamais vous n'entendrez rien d'approchant. C'était lugubre et cocasse en même temps ; la peur qui nous prenait avait envie de rire.

— Ils ont l'air en goguette ! me dit Jean que la stupéfaction suffoquait.

— Qui ça ? demandai-je, car je savais bien déjà de qui il parlait, mais je ne voulais pas croire.

Il me répondit, vert d'effroi :

— Bien sûr qu'ils se sont mis dans cet état-là, exprès pour avoir le cœur de nous massacrer. !

Une voix éraillée détonnait, en brouillant l'air et les paroles de la ronde enfantine :

> Si vous voulez m'embrasser,
> Je saurai bien les manger...

— Bravo ! cria Langourdaine. C'est la romance de l'ogre, ma vénérable ! La savez-vous tout entière ?

— La patronne est pire que les rossignols, balbutia la langue épaisse de Fifi Jacquet. ! Ah ! le bon jambon que vous nous avez donné ! et le bon bœuf. Elle en a avalé plus gros qu'elle !

Tous les Hélie arrivèrent à la file, et le vieux François riait innocemment. Ils étaient gais comme pinsons, et veuve Hélie elle-même avait son rhume en belle humeur.

Tout à coup, elle s'arrêta et demanda gaillardement :

— Qu'est-ce qui veut une prise de mon tabac?

— Jamais de la vie ça ne lui était arrivé d'offrir quelque chose ! murmura Jean. Tu sais, c'est notre bœuf et notre jambon qu'ils ont mangés!

Je répondis :

— Bien sûr que depuis qu'elle est née, elle n'avait pas encore chanté !

Nous nous faisions peur l'un à l'autre, avec les yeux que nous avions.

Hélie neveu qui était encore au milieu de l'échelle demanda sourdement :

— Où sont donc passés Corentin et Jean? Ils m'inquiètent, ceux-là.

Ce fut Langourdaine qui répondit :

— Ils ne doivent pas valoir cher ; on les a oubliés depuis lundi soir, sans boire ni manger.

La vieille dit, et c'était notre oraison funèbre :

— Corentin n'était pas vilain garçon, et Piteux avait de l'économie.

— Ce n'est pas tout ça, fit le neveu, parlons raison. A quelle heure pouvons-nous être rendus à Jersey?

— Langourdaine, mon mignon, s'écria la vieille, réponds-tu de la barque? Nous sommes plus pauvres que Job, c'est vrai, mais on n'aimerait pas à voir ses quatre sous aller au fond de l'eau, et soi avec !

Nous n'entendîmes pas la réponse de Langourdaine, parce que Fifi Jacquet disait à patron François :

— Vous avez beau rire, papa, vous êtes fini, c'est malheureux pour vous. Nous autres, on va jouir de la vie à la fin des fins, mais vous, pas. Il y a déjà la moitié de vous qu'est morte !

C'était idiot, mais abominable, parce que c'était vrai ; le vieux était impotent d'une jambe et d'un bras.

Ils avaient tous atteint maintenant le bas de l'échelle. De ce qu'ils disaient, nous ne perdions presque rien, mais c'était la voix du neveu, M. Amédée, que nous cherchions à travers tous les autres bavardages. Il avait parlé de Jersey, et Jean derrière moi, avait répondu comme un écho : « Banqueroute ! »

Jersey est la Belgique de l'Ouest.

Cette idée de banqueroute n'était pas pour nous tout à fait nouvelle. Jean et moi, nous n'avions jamais été sans pratiquer l'art d'écouter aux portes. Dans les conciliabules intimes qui se tenaient parfois après notre coucher, on agitait, chez les Hélic, des questions économiques extrêmement hardies. Je ne crois pas qu'il y eût au monde, quatre personnes connaissant, avec une perfection pareille, l'ensemble et les détails de cette législation surprenante qui protége, en France, les gens de bonne volonté et de bonne foi, inclinés, par nature, à chercher, dans la faillite, un moyen honorable de mettre à part quelques ressources pour leurs vieux jours.

Ils récitaient les versets du code de commerce comme d'autres disent leurs prières. Veuve Hélie en avait tous les divers articles gravés dans son cœur, en lettres de feu, et avec quels précieux commentaires ! Mais le plus fort, c'était M. Amédée, qui étonnait la famille deux fois, par ses dépenses et par sa capacité.

Il avait de grands besoins, comme tous les usurpateurs. Avec le temps, son penchant à la bonne chère, au luxe, avait pris un développement si excessif, qu'on n'évaluait pas le tort qu'il faisait à la maison à moins de quinze francs par semaine : mais personne n'osait souffler mot parce qu'il était l'intelligence de la bande, et que tout le monde était entretenu dans cette idée qu'à un moment donné il trouverait un biais, pour résoudre la grande équation de l'escamotage final.

— Il sait cacher les jambes des quatre valets aux cartes ! disait mystérieusement veuve Hélie.

Maintenant, si vous êtes curieux de savoir pourquoi tous ces maniaques de la rapine caressaient l'idée d'une faillite, eux qui pouvaient retirer d'une liquidation pure et simple, dix fois fois plus d'argent qu'ils n'étaient capables d'en dépenser, je vous répondrai qu'on ne leur devait rien, puisque jamais ils ne faisaient crédit à personne, et qu'ils avaient, au contraire, un passif considérable, parce qu'ils ne payaient jamais qu'à la dernière extrémité. Donc, ils auraient des sacs de mille francs pour payer leurs dettes. C'était là le terrible.

Depuis des années, leur imagination crochue travaillait à la résolution de ce problème : toujours prendre et ne jamais rendre. Ils en étaient arrivés à ce point que la seule pensée de lâcher une poignée d'écus leur déchirait le cœur.

Au moment où nous sommes, ils se croyaient déjà à l'abri de toutes craintes au sujet de cette extrémité. Ils venaient de festoyer gratis, dans la cabine de mijnheer Abraham, pour sceller le double marché qui les rendait maîtres de la cargaison et assurait leur passage en Angleterre.

Ils allaient emporter tout, — tout, car les marchandises de la boutique étaient vendues et ils en avaient touché le prix — ils allaient « mettre dedans » tout le monde, et se tromper, en outre, les uns, les autres, comme nous pourrons bientôt le voir. Ils étaient contents, ils étaient fiers. La seule ombre qu'il y eut à leur soleil, c'était la pensée du partage entre eux, — et déjà, chacun d'eux se creusait la tête, pour trouver un moyen de garder tout.

Nous entendîmes la porte de notre ancienne soute crier sur ses gonds ; une lueur se fit, éclairant une figure étonnante, — effrayante aussi, — que nous ne reconnûmes pas au premier abord.

C'était veuve Hélie, sans ses lunettes, et portant un costume de voyage qui devait bien dater de quarante ans. Elle se tenait plus droit qu'à l'ordinaire et paraissait moins maigre ; elle avait l'air tapageur, elle faisait de grands pas inégaux et chancelants ; sa béquille était sur son épaule comme une hallebarde.

A la place où d'habitude ses lunettes de verre trouble faisaient miroiter la lumière, on voyait deux choses rondes, sanglantes, comme deux plaies circulaires, et qui étaient ses yeux. Entre ces deux blessures, son nez long, recourbé, plus affilé qu'un sabre, coupait en deux sa bouche et venait piquer son menton, où buissonnaient quelques poils de barbe, gros comme des brins de broussée. Elle avait à la main un verre où restait un petit fond de genièvre pur.

Ce nez extraordinaire était d'un vautour : mais le reste de sa figure tenait du lapin rongeur, à cause de ses yeux rouges et de ses lèvres en museau qui, sans cesse, remuaient entre les piquants rares et durs de ses moustaches.

Vous n'avez pas besoin de vous gêner ; jamais vous ne pourriez rien imaginer de si burlesque ni de si terrible que ce vieux péché. Sa face exprimait une diabolique énergie. Elle était éclairée vivement par la lanterne que portait Fifi Jacquet, au-devant de patron François, marchant à petits pas de paralytique.

Hélie neveu « M. Amédée » venait derrière, avec une valise sous le bras. Il était très-bien habillé ; il fumait un cigare d'un sou, comme un seigneur, et l'on voyait bien qu'il ne se contraignait plus pour étaler sa prodigalité effrénée : sa badine avait une pomme de similor. Derrière encore, Langourdaine traînait des bagages, ainsi que Nicolas qui n'avait plus sa peau d'ours.

M. Amédée se retourna vers eux et demanda à demi-voix :

— Tout le monde est-il parti là-haut, dans le char des écuyers ?

— Attendons encore un peu, répliqua Langourdaine, ça se pourrait qu'il resterait quelques traînards.

— Alors, pousse une caisse, qu'on s'assoie, commanda veuve Hélie !

Pendant que Langourdaine obéissait, la vieille lui donna une tape d'amitié, disant :

— Tu vas comprendre : on se défera bien plus facilement de la marchandise à Jersey qu'ici, où les douaniers nous lorgnent ; et de là-bas, on proposera 15 pour 100 au commerce de Saint-Malo qui sera bien aise, parce qu'il aura eu peur de tout perdre...

Et si on ajoute 5 pour 100 de bonne volonté, pour prouver qu'on est la probité même, on sera béni dans les familles.

— Pas bête ! dit Langourdaine.

M. Amédée, pendant cela, causait à voix basse avec Nicolas qui hochait la tête en signe d'approbation. La vieille riait.

— Où est la « caisse au linge » ? demanda tout à coup M. Amédée en appuyant sur le mot.

— Voilà mon prince, répliqua Langourdaine.

Il montra une malle qu'il venait de pousser.

Nicolas et lui se donnaient des airs d'ivrogne, mais ils avaient tout leur sang-froid.

La malle qu'on venait de placer au milieu de l'espace libre ménagé entre les tonnes, était de moyenne taille. Nous la connaissions très-bien, Jean et moi, pour l'avoir vue souvent dans le taudis qui servait de chambre à coucher à veuve Hélie. Jean avait toujours prétendu que cette malle, cerclée de fer et clouée sur toutes les jointures, était la véritable caisse de la maison et qu'elle contenait vingt fois la fortune de M. Surcouf.

Il me paraissait difficile, à moi, de mettre tant d'argent dans si peu d'espace. Je n'étais pas, cependant sans avoir entendu parler des billets de banque, ces sorciers de papier qui donnent à un petit enfant la force de porter des millions sur le dos, mais je n'en avais jamais vu.

La malle n'avait pas l'air d'être très-lourde. Langourdaine l'avait traînée tout seul. Le pauvre patron François, dont les jambes ramollies flageolaient, eut la mauvaise idée de s'asseoir dessus; mais la veuve le poussa, pour prendre sa place, si rudement que le malheureux tomba entre les jambes de Fifi Jacquet qui eut son rire idiot en criant :

— Hé ! papa ! vous avez votre billet de parterre, vous !

La veuve avait à peine pris la place du bonhomme, qu'Hélie neveu la rangea de côté sans façon, au grand étonnement de tout le monde, et s'établit au milieu du coffre en disant:

— Voilà le moment de s'entendre. Ils sont partis, ceux d'en haut; nous autres, nous allons causer peu et bien. Je vous connais, mes parents, et il y a longtemps; vous êtes un tas de voleurs et vous allez vider vos poches jusqu'au fond !

Il n'avait pas achevé que les cinq paires de griffes de la vieille cherchaient ses yeux, pendant que le paralytique l'attaquait aux jambes, et que Fifi brandissait le cruchon de grès au-dessus de sa tête en criant:

— On va te finir du coup ! Crois-tu qu'on ne

t'avais pas deviné, faraud? C'est toi qui es un brigand! Rends ce que tu as grapillé ou je t'assomme! C'est ici que nous vîmes la différence qu'il y avait entre l'ancien Hélie neveu et le nouveau M. Amédée. Il se dépassait lui-même de toute la tête. Froid, calme, presque souriant, il terrassa le vieux d'un coup de pied, et son poing fermé fit craquer la mâchoire de la vieille. Son autre main saisit le cruchon et le brisa sur la figure de Fifi Jaquet.

— Allez! dit-il seulement à Nicolas et à Langourdaine. Faites votre ouvrage.

— Bien mon prince, répliquèrent ceux-ci.

Ils étaient évidemment d'accord tous les trois.

En un clin d'œil, patron François et son fils furent ficelés, mais la veuve opposa une résistance héroïque, et malgré le mauvais état de ses dents, elle couvrit de morsures les mains de ses bourreaux, car Langourdaine et Nicolas s'étaient mis à deux pour la réduire.

— Je n'ai pas détourné un liard, pas un pauvre liard, qui n'est qu'un liard! disait elle en écumant comme les chiens enragés. Laissez-moi! Où sont les douaniers? où est le bon Dieu? C'est moi, pourtant, c'est moi qui ai réchauffé cette vipère d'Amédée dans mon giron! La première chemise qu'il a eue sur le dos, c'est moi qui l'avait faite en cousant bout à bout les petits linges des pots de beurre! à l'assassin! à la garde!!...

Une suffocation la fit taire. Elle était liée comme un colis. Les autres ne disaient plus rien et le paralytique tout pantelant, avait l'air bien malade.

J'en ai encore froid sous l'aisselle en racontant cela. Je ne respirais pas. J'avais la poitrine prise dans un étau, mais l'émotion qui m'étouffait était presque entièrement exempte de terreurs personnelles. D'instinct, je sentais que nous n'étions plus en cause, au moins pour l'instant, et j'entendais à mon oreille la respiration entrecoupée de Jean qui répétait à son insu :

— Par exemple, voilà qui est drôle ! C'est pour les fouiller. On va les voir vider comme des poulets !.., ce qu'ils doivent avoir dans le corps ! Des milles et des cents ! Ah ! c'est tout de même intéressant, quoique ennuyeux pour eux.

Le groupe principal était admirablement posé pour que notre regard, passant entre deux fûts, embrassât toute la scène. Nous n'en perdions pas un mouvement. Les deux bandits, Langourdaine et Nicolas, étaient en arrière du coffre. M. Amédée, qui n'avait pas lâché son cigare, remettait, avec un calme affecté, un peu d'ordre dans sa toilette dérangée.

— Je parie que les trois qui sont là par terre valent cinquante mille francs pièce, l'un dans l'autre ! Il va leur en sortir de partout ! Voilà tout de même l'Amédée seul héritier à présent. Il a du toupet, oui !... Mais c'est le dedans de la malle que je voudrais compter ! Ah mazette ! on n'a pas voyagé loin, nous deux ; mais on en a vu des histoires !

— Qu'on les épluche ! ordonna en ce moment M. Amédée.

Il parlait d'une voix imposante. Et si vous saviez comme il avait bien l'air d'un vainqueur ! Je n'ai pas vu Napoléon le lendemain d'Austerlitz, mais ça devait être tout pareil.

Les deux bandits se mirent aussitôt en devoir d'obéir en disant à l'unisson avec une obéissance parfaite :

— Oui, mon prince !

Voilà deux farceurs, pensai-je, qui ont un drôle d'air !

Jean ne voyait pas cela, il dévorait des yeux les vaincus pour voir ce qu'on allait leur trouver dans le ventre. Moi plus avisé, je commençais à me dire que M. Amédée avait là dans Langourdaine et Nicolas deux aides qui pourraient devenir incommodes avec le temps.

— Après tout, pensai-je, quand même ils lui demanderaient les yeux de la tête, il aurait toujours bien de quoi les payer !

Peut-être que M. Amédée avait démêlé, lui aussi, quelque chose de menaçant dans le « oui, mon prince » de Langourdaine et de Nicolas, car il leur dit de son ton d'empereur :

— Si je suis content de vous, il y aura pour boire.

— Ça, c'est bien gentil de votre part, répondirent les deux galériens qui ricanaient tout bas.

Et ils commencèrent à fouiller le paralytique, ou plutôt à lui arracher ses vêtements par poignées ; cela le soulevait de terre et, chaque fois qu'il retombait, il tressaillait faiblement.

Il y avait de l'or dans ses poches, de l'or dans ses doublures, de l'or partout ; cela ruisselait hors de lui. Jean tremblait de convoitise. Moi, j'avais la fièvre. Le dernier lambeau de la chemise de patron François, en partant, découvrit une ceinture de maroquin fané qu'il portait à cru autour des reins.

— Ah ! papa ! cria Fifi Jacquet, c'est triché ! Vous m'en cachiez !

— Voleur ! voleur ! voleur ! râlait la vieille, qui s'écorchait dans ses liens. Où avait-il pris cet argent-là ?

— Donnez-moi la ceinture, commanda Amédée.

— Voilà mon prince.

— Et à l'autre !

Pendant que Langourdaine et Nicolas, dociles comme des agneaux, se prenaient à Fifi Jacquet, M. Amédée palpait sa ceinture avec un sourire de satisfaction paisible.

— Crois-tu qu'il y ait bien vingt mille francs là

dedans? me demanda Jean, dont la voix chevrotait de passion.

— Laisse-moi regarder! répondis-je.

Fifi Jacquet ne se défendit pas. C'était le plus lâche des trois, et il se trouva moins bien rembourré que son père.

— Bôta! grommelait Jean, vois! il s'est embarrassé de pièces de cent sous!... ah! ah! il a aussi sa cachette, pourtant!

La chemise déchirée du malheureux venait de mettre à nu une manière de corset matelassé. Il poussa un cri d'angoisse, quand on le lui arracha, comme si son âme se fût échappée de son corps.

— Il vaut au moins trente mille francs! déclara Langourdaine.

En ce moment, il se produisit une explosion, je ne peux pas trouver d'autre mot, dans la cervelle de la veuve Hélie. Elle fut secouée par un éclat de rire aigu qui nous entra en vrille dans les oreilles, et s'écria :

— C'est à moi les vingt mille francs! à moi les trente mille! avec les intérêts depuis le jour du vol! à moi, à moi! C'est à moi tout ce qu'on leur a retiré des entrailles! à moi encore, tout ce qu'Amédée cache entre cuir et chair! car il en a aussi! il en a davantage! Ils ont volé! ils ont pillé! C'est mon bien, c'est mon gain! J'ai pris sur mon sommeil, sur ma faim, sur ma soif, sur ma chair et sur mon sang! J'en vaux dix comme ces gens-là! Ils ne seraient rien sans moi! J'ai damné mon âme, j'ai torturé mon corps, sans jamais prendre une heure, une minute de repos ni de plaisir! J'ai jeûné, j'ai peiné, la bonne aventure ô gué! C'est moi, veuve Hélie! la vraie! la seule! J'ai ramassé, j'ai tondu, j'ai mêlé, pilé, allongé, falsifié, frelaté, rapé, rogné, gratté, creusé les poids, diminué les pots, haussé le fond des bouteilles, fourré de la cendre dans le poivre, de la terre dans la cassonnade, de la colle dans les confitures! Il n'y a que moi! mets-toi avec moi, Langourdaine, je t'épouse si tu veux, ou Nicolas, ça m'est égal, je suis tout en argent! tout en or! J'en ai dans des coins, j'en ai dans les champs, j'en ai dans les murs, sous les tuiles, au grenier, à la cave, j'en ai partout! Ecoutez! une affaire! J'offre cent mille francs à qui écorchera mon neveu! deux cents! trois cents! Personne ne dit mot? je flanque le million tout rond.

— Sondez-la! commanda le neveu sans rien perdre de sa froideur.

Les deux bandits se jetèrent assez gaiement sur la vieille qui bavait rouge, mais ils reculèrent en hurlant : la joue de Nicolas était labourée de deux sanglants sillons et la main gauche de Langourdaine n'avait plus que quatre doigts. Ce fut M. Amédée lui-même qui dompta la terrible veuve.

Elle essaya de mordre le talon de la botte qu'il appuyait contre sa poitrine, puis elle se tordit, grogna un gémissement et resta immobile, mais vibrante comme une couleuvre qu'on a coupée en deux.

Nicolas tenait sa joue déchirée à deux mains, Langourdaine pansait son doigt tranché; ce fut encore M. Amédée qui dut se charger de « déballer sa tante, » pour employer sa propre expression car il faisait des mots, ce tigre-épicier ; jamais je ne l'avais vu en meilleure humeur, et Jean était si fanatiquement curieux de voir l'ouverture de veuve Hélie et ce *qu'il y avait dedans* qu'il se glissa entre les deux tonnes comme un ver et parvint à se rapprocher du lieu où se jouait l'horrible comédie.

Moi je me bornai à me hausser sur mes pointes pour regarder par-dessus son chétif individu qui bouchait l'interstice.

Veuve Hélie ne bougeait plus du tout; le père et le fils se plaignaient encore par intervalles. Je ne pouvais voir ni Langourdaine ni son compère Nicolas dans la nouvelle position qu'ils avaient prise.

La lanterne, posée à terre, envoyait d'aplomb sa lueur sur la figure terreuse de la vieille. Ses yeux écarlates étaient grands ouverts au milieu de la pâleur de sa face sillonnée de rides où l'on aurait enfoncé le doigt; il y avait du sang à ce bec d'oiseau carnassier qui était son nez et semblait tout souillé par une récente curée. Dans son immobilité on devinait encore je ne sais quelle effrayante puissance.

Auprès d'elle, M. Amédée s'était mis à genoux, propre, tiré à quatre épingles, les cheveux bien collés à la pommade au-devant de ses longues oreilles sans rebords. Sur sa figure qui, même en ce hideux moment, ne cessait pas d'être insignifiante et fade, il y avait un sourire affairé, peut-être un peu craintif, mais au demeurant bien aise.

Il ne jeta son cigare qu'à la dernière extrémité, quand il fallut prendre un des outils qui avaient servi à Langourdaine et à Nicolas pour dépiécer les hardes de patron François et de Fifi Jacquet. C'étaient tout bonnement des crochets de chargeur, ayant la pointe et la courbe voulues pour piquer solidement le sapin des caisses d'emballage.

Il en donna du premier coup si violemment dans la vieille que la tige de fer disparut presque entière. La respiration me manqua, mais Jean se retourna; il riait.

— Pas de danger qu'il arrive à la peau ! murmura-t-il en se penchant vers moi, elle a eu raison de le dire ; elle est tout en or.

Ce n'etait pas de l'or pourtant, mais ce n'était pas non plus de la chair. Quand le crochet fut retiré, brutalement comme il avait été plongé, la robe usée et plus friable que l'amadou se déchira en tout sens et donna passage à des liasses de papiers. Le neveu poussa un grognement de satisfaction et se mit à piocher d'une main, tandis que l'autre déblayait et fouillait.

J'engage ma parole d'honneur que, en guenilles et en billets de banque, admirablement alternés, de façon à former des petits matelas, des coussinets, des remblais dont l'ensemble composait une sorte de forme humaine, M. Amédée retira une masse beaucoup plus considérable que le volume apparent de sa tante.

Et il resta encore dessous un squelette robuste dont les os montueux, noueux, fortement attachés, auraient pu servir à un singe de la grande espèce.

Veuve Hélie n'avait pas sur elle une seule parcelle de métal, excepté onze sous de sous qu'elle portait dans sa poche. Les billets de mille francs étaient extrêmement rares à Saint-Malo en ce temps-là, mais les marchands de Jersey apportaient des banknotes, et la vieille avait collectionné toutes les petites coupures de cinq ou dix livres sterling dont elle faisait le change usurairement. Il y en avait un monceau que Jean évalua à plus de cent mille francs.

M. Amédée se mit à les compter avec soin sans plus s'occuper de sa tante, qui gisait comme un paquet d'ossements sur le plancher de la cale. Il était très-content et se frottait les mains tout doucement.

— Les vieux, dit-il à ses deux aides, comme la damnée bonne femme vous a malmenés, vous aurez chacun cinq cents francs de gratification.

Cette fois Langourdaine et Nicolas gardèrent le silence.

— Où sont-ils donc passés ? demandai-je tout bas à Jean, car je ne les voyais plus.

Au lieu de me répondre, Jean se mit à ramper à reculons pour se rapprocher de moi. Quelque chose me disait qu'une subite terreur venait de le prendre qui n'avait pas trait aux événements dont nous venions d'être les témoins. Pendant qu'il repassait à grand'peine entre les renflements des doux tonnes, M. Amédée demanda sans se retourner :

— A quelle heure est le plein de l'eau ?

— A huit heures et demie, lui fut-il répondu.

— Et quelle heure est-il ?

Nicolas tira de son gousset la montre d'argent de patron François, et dit :

— Huit heures vingt minutes.

— Ils vont partir avec la marée ; pensai-je, mais qui manœuvrera ?

— Est-ce huit heures du soir ou du matin, murmura Jean, qui me rejoignait ; va, ils ne manqueront pas de monde à la manœuvre !

Ces derniers mots de Jean ne me frappèrent point, je ne fis attention qu'à sa question et je répondis : C'est huit heures du matin, parbleu !

Car le temps m'avait semblé long comme toute une nuit depuis le départ de l'équipage ; mais, juste à ce moment le silence qui régnait au dehors prit fin, nous eûmes comme un écho de musique militaire et un bruit lointain d'acclamations pardessus lesquelles un cliquetis de pétards se fit entendre.

— C'est le feu d'artifice ! me dit Jean, nous sommes encore au soir ! Si je m'en tire, mon premier argent sera pour m'acheter une montre ; c'est trop bête de se tromper comme ça !

— Parez-vous à profiter du jusant pour partir, reprenait en ce moment M. Amédée. Nous avons la veine, il fait un temps de demoiselle. Rien qu'avec le reflux, nous doublerons la Hollande, et avec le vent su-sur-oûas qui souffle en mignonne brise, nous irons à Jersey, grand largue, sans changer ... amures de notre voile de rechange.

— Une vraie promenade d'agrément, quoi ! mon prince, répondit Nicolas, dont l'accent me sembla tout à fait goguenard.

Jean se collait contre moi ; il ne m'avait encore rien dit qui pût m'initier au motif de ses frayeurs nouvelles, excepté ces mots que je n'avais pas compris :

« Ils ne manqueront pas de monde à la manœuvre ! »

Mais il y a des pressentiments autour de tout danger mortel et, d'instinct, je me sentais frissonner.

— Tu as vu quelque chose ! balbutiai-je.

Comme je disais cela, je vis M. Amédée se retourner et perdre subitement toute sa tranquillité ; il fit un pas en arrière et changea de couleur.

— J'étais sûr que tu avais vu quelque chose ! m'écriai-je ; cette chose-là, il vient de la voir à son tour ! Qu'avais-tu vu ? Qu'a-t-il vu ?

En demandant cela, je fis un mouvement pour m'élancer en avant, car l'angoisse me prenait, et il me semblait que notre mort était là à deux pas, cachée par cette muraille de tonnes qui barrait de tous côtés nos regards. Jean s'accrocha à mes habits.

— Ils ne pensent pas à nous, me dit-il d'un ton suppliant. Ne va pas les attirer sur notre dos !

Je voyais M. Amédée tout blême qui avait pris à la main un pistolet à deux coups et qui l'armait.

— Ah ! dis-je, croyant deviner, ils se révoltent ! Eh bien, il y a de quoi leur faire leur affaire !

— Mon prince, dit en ce moment la voix de Langourdaine, vous n'avez que deux coups à distribuer entre cinq. C'est trop court !

— Cinq ! répétai-je.

Aucun membre de la famille Hélie n'était pourtant ressuscité.

Une voix que je ne connaissais pas et qui était rouillée comme un cent de clous, dit :

— Voilà un bon petit bourgeois qui sait compter, j'en suis sûr, et mieux que nous : qui de cinq ôte deux, reste trois, hé ? Je suppose que les deux coups portent, et ce n'est pas sûr, on aura toujours six paires de petites mains bien propres pour ôter le goût du pain au monsieur.

Il y eut un silence. A mon regard qui interrogeait avidement, Jean répondit :

— C'est les trois renégats... que ta maman tapait on papa quand il allait boire avec.

Il y en avait, Dieu merci, plus de trois à Saint-Malo dans ce cas-là !

Au dehors, la salve réglementaire des vingt et un coups de canon précédant le feu d'artifice avait commencé, et le long du quai une clameur se propageait.

M. Amédée, cependant, était un gars beaucoup plus résolu que je ne le pensais. Après avoir hésité un instant, il leva son pistolet.

— On va tâcher de faire coup double ! dit-il.

— C'est ça, cadet, lui fut-il répondu, tire pour Louis-Philippe !

En même temps nous entendîmes un bruit confus entre les tonnes ; les cinq bandits *s'égaillaient*, comme on dit chez nous ; ils jouaient à cache-cache, et Langourdaine passa à toute course à l'endroit où nous étions la minute d'auparavant. Par bonheur, nous avions changé de place pour tâcher de mieux voir. Dans l'espace libre, M. Amédée était seul debout, près de la malle cerclée de fer, au milieu des autres Hélie renversés.

Nous pouvions comprendre maintenant ce qui avait porté au comble tout d'un coup son épouvante. La vue des trois renégats, comme Jean les appelait, avait suffi assurément pour inquiéter son triomphe, mais il aurait à tout le moins demandé des explications.

Certain gros tas de paille et de menu bois, amoncelé au pied d'une tonne, auprès de la chandelle qu'on avait mise hors de la lanterne, lui épargnait ce soin.

C'est cela qu'il avait vu en se retournant.

Et cela ne s'expliquait que trop de soi-même : c'était un bûcher tout préparé, avec ce qu'il fallait pour l'allumer.

Après la bataille entre renards, les loups venaient.

Hélie neveu s'était pris à son propre traquenard : il avait éloigné l'équipage, et attendu que le dernier traînard fût parti ; il avait mis hors de combat ses parents, et maintenant, au lieu de le mener à Jersey, où l'impunité et l'opulence l'attendaient, ses deux complices, aidés des trois recrues dont ils s'étaient précautionnés, allaient lui infliger la peine du talion, hériter de son énorme proie et se sauver tranquillement, après avoir laissé derrière eux l'incendie pour masquer le carnage accompli.

Un incendie d'alcool que nulle puissance humaine ne pourrait éteindre, une fois qu'il serait allumé !

Je ne peux pas affirmer que la compréhension de cet abominable plan me vint à l'esprit nettement et d'un seul bloc à ce premier instant, mais il est certain que j'en devinai assez long pour n'avoir plus ni bras ni jambes. Ma tête se vida. Je me sentis perdu.

Jean avait compris aussi car il se mit à gémir tout bas en se tordant les mains.

— C'est pour le coup que la pacotille est cuite et nous aussi ! saperbleure de bois ! J'aimerais encore mieux voir M. Amédée hériter de tout le butin que d'être grillé par ces gredins-là !

Je ne sais pas où ils étaient les gredins, mais nous les entendions à droite et à gauche qui s'entr'appelaient et se disaient :

— Des barres d'anspect ! des douves ! n'importe quoi ! Fonçons sur lui de tous les côtés ! Les Hollandais peuvent revenir. Finissons ça en deux temps, au risque de recevoir une prune ! Rien que dans la malle qu'on n'a pas encore ouverte, il a y de quoi acheter St-Malo !

M. Amédée qui les entendait aussi parler et courir à droite, à gauche, devant, derrière et partout, tournait et retournait sur lui-même comme un effaré ; il visait, il n'osait tirer, la sueur froide coulait par-dessus la pommade de ses cheveux.

Il fut un bon moment avant d'avoir idée de crier ; quand il essaya, enfin, sa voix tomba à ses pieds, mangée par tous les bruits qui venaient du dehors.

Le tremblement le prenait. Son premier coup partit, et je crois que ce fut au hasard, du moins n'eût-il aucun résultat, et les cinq bandits y répondirent par un sauvage hurrah.

Il n'eut pas le temps de redoubler ; un cruchon lui arriva à travers la figure, tandis qu'une barre d'anspect, lancée par une main invisible, lui fauchait les deux jambes. Il tomba. Trois secondes après, il gisait garrotté, entre veuve Hélie et patron François.

Le reste ne fut pas long. Le butin fut réuni en paquets à la hâte et l'on mit le feu sans autre retard au tas de paille et de fagots qui allait servir de torche pour allumer le genièvre.

— Quel punch ! dit cet atroce Langourdaine : on n'aura jamais vu pareille flambée ! C'est tout de même dommage de perdre tant de squidam première qualité, mais ça nous met blanc comme neige vis-à-vis de la justice... Allez donc chercher là-dessous les os de la famille Hélie! un petit tas de charbons au fond de l'eau!

— Hélà-ho! cria Nicolas, y est-on? en route.

Chacun se chargea. Langourdaine traînait la « malle au linge. » La porte principale fut ouverte au milieu des éclats de rire des bandits, entrecoupés par les supplications de M. Amédée qui avait retrouvé la voix et qui promettait, pour prix de sa vie, tout ce que les autres emportaient déjà...

Mais nous? Eh bien! c'était assez clair : nos os devaient faire partie du petit tas de charbons, au fond de l'eau. Nous étions restés d'abord comme étourdis du coup. Puis Jean, toujours tendre quand il avait peur, s'était attaché à moi, disant avec des larmes de repentir :

— J'ai menti, Corentin, je t'ai fait des histoires; jamais veuve Hélie ne m'a donné du vin d'Espagne. Je ne suis pas plus fin que toi, ni plus hardi. Je respecte bien Maman Quimper, et c'est toi qui aurais épousé Fanchette sans la circonstance que nous allons mourir tous les deux. Veux-tu me pardonner, mon cousin?

— Oui, de bon cœur, répondis-je; tout ça, c'est des défauts de ton malheureux caractère.

— Pas plus mauvais que le tien... commença-t-il.

Il s'interrompit humblement pour ajouter :

— Tu as raison..., mais prends une hache, mon Corentin!

— Eh bien, et toi?

— Ah! moi aussi, mais tu es mon supérieur... Veux-tu nous embrasser pour la dernière fois?

C'est sûr qu'on y alla de bon cœur, et nous avions tous deux la larme à l'œil. Si vous vous mettiez dans l'idée que nous ne nous entr'aimions pas, Jean et moi, c'est ce qui vous tromperait. Il n'y a pas eu dans l'univers beaucoup d'amitiés plus longues et plus étroites que la nôtre.

Jean prit une hache et moi de même, moi la plus lourde.

A l'instant où les bandits commençaient leur retraite, nous étions lui et moi, à deux pas d'eux, masqués par les futailles, et nos haches levées, toutes prêtes à taper.

De belles et bonnes haches, j'en réponds, et bien emmanchées, du moins la mienne.

Je ne voudrais pas prétendre que nous fussions très-préoccupés de l'idée de venger le commerce, mais il est bien certain que l'étonnant prestige des Hélie subsistait toujours pour nous, malgré leurs torts et leur défaite. Nous étions des soldats de leur armée, et ce sentiment superstitieux qui fit croire si longtemps aux vieilles moustaches de Napoléon que leur empereur ressusciterait un jour ou l'autre, subsistait en nous.

Veuve Hélie avait été si longtemps notre empereur !

Notre plan comportait pour un peu l'espoir et la volonté de punir les assassins de la maison Hélie, et Jean comptait même obtenir encore une prime, pour cela, du gouvernement.

Nous avions résolu de nous glisser dérrière les rénégats opérant leur retraite, et de rester inaperçus tant que nous pourrions, mais de les tailler tout uniment en pièces s'ils venaient à nous découvrir.

Ce n'était pas mauvais, ce plan-là : il ne s'agissait plus que de le mettre à exécution. Seulement, Jean grelottait et j'avais une maîtresse colique.

Nous avions affaire, et nous, le savions, à cette coterie de coquins cosmopolites, qui ne sentent ni mors ni remords, scélérats cuirassés de services, ayant roulé dans les infamies des deux mondes, essuyé toutes les fanges, collectionné tous les vices, souillé tous les métiers, renié toutes les croyances et dont rien ne saurait étonner la calleuse férocité : vrais fauves à face humaine, sans Dieu, sans loi, n'ayant pas plus de conscience que de nerfs et aussi complets dans le crime que les Hélie eux-mêmes dans la rapine. Nous n'avions rien à espérer d'eux en fait de scrupules ou de pitié, rien à espérer non plus en dehors d'eux ou contre eux, puisque les Hollandais croyaient avoir laissé le navire à la garde de mijnheer Abraham et ne devaient avoir, cette nuit, d'autres soucis que de promener leur joie de cabaret en cabaret.

Si faible que fût notre chance de vaincre, il n'y avait qu'elle entre nous et cette terrible fin : mourir grillés à fond de cale.

Il m'est arrivé de prier ferme en ma vie, mais pas si dur que cette fois-là, et Jean fit comme Laurent Bruant, il promit quelque chose de bon à Sainte-Anne.

La paille et le menu bois jetaient un épais nuage de fumée, mais ne flambaient pas encore, mouillés qu'ils avaient été par l'invasion de l'eau, pendant la tempête. Langourdaine et ses acolytes ne voulaient pas partir avant d'être bien sûrs que le feu se communiquerait aux futailles ; c'était la garantie de leur impunité ; ils s'impatientaient, et pourtant tout avait marché si rapidement jusque-là que la salve des vingt-un coups de canon durait encore.

Langourdaine eut une idée ; il prit deux cruchons de genièvre et les toqua l'un contre l'autre au-dessus du foyer. Les deux cruchons se brisèrent, le genièvre coula et la flamme jaillit.

Il s'élança aussitôt dehors en criant :

— Adieu, va ! ça y est ! lâchez tout ! bonsoir les voisins ! nous serons encore à temps pour voir le bouquet du feu d'artifice !

— Y es-tu! dis-je à Jean, qui me sembla reculer un peu au lieu d'avancer.

Mais il avait peut-être raison, car Langourdaine se ravisa sur le pas de la porte et fit volte-face, disant :

— Ah! saperlotte! Et les deux crapauds que nous avions oubliés!

J'entendis les dents de Jean claquer.

Nicolas répondit :

— Qu'est-ce que ça fait? on va fermer l'écoutille en haut, et dans deux minutes ils seront au four!

C'était trop vrai, car le ramassis de bois flambait déjà comme un pouding au rhum.

— Je donne mon cœur à Dieu! dis-je, voyant que le dernier rénégat se disposait à tirer la porte derrière ses camarades : au petit bonheur, je vas faire mon ouvrage!

Et je lançai ma hache en plein dans la nuque du gredin qui tomba en travers du seuil.

Les autres se retournèrent furibonds; Jean commença à me renier, criant :

— Ce n'est pas moi! ce n'est pas moi!

Et il se sauva, Dieu sait où.

Mais au moment où Langourdaine m'empoignait par les cheveux, une voix sombre tomba du ciel qui parlait plus haut que le canon de Louis Philippe et qui disait :

— On va leur donner du tabac tout leur content! A qui le tour?

En même temps, le bruit des bottes de maman Quimper se fit comme si un escadron de grosse cavalerie descendait au trot dans le bâtiment, et la chère petite voix de Fanchette arriva de plus loin, disant par-dessus le tapage :

— Où es-tu, mon Corentin ? Parle vite, pour qu'on voie bien que tu n'es pas mort !

Je ne sais à quoi comparer l'entrée de maman. On chercherait jusqu'à l'année prochaine sans trouver rien qui puisse donner une idée de cet ouragan-là, excepté le tonnerre de Brest, et je ne l'ai jamais vu.

Langourdaine, Nicolas et les deux renégats qui restaient (car je n'en avais guillotiné qu'un), refoulés à travers la porte comme un pilon, furent lancés, tête première, et, à la place qu'ils laissaient vide, la figure de maman se montra, embéguinée dans un mouchoir de Cholet, pour cause que le maréchal-ferrant lui avait arraché, justement ce matin, deux dents qui avaient la rage.

Le côté droit de sa joue était gonflé comme un ballon. Elle avait l'air d'une lionne qu'on soignerait en traitement pour une fluxion. Et pas plus étonnée que dans sa cuisine, avec ça !

— Mort de mes choux ! dit-elle en ouvrant ses narines à deux battants, ça sent bon le squidam brûlé, ici ! les faillis chiens allaient tout de même mettre le feu à la barcaille. Où est mon argent ?

Bonjour, Corentin, te voilà bien maigre ; ça t'apprendra à faire à ta tête, petite merluche !

Elle attrapa l'épaule de Langourdaine qui fut démise du coup, et le lança sous son bras droit : Nicolas était déjà sous son autre aisselle : elle avait son idée d'éteindre le feu, et comme il n'y avait pas d'eau à fond de cale, elle colla les deux gredins sur l'endroit allumé qui n'était pas encore bien large et s'assit par-dessus.

Ça suffit : la paire de coquins fut endommagée, mais le foyer s'étouffa comme sous un éteignoir.

Fanchette avait des ailes comme un oiseau ; elle répétait en riant et en pleurant :

— Ah ! Corentin ! mon pauvre cousin Corentin !

— Me voilà aussi, cousine Fanchette, voulut dire Jean Piteux, qui s'arracha de quelque trou.

Mais je t'en souhaite !

Derrière Fanchette venait l'abbé, tout pâle, et derrière encore papa Quimper, qui avait un beau noir sous l'œil, bien frais, avec la boursoufle toute neuve qui se formait autour : le cachet de maman.

J'aime mieux dire tout de suite ce qui était arrivé, pour ne rien laisser en arrière ; ça expliquera pourquoi maman avait demandé, lors de son entrée : « Où est mon argent ? »

Ce soir, une heure auparavant, on était donc dans les larmes chez nous, à bord de la *Jeune-Émilie*, par la nouvelle qui venait d'arriver de la perdition de la *Marie-Pauline,* sur laquelle nous étions censés embarqués, Jean et moi. On nous croyait morts. En plus, maman avait l'humeur mauvaise, à cause de l'arracheur de dents qui lui avait emporté la mâchoire et qu'elle avait payé en monnaie de taloches, comme de juste.

On avait tardé tant qu'on avait pu à lui raconter l'histoire de notre départ de chez nous en évasion, mais il avait bien fallu s'exécuter à la fin. L'abbé, le douanier, dont on avait emprunté la barque, le nègre, Coco, qui l'avait menée, et surtout Fanchette, la vraie coupable, avaient reçu promesse d'un avancement rapide. Papa Quimper s'était esquivé prudemment, quoiqu'il fût plus innocent que l'enfant qui vient de naître.

— Vous m'en répondrez tous sur vos méchants os, avait dit maman, de m'avoir péri un cinquième gars, un vrai Corentin, coiffé pour le commerce !

Sur ces entrefaites était arrivée Mlle Sidonie, la sauvage aux coquilles : racontant de son mieux et fidèlement la bête d'histoire imaginée par Jean Piteux et que je vous ai dite. Je crois bien que Fanchette devina du premier coup, car elle avait plus d'esprit qu'une fée, mais les autres pataugèrent dans les Hollandais, les pirates, le fils de l'armateur, son domestique, etc., et, finalement, maman jeta

Mˡˡᵉ Sidonie à la porte, comme ayant un air louche qui ne lui revenait pas.

De plus, elle défendit à Fanchette de bouger.

Fanchette pleura et lui reprocha d'être une mauvaise mère, car elle avait son franc parler; l'abbé était au désespoir.

Vers huit heures arriva papa, un peu « chaud de boire » de ce que lui avait versé Langourdaine en discutant le marché pour raccommoder la gabare.

Papa, comme c'était assez l'habitude, paya pour tout le monde; il eut son noir sous l'œil et demanda à s'aller coucher avec ça; mais maman en avait trop gros sur le cœur; elle voulut redoubler, et papa se fâcha. Dans sa colère, il dit que si on l'ennuyait, il s'en irait avec les Hollandais et Langourdaine.

Vous savez bien que, celui-là, maman le connaissait depuis longtemps pour ce qu'il était, et, par bonheur, Mˡˡᵉ Sidonie avait aussi parlé de l'ancien ours du cirque, devenu pirate, qui avait invité aujourd'hui même tous les écuyers à faire ripaille à bord de la gabare.

Maman fut frappée de cette coïncidence au point de laisser son mari en repos et se mit à réfléchir laborieusement. Puis elle poussa dehors tous les chalands qui étaient dans son cabaret, quoique ce fût jour de grande recette, et leur commanda, sous les peines les plus sévères, d'aller l'attendre à la Grand'Porte en dehors des murs.

Puis encore, ayant chaussé ses buttes et mis un chapeau de matelot par-dessus sa marmotte, elle dit :

— Je ne comprends pas encore très-bien la circonstance ; mais pour me trotter comme ça dans la tête, faut qu'il y ait quelque chose d'étonnant d'arrivé. L'enfant était le cinquième garçon, destiné au commerce ; ça ne serait pas impossible qu'il aurait échappé par un miracle : on va voir. Il en vaut la peine. Le petit bonheur est le bon Dieu !

Et elle sortit, suivie de toute la famille.

Il n'y avait pas eu autre chose ; et maman n'en savait pas plus long que cela quand elle arriva sur le pont désert de la gabare. Là, un petit malheureux qui m'avait remplacé chez les Hélie, en qualité de moulin à café et qui servait de seconde béquille à la veuve, était seul et tout tremblant ; il dit à maman qu'on avait tiré un coup de pistolet à fond de cale, où il avait cru entendre des batailles et des gémissements, et lui montra la fumée qui commençait à sortir par les écoutilles, venant du bûcher allumé par Langourdaine. Après quoi, il se tut.

Maman lui donna à choisir entre deux sous et une râclée. Le petit choisit les deux sous et raconta la goinfrée, que les Hélie avaient faite dans la cabine du gros Hollandais mijnheer Abraham, qu'ils appelaient quelquefois M. Langourdaine. Il dit que tous les autres Hollandais étaient partis dans le cha riot du cirque, et il ajouta en pleurant qu'il croyait bien qu'on allait l'emmener loin, loin, jusqu'en Angleterre.

Or, voici le moment de vous apprendre que les économies de maman Quimper, montant à cinq ou six cents écus, étaient solidement placés chez les Hélie. C'était donc bien pour moi, que maman était venue, mais ses économies étaient peut-être pour quelque chose, dans l'orageuse impétuosité de son entrée en scène. Dame! elle avait du mal à gagner ses sous, elle y tenait, et voilà pourquoi sa seconde parole, après m'avoir dit bonjour, fut : Où est mon argent ?

Dieu merci, il n'était pas perdu. Il y avait avec papa deux ou trois de mes frères et autant de mes sœurs qui saccageaient déjà les paquets faits par les renégats (ceux-là on les avait ficelés à la place des paquets), et la pauvre famille Quimper, qui n'avait jamais vu le quart de tant de richesses, maniait l'or et l'argent à poignées en piétinant les banknotes et les billets. Jean s'était mis là-dedans jusqu'au ventre et criait :

— C'est de bonne prise! nous sommes sur mer! Tout ça est à moi et à Corentin, que les pirates ont voulu nous mettre à mort, et c'est la même chose que les victoires et conquêtes de M. Surcouf! C'est à nous tout et on aura encore en sus la prime du gouvernement!

Mes frères et mes sœurs n'étaient pas éloignés de partager son avis, et papa, pour expier ses liaisons d'ivrogne avec Langourdaine, employait la belle voix qu'il avait, à énumérer les crimes des pirates. Pendant ce temps, il emplissait déjà ses poches, de même que Jean et les autres, pour faire comme M. Surcouf.

— Halte ! ordonna maman. A bas les pattes partout !

Tout le monde lui obéit, comme toujours. Il n'y avait plus trace d'incendie. Langourdaine et Nicolas, qui avaient servi à l'éteindre, ne remuaient ni pied ni aile.

— Qu'on ne touche à rien, reprit maman, et trouvez-moi la brave Mme veuve Hélie !

— Ils sont tous ici, répondit l'abbé qui était agenouillé auprès de la vieille, on les a assassinés.

Maman se leva.

— J'en étais sûre ! s'écria-t-elle, c'est malheureux, mais j'aime mieux ça que si une maison calée comme les Hélie, et avec tant de crédit, aurait voulu faire du tort à une pauvre veuve... C'est moi que j'entends, n'ayant de mari qu'un quart d'homme, paresseux et porté sur la boisson de sa bouche !

Papa ne protesta pas. Moi, je voulus montrer les Hélie pour ce qu'ils étaient et dire un peu ce que nous avions vu, mais maman me renfonça les paroles dans la gorge comme si j'eusse vomi des blasphèmes.

— Coupe ta langue, toi, museau, me dit-elle sévèrement; ne diminue pas ta belle conduite par des inconséquences contre des personnes établies. Je t'ai vu la hache à la main, tout seul contre plus de vingt scélérats et j'en témoignerai en justice. C'est toi qui as tout sauvé et ça ne pouvait pas être autrement, étant cinquième garçon : ne parle pas contre le commerce qu'est ton étoile!

— La vieille dame respire encore! dit en ce moment l'abbé.

— Et le paralytique bouge! ajouta Fanchette, et l'autre aussi!

— Ça, dit maman, ça les regarde et leur médecin. J'ai idée qu'ils ne mourront jamais... Vous autres, attention à la manœuvre! qu'on aille chercher les amis de la buvette, ici près, à la Grand'Porte, où je leur ai commandé de m'attendre. Ils vont aider à enlever les renégats... que je signerai une pétition pour qu'on les exécute à l'échafaud, quand même ils seraient morts d'avance de leurs brûlures, pour avoir voulu rafler mon argent avec l'actif des Hélie et faire ainsi du tort à tout le commerce de Saint-Malo en bloc. Au contraire, on va charger la maison Hélie, bien doucement, sans lui faire de mal, à aucun de ses membres, ayant de quoi payer le coton dans quoi on les mettra... Et si j'avais de l'or gros comme moi, je leur confierais mon magot, les yeux bandés, aujourd'hui comme hier. Corentin a mal vu, mal entendu. Des gens si riches et si avares, ça ne peut jamais être fautifs!... Approchez ici, monsieur Quimper, si tu veux qu'on te pardonne.

Papa vint, et à mesure qu'arrivaient les habitués de la buvette qu'on était allé chercher, ils se rangeaient en bataille aux environs de l'entrée. En présence de cette assemblée, maman prononça le discours suivant au milieu d'un religieux silence :

— On va tous censé remonter en procession, pour célébrer la circonstance du fils Corentin qui a délivré un bâtiment marchand des horreurs de la tempête et de la piraterie, et qu'il l'a ramené, je ne sais pas d'où, à travers les dangers, malgré qu'il avait précédemment embarqué sur un autre navire à Mme Surcouf, qui a fait naufrage en Angleterre... Voilà la chose drôle! Comment ça a pu arriver, ne vous inquiétez pas, et je m'en moque. Il paraît que la gabare était en outre infestée de sauvages...

— Mais c'est que c'est vrai! s'écria Jean, pour avoir au moins un brin de compliment.

— La paix, Piteux! dit maman, toi, tu viens dans le tas. Le fils Corentin les a tous flanqués en déroute, à volonté, par son courage, et, de fil en aiguille, s'étant aperçu que toute une autre chiourme de forçats libérés, renégats, chauffeurs et baniaus s'était introduite à bord avec la maison Hélie qu'est venue là comment? cherche! pourquoi? pioche! dont nonobstant ils sont victimes et pas coupables, j'entends les Hélie, auxquels tout le commerce a intérêt qu'ils conservent leur crédit... où en étais-je? au fils Corentin, qu'il a démoli les Nicolas et les Langourdaine à coups de hache, pour ça, j'en suis témoin, et n'ayant pas pu empêcher, à cause de son jeune âge, qu'on entame un petit peu la veuve et les autres, il les a préservés par moi, sa maman, de l'incendie général final qui devait couronner tout ça, à l'abri de la fête, ni vu ni connu, pendant que les criminels prendraient la poudre d'escampette dans l'obscurité, je le jure!

Elle respira vigoureusement, elle étouffait de cette phrase-là, dite sans point ni virgule, et acheva :

— Par quoi, il faut un brancard et des drapeaux assortis pour le fils Corentin, croisés au-dessus de sa tête, et M. Quimper, qui a de l'organe, est chargé de suivre par derrière, pour héler la proclamation, à travers la foule du feu d'artifice. Criez vive la joie, si vous avez bon cœur!

Il y eut un formidable applaudissement et tout fut fait comme maman l'avait commandé.

Pendant qu'on me hissait sur le brancard, je pus voir la résurrection de trois des Hélie qui se remirent l'un après l'autre sur leurs jambes, la vieille maudissant, menaçant, nous appelant tous voleurs, et invoquant contre nous la cour d'assises. Quand elle sut que sa caisse était sauvée, elle dit pour nous remercier :

— On comptera, et vous serez bien obligés de rendre ce que vous avez détourné, tas de pillards...

Fifi Jacquet eut un cri du cœur :

— Comment! la damnée bonne femme n'en est pas morte!

Quant à patron François, il se leva droit comme un I; il n'était plus paralytique! Il n'y avait de vraiment endommagé que M. Amédée le neveu, dont la barre d'anspect avait démoli les deux jambes.

Quand notre procession de triomphe arriva sur le pont, ça se trouva juste à point que les fusées éclairaient tout le quai, en même temps que les navires pavoisés envoyaient, du haut de leurs mâtures, mille et mille lueurs de lanternes. La gabare était si près du môle qu'on n'eut qu'à jeter des planches pour faire une passerelle.

C'est ici que la voix de stentor, dont papa Quimper était doué, fut véritablement utile. Au signal donné par maman, il monta sur le bordage et cria :

— V'là du nouveau! oh! On s'est occupé du roi; momentanément, le cinquième fils à Mme Quimper et à moi, dont sa belle conduite va être couchée au long dans les journaux n'a d'égale que M. Surcouf!

Oh! oh! oh! encore un malin de Saint-Malo?

Malgré le feu d'artifice, qui marchait comme il pouvait, tout le terre-plein de la grand'porte fut bientôt bondé de monde qui tournait le dos aux fusées. La basse taille de papa valait un demi-cent de clairons. A travers la foule, le bruit de ma gloire se propageait avec une rapidité inouïe.

Quand je montai sur mon brancard que portaient les quatre meilleures pratiques de la *Jeune-Emilie*, les premiers qui m'aperçurent s'étonnèrent de me voir si noir, mais maman n'eut pas de peine à expliquer que je sortais d'un incendie marin, à fond de cale, toutes portes fermées (c'est les plus dangereux) sans compter que j'avais passé à travers le feu de la bataille, toujours à la bouche des canons.

Il y en avait qui demandaient quels canons? Maman leur répondait qu'ils étaient de Saint-Servan, grosse injure à Saint-Malo, et elle racontait le naufrage de la *Marie-Pauline*, de sorte qu'en sus de tous mes autres mérites, je me trouvais aussi avoir été noyé.

Comme nous arrivions devant la Grand'Porte, on allumait le feu d'artifice qui avait l'air de partir pour éclairer mon triomphe.

Mes porteurs étaient eux-mêmes portés par la foule enthousiaste. Personne n'avait rien compris à l'histoire de maman; c'est ce qu'il faut. Mon nom était dans toutes les bouches; ai-je besoin d'ajouter que pas un ne prononçait celui de Jean Piteux, qui marchait derrière, à son rang, perdu parmi le petit peuple, comme cela se devait.

La sous-préfète me sourit, la dame du maire essuya ses lunettes pour me regarder; les gens mêmes que je ne connaissais ni d'Eve ni d'Adam essayaient de me toucher la main en passant, pour s'en vanter plus tard.

Voulez-vous savoir ce qui me remua le cœur! ce fut de voir les deux vieilles demoiselles Luminais tomber dans les bras l'une de l'autre et fondre en larmes en me reconnaissant.

— C'était notre plus mauvais élève! disait Mlle Camille.

Mlle Hyppolyte répondait :

— Voilà ce qu'il est devenu! et ça n'a coûté que vingt sous par mois à sa famille!

Pendant que je les regardais avec bonté, deux voix fraîches s'élevèrent non loin de moi, disant :

— Nous sommes pourtant ses sœurs de lait, nous!

Je tournai la tête : c'étaient mes deux sœurs de lait. Mlle Marie et Mlle Jeanne qui se faisaient honneur de moi, et les deux Cancalaises mettaient des baisers plein le creux de leurs mains pour me les souffler à la volée. Il n'y a pas à dire, la gloire, c'est gentil pour un jeune homme...

Ici finit le récit de ma première aventure avec

Jean Piteux, connue dans tous les ports de mer sous le nom du *Voyage de Corentin Quimper en Amérique.* Si elle présenta de grands périls, on peut en juger par le nombre des décès qu'elle mentionne dans l'espace de cinq jours, sans même compter Isidore et Nicolas Langovrdaine, dont les brûlures ne tournèrent pas bien. *Mijnheer* Klootz et les Hollandais se rembarquèrent pour la Hollande, avec leur genièvre et leur riz. Le cirque olympique continua de fleurir à Saint-Servan, où Mlle Sidonie, avec patience et longueur de temps, parvint au grade de femme colosse.

Quant à la maison Hélie, on n'en parla plus que chapeau bas. Le bruit de la tentative de déroute à Jersey s'était bien répandu çà et là sourdement, mais on se donna le mot pour faire semblant de n'y pas croire. Ce qui resta acquis, c'est que les renégats avaient été sur le point de rafler aux Hélie plus de cent mille francs D'ARGENT DE POCHE.

Sans compter la « malle au linge! »

Cette malle prenait des rayons, la nuit, et luisait comme un soleil dans les rêves de toute la ville de Saint-Malo.

Mais voici où se montre le doigt de Celui qui juge tout, même le commerce! Lors de mon départ pour mon second voyage, tous les Hélie se portaient comme des charmes. Quand je revins, il n'en restait plus un seul. Veuve Hélie était morte de la jaunisse, patron François du croup, Fifi Jacquet d'un mal blanc, M. Amédée, lui-même, tout brillant de jeunesse et de prospérité, car il avait recueilli les successions des trois autres, et on allait le nommer député, pour sa peine, était mort de son argent qu'il veillait jour et nuit.

Et voulez-vous savoir qui profita de tout le tourment que s'étaient donné veuve Hélie et patron François, et Fifi Jaquet, et M. Amédée pour aller tout droit au fond de l'enfer, sans emporter seulement un sou de leur magot? Ne cherchez pas, je vais vous le dire.

Ce fut un vieux malheureux qu'on croyait défunt depuis longtemps et qui sortit de son trou comme une chauve-souris, pour reluire tout d'un coup mieux qu'un soleil; vous vous souvenez bien de lui : Hélie-Pain-Sec, celui que nous vîmes un jour foudroyé par veuve Hélie pour avoir demandé de la moutarde.

Il avait jeûné pendant soixante et dix ans, et porté des haillons, et passé pour une bête.

Du jour au lendemain il eut tout l'esprit de Saint-Malo, toutes les truffes de Saint-Malo, les plus beaux habits de Saint-Malo ; — et la plus belle demoiselle de Saint-Malo devint sa madame Hélie.

Le monde est une drôle de boutique à Saint-Malo comme partout.

Un dernier mot sur moi ; j'avais supporté très bien

mes dangers et mes traverses, mais dès que je fus à l'abri, au sein de ma famille la nature reprit ses droits. J'eus la fièvre si forte que je faillis trépasser tout sottement dans mon lit. Pendant plus de huit jours, à ce qui m'a été dit depuis, je restai sans connaissance et aussi insensible qu'un madrier de vieux bois. Heureusement que maman Quimper estropia le médecin, je me rétablis.

Un soir d'été qu'il y avait grand festin à bord de la *Jeune-Émilie*, justement pour célébrer ma convalescence, j'étais assis sur mon séant et j'écoutais les joyeux bruits de la table à travers la cloison. On venait de demander une histoire à papa Quimper, et j'eus une agréable surprise en voyant qu'au lieu de rabâcher l'éternelle aventure de Laurent Bruant, papa racontait tout bonnement mon *premier* voyage avec ses nombreuses et surprenantes péripéties. C'était intéressant, mais je ne pus m'empêcher de dire, me croyant tout seul :

— Là-dedans, on donne trop d'importance à Jean iteux !

— C'est bon, fit auprès de moi la voix pointue de mon cousin qui me gardait, te voilà guéri puisque ton mauvais cœur te ressort de l'estomac. Si on racontait l'histoire au vrai, ta part tiendrait dans ma dent creuse... Veux-tu savoir du nouveau ?

— Oui, répondis-je.

— Eh bien, Petit-Guern a fait fortune, et on va repartir, nous deux.

— Partir pour où? demandai-je.

— Ecoute, si tu veux savoir.

Dans la salle commune où l'on mangeait, maman venait de prendre la parole. Elle disait :

— Il y a donc que mon chéri de Petit-Guern, marquis des pieds à la tête et bon enfant, ne nous a pas oubliés, comme j'en avais eu peur. Par suite de sa beauté de naissance, il est en train d'épouser la jeune princesse qui lui rachètera ses domaines de famille, situés sous le niveau de la mer. Par ainsi, l'Amérique n'étant plus le pays où l'on fait fortune dans le commerce, pour cause qu'elle a été dégommée par Paris, capitale de la France et Bretagne, on va envoyer dans cette dernière ville notre Corentin, cinquième gars et coiffé, avec Jean Piteux pour lui porter son sac...

Jean se fâcha, mais je ne pus entendre ce qu'il grommela parce que la *Jeune-Emilie* trembla depuis la girouette jusqu'à la quille. Maman avait terminé son discours par cette acclamation qui fut répétée en tonnerre :

— Vive défunt M. Surcouf, d'abord, et par après, mon cinquième coiffé, qui en a déjà fait presque aussi long que lui, avant le premier poil de sa barbe ! Vive Corentin Quimper et le commerce !

Quand le bruit s'apaisa, maman reprit d'une voix que je ne lui connaissais pas :

— Lève-toi, M. l'abbé, et fais ton signe de croix. J'ai eu mes cinquante ans ce matin ; ça compte. Par ainsi, le commerce n'est pas tout, puisque les Hélie n'emporteront rien de ce qu'ils ont gratté. A partir de ce soir, on appellera ici le petit bonheur par son vrai nom de Bon-Dieu. On ne mangera plus la soupe à mon bord sans dire le *Benedicite*... Dis-nous les *Grâces*!

Dans le silence qui suivit, j'entendis le baiser de l'abbé retentir sur la bonne joue de maman, et presque aussitôt après, la voix émue de mon frère récita la prière latine dans notre salle à manger qui ne connaissait jusque-là que les chansons.

— Un de ces matins, me dit Jean qui ricanait, il faudra choisir entre ceci et cela. Voilà le bon Dieu établi dans un petit coin. J'ai idée que ça va gêner le commerce !

En ce moment, l'abbé entrait pour m'embrasser avant de retourner à son ouvrage. Il était radieux et répondit :

— Piteux, mon ami, tu fais du tort au commerce. On peut acheter et vendre loyalement sous l'œil de Dieu.

Le commerce dont tu parles, et que l'œil de Dieu gêne, a un autre nom : c'est le vol !

FIN

TABLE DES CHAPITRES

I. — Où Quimper (Corentin) établit l'importance de sa maison et rend compte des particularités qui accompagnèrent sa naissance.   5
II. — Naissance de Jean Piteux. — Petit-Guern. — Fanchette Legoff. — Notre éducation chez les demoiselles Luminais   20
III. — Veuve Hélie, Hélie père, Hélie fils, Hélie neveu, Hélie Pain-Sec et d'une idée que j'eus le soir de la première communion.   33
IV. — De Laurent Bruand, le fin matelot qui gagna tout l'or du monde avec un bouton de culotte.   53
V. — De la perte qu'on fit de mille écus chez les Hélie et apparition de la béquille. — Éloge de veuve Hélie. — Fanchette préside un grand conseil de guerre . . .   65

VI. — De la fête à papa Quimper et de mes adieux avec Fanchette. — Le bateau du brigadier 80

VII. — De la réception que nous fit Toussaint Morin et d'une surprise que nous eûmes au début de notre voyage 97

VIII. — De l'intempérance de Jean et de ses suites. — Nous imitons la belle conduite de M. Surcouf. — Assaut et prise du navire hollandais.................. 113

IX. — Où Jean se confesse. — Une tempête à la cave. — Les rats. — Je sauve le navire. 139

X. — Fin de la tempête et élection d'un nouveau capitaine................. 157

XI. — Découverte d'une ville et d'un phare. — Sérieux projets d'évasion. — Châtiment réservé aux voleurs 183

XII. — D'un combat naval et de notre abandon sur un écueil au sein des mers 207

XIII. — De l'arrivée des sauvages et de ce qui s'ensuivit — La reine, l'ours, le singe, le coq, la boulotte, vêtue de coquillages. — La morte.................. 242

XIV. — Du nouvel aspect de notre situation. — Jean usurpateur. — Vaincre ou mourir! — Projets de mijnheer Abraham. — Fortune des Hélie. — Révélations inattendues de Jean et sa conduite adroite avec Mlle Sidonie............ 268

XV. — Arrivée de veuve Hélie, patron François et

Fifi Jacquet. — Comment M. Amédée prit tout à coup une grande importance. — Projet de voyage. — Inventaires de poches et doublures. — Incendie marin. — Maman s'en mêle. — Victoire, feu d'artifice et apothéose 309

FIN DE LA TABLE

PARIS. — IMPRIMERIE V. GOUPY ET JOURDAN, RUE DE RENNES, 71

www.ingramcontent.com/pod-product-compliance
Lightning Source LLC
Chambersburg PA
CBHW050308170426
43202CB00011B/1821